L'Homme. Europäische Zeitschrift für Feministische Geschichtswissenschaft

15. Jahrgang 2004
Heft 1

Herausgegeben von
Caroline Arni, Gunda Barth-Scalmani, Ingrid Bauer,
Christa Hämmerle, Margareth Lanzinger und
Edith Saurer

Böhlau Verlag Wien · Köln · Weimar

L'Homme. Europäische Zeitschrift für Feministische Geschichtswissenschaft

15. Jg. Heft 1
2004

Post/Kommunismen

Inhalt

Aktuelles und Kommentare

Rezensionen

Editorial

Nicht nur die politische Landschaft Europas hat sich seit 1989 grundlegend verändert. In Verbindung mit den damals in Gang gesetzten Transformationen der zentral-, ost- und südosteuropäischen Staaten sind auch die hegemonialen Geschlechterordnungen dieser Gesellschaften in Bewegung geraten und zum Thema öffentlicher Diskussion und Kritik geworden. Die Frage, wie zukünftig die Rollen, Aufgaben und Chancen zwischen den Geschlechtern verteilt werden sollten, wird in den postkommunistischen Staaten heute heftig debattiert. Sie beschäftigt nicht nur neu gegründete Frauengruppen und Frauen in- und außerhalb der Institutionen, sondern wird auch von den politischen Parteien, den Medien und den einschlägigen Programmen der *Europäischen Union* aufgegriffen. Im Zuge dessen werden – sei es in Anlehnung oder in kritischer Distanz zu westeuropäischen und US-amerikanischen *Gender*-Konzepten – neue Feminismen formuliert und Standortbestimmungen vorgenommen, um auf ihrer Basis geschlechterpolitische Forderungen zu erheben. Mehr als sonst wo, blicken Frauen jener Staaten derzeit nach vorwärts und nach rückwärts, sie ziehen Bilanz über ihre Situation im Kommunismus wie im Postkommunismus, oder gehen in ihren Gesellschaftsanalysen noch weiter zurück, bis zu den ‚vergessenen' Frauenbewegungen des späten 19. und frühen 20. Jahrhunderts.

Diese ungemeine Dichte an neuen beziehungsweise neu notwendig gewordenen Analysen der historischen wie der gegenwärtigen Geschlechterverhältnisse in den betroffenen Staaten selbst trifft auf ein bis heute äußerst rege gebliebenes Interesse vieler westeuropäischer Feministinnen an ebendiesen Themen. Wissend um deren globale Bedeutung, haben sie sich seit 1989 in vielen Studien mit den Entwicklungen in den zentral-, ost- und südosteuropäischen Nachbarstaaten auseinander gesetzt und zahlreiche gemeinsame Projekte lanciert. Die Zahl der einschlägigen Veröffentlichungen dazu wächst nach wie vor rasch, Differenzen wurden und werden damit ebenso sichtbar gemacht wie Verbindungen und Gemeinsamkeiten, und es eröffnen sich stetig neue Kooperationen – auch für die Zeitschrift *L'Homme*. Mit dem nun vorliegenden Heft zu „Post/Kommunismen" setzten wir den schon zuvor eingeschlagenen Weg fort und vereinigen unter diesem Titel verschiedene Beiträge von Wissenschafterinnen dies- und jenseits des ehemaligen *Eisernen Vorhangs,* die darin die Veränderung der Verhältnisse in ihren Auswirkungen auf die Situation von Frauen reflektieren.

Anke Burkhardt und Uta Schlegel skizzieren in ihrem Beitrag zunächst die in der DDR – im Vergleich zur BRD – effizienter abgesicherte Gleichstellungspolitik in ihren Auswirkungen auf Lebens- und Arbeitszusammenhänge, Einstellungen und Verhaltensweisen.

Nahezu gleiche Berufsausbildungsniveaus von Männern und Frauen waren ebenso ein Ergebnis davon wie zum Beispiel ein zunehmend geschlechtsunspezifischer gewordener Kauf oder Besitz von Spielzeug. Die Autorinnen verweisen aber auch auf die häufig verkürzende Darlegung solcher Befunde, die vor allem auf eine in der DDR nie stattgefundene breitere gesellschaftliche Thematisierung der Geschlechterverhältnisse und eine fehlende Sensibilisierung für die strukturelle Benachteiligung von Frauen zurückzuführen ist. Ambivalent fällt unter diesen Vorzeichen auch ihre Einschätzung der Gleichstellungspolitik im Hochschulbereich aus: In der nebenberuflichen Fortbildung, den höheren Qualifikationsstufen und Beschäftigungsrängen war das zahlenmäßige Verhältnis von Frauen und Männern keineswegs ausgeglichen, was nicht zuletzt aus der Mehrfachbelastung der Frauen und einem „patriarchal gefärbten Hochschulalltag" resultierte. Den mit der „Wiedervereinigung" verbundenen Hoffnungen und der Aufbruchstimmung angesichts der Aussicht auf selbst bestimmte wissenschaftliche Tätigkeit, freie Publikationsmöglichkeiten, Internationalisierung etc. folgte die Desillusionierung auf den Fuß. Denn die Implikationen der vielfältigen Veränderungen, Angleichungsmaßnahmen, neuen Anforderungen und Konkurrenzebenen an Universitäten und Forschungsstätten waren nicht geschlechtsneutral – sie trafen die Wissenschaftlerinnen in Formen und Ausmaßen, auf die sie nicht vorbereitet waren.

Auch der Blick auf die wechselvollen Verhältnisse des Alltags in einer Gesellschaft des Umbruchs offenbart vor allem Ambivalenzen und Brüche in der Wahrnehmung des Verfügbaren, wie Kristen Ghodsee am Beispiel Bulgariens aufzeigt: Dort erscheinen heute etwa Medikamente, die man sich leisten kann, das Bild eines vollen Kühlschranks oder einer funktionierenden Straßenreinigung, als Szenen aus einem Albtraum und einem noch fernen Wunschtraum gleichermaßen. Denn sie stehen nicht für den Alltag der Gegenwart, sondern für die kommunistische Ära, die angesichts des seit 1989 dramatisch gesunkenen Lebensstandards zusehends in ein nostalgisches Licht getaucht wird – wovon Frauen im besonderen Maß betroffen sind: Als Zuständige für die Betreuung von Kindern, kranken und alten Menschen, haben sie gegenwärtig allein die Last der massiven Einsparungen im sozialen Bereich zu tragen und sind aufgrund des niedrigen Lohnniveaus gleichzeitig zur Erwerbstätigkeit gezwungen. Von der Analyse der aktuellen Situation ausgehend, rollt die Autorin die Frauenpolitik im Kommunismus auf und macht geschlechtsspezifische Konsequenzen der Transformation – in ihren Plus- und mehr noch in ihren Minuspunkten – deutlich. Die Folgen des Verlustes institutionalisierter sozialer Netze und sozialer Sicherheit rangieren dabei an vorderster Stelle.

Hier setzt auch Katalin Fabián aus Ungarn an. Sie richtet in ihrem Beitrag das Augenmerk auf dortige Frauengruppen seit 1989, die sich für sozialpolitische Anliegen in ihrer ganzen Bandbreite engagieren und deren Entstehung – wie die zahlreicher anderer Bewegungen und Gruppierungen in den postkommunistischen Ländern – mit dem Rückzug des Staates, aber auch mit den erlangten demokratischen Freiheiten und Rechten, wie Versammlungsfreiheit und freie Meinungsäußerung, zusammenhängen. Für Ungarn konstatiert Fabián, dass die Stimme der Aktivistinnen insbesondere in der wirtschaftlich prekärsten Phase zwischen 1990 und 1995 politisches Gewicht erlangen konnte. Im Brennpunkt der Debatten stand damals die generelle Anhebung des Pensionsalters auf 62 Jahre, die 1993 erfolgt ist – gegenüber zuvor 55 Jahren für Frauen und 60 Jahren für

Männer. Diese Maßnahme löste heftige Kontroversen um Fragen der „Gleichheit“ der Geschlechter aus. Die Frauengruppen setzten in ihrem Protest kontextbedingt vor allem auf die weibliche Mutterrolle und damit auf eine in diesem Fall zwar erfolgreiche (insofern als sie Übergangszeiten und gewisse Abstufungen durchsetzen konnten), aber wenig progressive Argumentation – auf ein Trojanisches Pferd?

Diese drei punktuellen Bestandsaufnahmen zur Situation von Frauen im Post/Kommunismus, den historischen und aktuellen Bezügen ihrer Lebens- und Arbeitsverhältnisse, politischen und sozialen Handlungsfelder, stehen auch repräsentativ für die vielfältigen Inhalte, Analysen und Perspektiven in einer größeren Bandbreite von Texten, die sich mit Folgeerscheinungen der (Um-)Brüche in den zentral-, ost- und südosteuropäischen Ländern nach 1989 auseinandersetzen. Sie haben uns auf ein vom *Jubiläumsfonds der Österreichischen Nationalbank* finanziertes Projekt hin erreicht, das wir unter „Aktuelles und Kommentare“ vorstellen. Das breite thematische und zeitliche Spektrum aller der eigens dafür erarbeiteten Beiträge aus 16 Ländern geht über die Bilanz nach 15 Jahren Transformation und ihre unmittelbare Vorgeschichte hinaus und reicht ins 19. Jahrhundert, bis zur Ersten Frauenbewegung in den verschiedenen Ländern, zurück. Ebenfalls unter „Aktuelles und Kommentare“ findet sich ein Text der bulgarischen Literaturwissenschafterin Milena Kirova. Sie beschreibt die Ergebnisse ihrer Untersuchung über „Frauen und der bulgarische Kanon in der Literatur“ und versucht nachzuvollziehen, wie vorwiegend junge Schriftstellerinnen in jener spezifischen Situation, als der nationale literarische Kanon aufgrund bestimmter historischer Umstände beinahe verschwunden war, zu einem neuen Schreiben fanden.

Außerhalb des Heftschwerpunktes analysiert Regina Schulte in ihrem Beitrag über „Opfersemantik und die Bedingungen der Kreativität: Schatten der Töchter, Schwestern, Mütter in den Erinnerungen von Käthe Kollwitz und Marianne Weber“ deren autobiographischen Schriften als „erinnernde Selbstinspektion“. Diese kreist um die Mütter und Großmütter, die ein Leben des Verzichtes und des Opfers kultivierten, denn der protestantische Lebenszusammenhang des späten 19. und frühen 20. Jahrhunderts forderte eine kontinuierliche Kontrolle der Gefühle und des Gewissens. Der moralische Rigorismus der Mütter und die damit verbundene emotionale Distanz zu den Töchtern wurden von diesen wahrgenommen und beschrieben, trotzdem haben sie Strukturen dieser Denk- und Lebensformen in ihr eigenes Leben aufgenommen – wie den Opferkult im Ersten Weltkrieg, der den Heldentod der Söhne für das Vaterland verherrlichte. Er wurde von Käthe Kollwitz zunächst voll geteilt, selbst nachdem ihr Sohn als Kriegsfreiwilliger gefallen war; eine Sehnsucht nach dem Tod, so Schulte, charakterisiert deren Generation. Sie zeigt weiters auf, dass Tod auch mit künstlerischem Neuerschaffen in einem Zusammenhang stand: Marianne Weber hat ihren Mann Max nach seinem Tod in einer Biographie gemäß ihrem Bild entstehen lassen, wie Käthe Kollwitz bildnerisch ihren Sohn. Im autobiographischen Schreiben haben diese beiden Frauen somit Themenfelder angeschnitten, die ihre Gegenwart ebenso bestimmten wie sie ihre Erinnerungen neu sensibilisierten.

Ebenfalls in „L'Homme Extra“ stellt Angelika Epple in ihrem Beitrag kritische Anfragen an die Historiographiegeschichte – und gibt Antworten, die neue Perspektiven eröffnen. Ihr Text widmet sich der dringend notwendigen Reflexion über den Zusammenhang von

Geschlechterkonstruktion, Vergangenheitsdeutung und dem Gepräge der sich im 19. Jahrhundert herausbildenden „Geschichtswissenschaft". Epples Überlegungen münden in den Begriff des „historiographischen Paktes", welchen sie in Anlehnung an den vom französischen Literaturwissenschafter Philippe Lejeune formulierten Begriff *pacte autobiographique* entwickelt. So kann die Gattungsbestimmung von Geschichtsschreibung in einer Weise neu perspektiviert werden, die den klassischen Kanon der historiographiegeschichtlich relevanten Texte aufbricht.

In der Rubrik „Forum" setzen wir mit dem Beitrag von Maria Sjöberg zum Erb- und Ehegüterrecht in Schweden aus einer historischen Langzeitperspektive einen zweiten Strang fort, der hier abwechselnd zu den Berichten über die Frauen- und Geschlechtergeschichte in verschiedenen Ländern laufen soll. Damit bauen wir die im letztjährigen Heft „Ehe-Geschichte*n*" begonnene Zusammenstellung von Informationen zu Erbe, Mitgift und Besitz in unterschiedlichen europäischen Rechtsräumen weiter aus. Darüber hinaus enthält auch diese Ausgabe von *L'Homme. Z.F.G.* wiederum mehrere Tagungsberichte sowie zahlreiche Rezensionen zum Schwerpunktthema und anderen Neuerscheinungen. Die dadurch vorgenommene, breite inhaltliche und regionale Fächerung der Zeitschrift steht dieses Mal gewissermaßen paradigmatisch: Denn gleichzeitig mit der Veröffentlichung des vorliegenden Heftes begrüßen wir in unserem Kreis fünf neue Herausgeberinnen, nämlich Caroline Arni (Bern), Gunda Barth-Scalmani (Innsbruck), Krassimira Daskalova (Sofia), Hana Havelková (Prag) und Margareth Lanzinger (Wien). Die Editionstätigkeit für *L'Homme* wird damit von 18 Wissenschaftlerinnen aus sechs europäischen Ländern – aus Bulgarien, Deutschland, den Niederlanden, der Schweiz, Österreich und der Tschechischen Republik – getragen. Diese multinationale Verankerung der Herausgeberinnen wird ab nun auch im Titel der Zeitschrift sichtbar gemacht. Der Vorschlag zur Veränderung des Untertitels wurde in der letzten Redaktionssitzung von der Mehrheit der Herausgeberinnen beschlossen: *L'Homme. Europäische Zeitschrift für Feministische Geschichtswissenschaft* bringt die europäische/transnationale Verortung der Herausgeberinnen zum Ausdruck, nicht jedoch eine geographische Einschränkung des Forschungsfeldes, dessen Offenheit allen ein Anliegen ist.

Die Heftherausgeberinnen

Frauen an ostdeutschen Hochschulen – in den gleichstellungspolitischen Koordinaten vor und nach der „Wende"

Anke Burkhardt, Uta Schlegel

1. Frauenpolitik und weibliche Normalbiografie in der DDR

Über die 40 Jahre der Existenz der Deutschen Demokratischen Republik (DDR) ist die Geschlechter-/Frauen-/Familienpolitik in ihren Zielen und Durchsetzungsstrategien durchaus nicht einheitlich gewesen, hat aber deutliche Effekte auf die Normalbiografien und Lebenszusammenhänge der Frauengenerationen gehabt.

Grob können für die DDR-Frauenpolitik drei Phasen festgemacht werden.[1]

1. Die Nachkriegs-, 50er und Anfang 60er Jahre: Integration der Frauen in den Arbeitsmarkt
2. Die 60er bis Anfang 70er Jahre: Qualifizierung der Frauen
3. Die beginnenden 70er bis Ende der 80er Jahre: Vereinbarkeit von Beruf und Mutterschaft, Frauen in Leitungspositionen in Wirtschaft, Politik und Wissenschaft

Wiewohl beide deutsche Staaten 1949 – die DDR in Artikel 7 ihrer Verfassung und die Bundesrepublik Deutschland (BRD) in Artikel 3 (2) des Grundgesetzes – die Gleichberechtigung von Frauen und Männern festgeschrieben haben, erwies es sich für die DDR als ein weichenstellender Fortschritt, dass sie gleichzeitig festlegte: „Alle Gesetze und Bestimmungen, die der Gleichberechtigung der Frau entgegenstehen, sind aufgehoben."

1 Vgl. Anne Hampele, „Arbeite mit, plane mit, regiere mit" – Zur politischen Partizipation von Frauen in der DDR, in: Gisela Helwig u. Hildegard Maria Nickel Hg., Frauen in Deutschland 1945–1992, Bonn 1993, 281–320, 285; Karin Hildebrandt, Historischer Exkurs zur Frauenpolitik der SED, in: Birgit Bütow u. Heidi Stecker Hg., EigenArtige Ostfrauen. Frauenemanzipation in der DDR und den neuen Bundesländern, Bielefeld 1994, 12–31, 15ff; vgl. auch Anneliese Braun u.a., Rollback in der Gleichstellung der Geschlechter: Trends in der Erwerbsentwicklung ostdeutscher Frauen, in: Hanna Behrend Hg., Wende und deutsche Vereinigung von innen gesehen, Köln 1996, 191–222, 193ff sowie Uta Schlegel, Gleichberechtigung der Geschlechter in der DDR – Mythos und Realität, in: Dietmar Keller u. Reinhard Mocek Hg., Alltag in der DDR, Eggersdorf 1997, 201–236, 203ff.

Demgegenüber blieben in der BRD Gesetze und Rechtsnormen, die im Widerspruch zum Gleichstellungsgrundsatz standen, noch jahrzehntelang gültig. Diese unterschiedliche Weichenstellung hat nicht unwesentlich dazu beigetragen, dass zum Zeitpunkt der deutsch-deutschen Vereinigung die Geschlechterverhältnisse in Ostdeutschland egalitärer waren und die ostdeutschen Frauen über einen „Gleichstellungsvorsprung" verfügten.

DDR-Frauenpolitik war durchgängig gerichtet auf die möglichst maximale Einbeziehung der Frauen in die Erwerbsarbeit sowie auf die Schaffung der dafür notwendigen qualifikatorischen Voraussetzungen (Allgemein-, Berufs- und Hochschulbildung) und infrastrukturellen Rahmenbedingungen (wie Kindereinrichtungen) – und damit auf die „Anhebung" weiblicher Lebenszusammenhänge (namentlich Berufsbiografien) auf die traditionell männliche „Norm". An der normativen und tatsächlichen Zuschreibung der Familienaufgaben an die Frau änderte sich kaum etwas; sie wurde über sozial- und familienpolitische Regelungen (wie Haushalttag für Frauen mit Kind/ern, Babyjahr anfänglich ausschließlich für Mütter) sogar fortgeschrieben und perpetuiert. Dieses quasi patriarchale Gleichberechtigungsverständnis ließ folgerichtig das traditionelle Männerleitbild weitgehend unangetastet, die männliche Rolle war keinerlei Erschütterungen ausgesetzt – mit teilweisen Folgen bis heute: Junge Männer in Ostdeutschland vertreten stärker die traditionelle Männerrolle und stehen unkonventionellen Rollenarrangements (zum Beispiel „Hausmann") nicht so offen gegenüber wie ihre Geschlechtsgenossen in Westdeutschland;[2] und junge Frauen im Osten erwarten von ihrem Partner in geringerem Maße, dass sie sich nach der Geburt eines Kindes an der „Erziehungszeit" beteiligen.

Trotzdem haben sich auch männliche Einstellungen und Verhaltensweisen sukzessive und deutlich modifiziert, jedoch primär als Reaktion auf den veränderten weiblichen Lebenszusammenhang (das heißt die gleichzeitige Verwirklichung in und Selbstdefinition nach dem eigenen Beruf sowie der Kinderwünsche und Partnerschaft) und zudem als – individuell mehr oder weniger hohe – Akzeptanz einer öffentlichen/gesellschaftlichen Norm der Gleichberechtigung der Frau.

Insgesamt belegen soziologische Untersuchungen eine Annäherung weiblicher an männliche Einstellungs- und Verhaltensmuster in der DDR – vor allem in den Wertorientierungen und Lebenszielen, im Selbstbewusstsein, in der Erwerbsarbeit, in den Intelligenz- und Mathematikleistungen, in den Kriterien der Partnerwahl, im Sexualverhalten –, so dass in diesen Bereichen die Unterschiede innerhalb der Geschlechtergruppen (beispielsweise nach dem Bildungsstand) meist größer waren als zwischen den Geschlechtern. Dies führte offensichtlich zur „Verminderung des konflikthaft-destruktiven Anteils des Spannungsverhältnisses zwischen den Geschlechtern".[3]

Die DDR-Frauenpolitik führte erfolgreich zum weitgehenden Verschwinden von (Berufs-)Bildungsunterschieden zwischen den Geschlechtern.

---

2 Vgl. Harald Stumpe, Zum Verhältnis der Geschlechter in der ehemaligen DDR – Annäherung der Frau an den Mann und deren Folgen, in: Wolfgang Berg u.a. Hg., Ein Deutschland – viele Kulturen. Alte und neue Bundesländer im multikulturellen Europa, Berlin 1996, 63.

3 … was offenbar bis heute fortwirkt: „Die Jugendlichen (sicher auch die Erwachsenen) im Osten Deutschlands reflektieren sich weniger stark als Mann oder Frau und erleben die Geschlechterverhältnisse als weniger konflikthaft und geringer polarisiert als im Westen", vgl. Stumpe, Verhältnis, wie Anm. 2, 62.

Abb. 1: Qualifikationsstruktur der Erwerbstätigen der DDR: Vergleich Oktober 1971–Oktober 1989 (in %)

Qualifikation/Abschluss	weibl. Erwerbstätige		männl. Erwerbstätige	
	1971	1989	1971	1989
keine Berufsausbildung	2,4	12,3[4]	23,2	7,1
Teilberufsausbildung	6,4	2,9	5,0	3,8
Facharbeiterabschluss	58,5	62,7	41,1	56,7
Fachschulabschluss	5,7	18,5	9,0	9,9
Hochschulabschluss	2,4	6,7	6,0	9,6

Quelle: Gunnar Winkler Hg., Frauenreport '90, Berlin 1991, 38.

Das bisher Ausgeführte impliziert auch eine pädagogische Gleichbehandlung der Geschlechter in der DDR. So gab es keine Mädchen- und Jungenarbeit, und die Koedukation wurde zu keinem Zeitpunkt und für keinen Bereich in Frage gestellt. Letztere hat aber beeindruckende Erfolge erreicht – einschließlich eines bemerkenswerten Wandels (im Sinne: weg von der Geschlechtstypik) des Spielzeugangebotes an Kinder.

Abb. 2: Vergleich des Spielzeugbesitzes von Mädchen und Jungen 1967–1988 (in %)

	Dannhauer 1967		ZIJ 1988	
Spielzeugart	Mädchen N = 60	Jungen N = 60	Mädchen N = 75	Jungen N = 55
Bausteine	92	100	100	100
Stofftiere	82	98	100	100
Teddys	98	97	100	97
Puppen	100	52	98	84
Puppenwagen	82	13	95	28
kleine Autos	62	98	96	100
Eisenbahn	0	67	14	56
Bälle	53	52	100	100
Bilderbücher	73	62	100	100
große Fahrzeuge	38	100	71	93

Quelle: Irene Wünsch, Spielinteressen, Spielzeugbesitz und Berufswünsche bei Jungen und Mädchen im Vorschulalter (unveröffentlichter Forschungsbericht), Leipzig 1998, 73.

Das so umrissene Gleichberechtigungsverständnis wurde (wie auch andere Politikfelder) vom Staat DDR auf paternalistische Weise realisiert, das heißt von oben nach unten: Frauen waren im Kern Objekt von Politik, als Subjekte/Akteurinnen bezüglich politischer

4 Das betrifft fast ausschließlich ältere Frauen.

Strategien, Maßnahmen und Entscheidungen hingegen im Wesentlichen ausgeschlossen. Das stellt einerseits historisch bedeutsame Fortschritte (wie zum Beispiel das Gesetz über den selbstbestimmten Schwangerschaftsabbruch) keineswegs in Frage, konnte andererseits aber – da nicht selbst erkämpft – für die Art der(en) Nutzung und später (nach der deutschen Vereinigung) für (weitgehend ausbleibende) effektive Aktionen zu deren Verteidigung nicht folgenlos bleiben.

Hinsichtlich sozialer Ungleichheit/Unterschiede lässt sich in der wissenschaftlichen und politischen Literatur jahrzehntelang die Kategorie Geschlecht nicht finden; beispielsweise reduzieren sich Unterschiede noch 1974 auf: Arbeiterklasse – Genossenschaftsbauern – Intelligenz, Stadt – Land, Einkommen, körperliche/geistige Arbeit u. a.[5] Erst in den 80er Jahren werden – nicht zuletzt unter dem Druck empirischer Forschungsergebnisse – Geschlechtsunterschiede in den Lebenslagen auch als soziale Unterschiede benannt.[6]

Alle diese Faktoren erklären – zumindest teilweise – auch das Fehlen einer Frauenbewegung in der DDR. Zwar gab es die Frauenorganisation *Demokratischer Frauenbund Deutschlands* (DFD) – politisch sogar in den Stadtparlamenten und der Volkskammer vertreten – und eine Frauenzeitschrift *FÜR DICH;* beides war aber keineswegs zur Selbstverständigung der Frauen oder zur Problemsicht geeignet und weitgehend von politischen, ökonomischen und ideologischen Gesichtspunkten gesteuert.

Von großer Bedeutung ist in diesem Kontext (im Gegensatz zur alten BRD) der Mangel eines öffentlichen Diskurses zu den Geschlechterverhältnissen in der DDR. Dieser war nicht nur bedingt durch die totalitären DDR-Verhältnisse einschließlich einer fehlenden politischen Kultur, sondern auch getragen von einer verbreiteten Würdigung der Anstrengungen und Leistungen sowohl des Staates zur Förderung der weiblichen Erwerbsarbeit und zur strukturellen Entlastung der Familien (wie Kindereinrichtungen, Schulspeisung) als auch – staatlich verordnet – der Betriebe (wie Kinderferienlager).[7] Insbesondere Letzteres hat – im Kontext des weitgehenden Fehlens evidenter Frauendiskriminierung (wie Pornographie, Gewalt gegen Frauen, sexuelle Belästigung am Arbeitsplatz) – dazu geführt, dass die DDR-Frauen selbst subtile Diskriminierungsmechanismen qua Geschlecht nicht oder kaum wahrgenommen und thematisiert haben, dafür schlicht nicht sensibilisiert waren.[8] Nur vor diesem Hintergrund ist nachvollziehbar, wieso DDR-Frauen – nachdem die oben angemerkte verkürzte Gleichstellungsstrategie des Staates

5 Vgl. Deutsche Demokratische Republik: Gesellschaft – Staat – Bürger, Berlin 1974, 21f.

6 Vgl. Bedürfnisse der Werktätigen – Sozialpolitik im Betrieb (Gewerkschaftshochschule des FDGB), Bernau 1991, 9; Uta Schlegel, Gleichberechtigung und Geschlechtsunterschiede: Geschlechtstypische Einstellungen und Verhaltensweisen weiblicher Jugendlicher in wesentlichen Lebensbereichen unter besonderer Berücksichtigung der Gleichberechtigung der Geschlechter in der DDR, Dissertation Dresden 1982, 59f; Barbara Bertram, Realisierungskonzeption des Projekts „Leistung und Lebensweise junger Frauen", (unveröffentlichtes Manuskript) Leipzig 1987, 5.

7 Wir trennen hier Leistungen bezüglich weiblicher Erwerbsarbeit und familiärer Entlastung bewusst (wiewohl Letzteres in der DDR immer auch unter Frauenförderung subsumiert und propagandistisch verwertet wurde; vgl. zum Beispiel Leben in sozialer Sicherheit, Berlin 1978, 32f), weil Kinderbetreuung unter anderem immer Leistungen angesichts der Erwerbsarbeit *beider* Elternteile darstellt und insofern – auch heute – nicht als Kosten weiblicher Erwerbsarbeit dargestellt werden darf.

8 Vgl. Birgit Bütow, Studium, Studentenforschung und Geschlechterfrage in der DDR. Versuch einer Rekonstruktion, in: dies./Stecker, Ostfrauen, wie Anm. 1, 95–110, 108.

erreicht und Mitte der 70er Jahre die Gleichberechtigung der Frau offiziell als gesellschaftlich gelöst galt[9] – die von nun an deklaratorische Verweisung/Reduzierung (durchaus struktureller) weiblicher Konflikte in der Alltagsbewältigung auf die individuelle Ebene[10] mehrheitlich internalisiert haben.[11]

Nicht zufällig haben DDR-Frauen die staatlichen Bemühungen um ihre Gleichstellung in noch höherem Maße als Männer gewürdigt, was sich unter anderem niederschlug in ihrer stets höheren DDR-Verbundenheit (innerhalb deren Aufwärtsentwicklung, die ihren Höchststand nach dem sozialpolitischen Maßnahmeboom von 1972 erreichte, bis zu ihrem Absturz gegen Ende der DDR[12]), in ihrer (1989/1990 prospektiv) gegenüber Männern verhalteneren Befürwortung der deutschen Vereinigung[13] sowie darin, dass sie in der retrospektiven Einschätzung der beiden deutschen Staaten (wie übrigens ost- und westdeutsche Männer insgesamt) 1991 die Gleichberechtigung der Frau (von elf erhobenen Sachverhalten) als *das* Überlegenheitsmerkmal der DDR gesehen hatten[14] und die Ostdeutschen auch drei Jahre nach der „Wende" 1992 mehrheitlich die Gleichberechtigung der Frau (nach den Rangplätzen soziale Sicherung, Recht auf Arbeit, wenig Kriminalität, Abfallverwertung) in der DDR als besser gewährleistet beurteilten.

Selbst intellektuelle Frauen in der DDR haben – mit Vorboten in den 70ern – erst in den 80er Jahren über das Geschlechterverhältnis und die Frauenbenachteiligung reflektiert. Auch dies hinterlässt teilweise bis heute Spuren (wie in der distanzierten Haltung ostdeutscher Frauen zur Quotenregelung oder in ausbleibenden Klagen gegen Personalrekrutierungsstrategien der Arbeitgeber zum Nachteil von Frauen).

Vor diesem Hintergrund wird ein (bis heute) evidenter kultureller Ost-West Unterschied beispielsweise im weiblichen Selbstverständnis erklärbar, der sich verkürzt wie folgt beschreiben lässt: Die westdeutschen Frauen verfügten – in der Folge eines gesellschaftlichen Diskurses und feministischer Bewegungen – über eine mentale Sensibilisierung und Wahrnehmung der Geschlechterverhältnisse und eigener struktureller Benachteiligung[15] und über ein ausgeprägtes emanzipatorisches Bewusstsein[16]; die DDR-Frauen

9 „Und wir können deshalb auch ohne Einschränkungen sagen, dass in der Deutschen Demokratischen Republik die Gleichberechtigung der Frau verwirklicht ist", Inge Lange, Aktuelle Probleme der Arbeit mit den Frauen bei der weiteren Verwirklichung der Beschlüsse des VIII. Parteitages der SED, Berlin 1974, 6.

10 Verwiesen werden muss in diesem Zusammenhang auch darauf, dass die Defizite in Versorgungsfragen (Konsumgüter, Dienstleistungen usw.) von der DDR-Bevölkerung durchaus nicht geschlechtsneutral befriedet wurden. Wenn auch die Männer selbst Hand anlegten an Autos, Datschenbau und Wohnungsrenovierung: Es waren die Frauen, die sich täglich in die Warteschlangen einreihten, Reißverschlüsse einnähten, Konfitüre kochten oder Obst und Gemüse einmachten.

11 Vgl. Uta Schlegel, Politische Einstellungen ostdeutscher Frauen im Wandel, Leipzig 1993, 14.

12 Vgl. Schlegel, Einstellungen, wie Anm. 11, 27.

13 Vgl. Schlegel, Einstellungen, wie Anm. 11, 32.

14 Vgl. Das Profil der Deutschen, in: Spiegel-Spezial, 1 (1991), 46.

15 die de jure länger und in stärkerem Maße als in der DDR gegeben war: Erinnert sei beispielhaft daran, wie lange in der BRD die Erwerbstätigkeit der Frau der ausdrücklichen Zustimmung des Ehemannes bedurfte.

16 wie es sich unter anderem auch in der Alltagssprache äußert(e): bewusste Verwendung weiblicher Sprachformen (Professorin, Ministerin).

hielten sich, angesichts ihrer „von oben beschlossenen" und realisierten, den Männern gleichen, Allgemein-/Berufs-/akademischen Bildung, gelebter kontinuierlicher Erwerbsbiografie (einschließlich ihrer Vereinbarkeit mit Mutterschaft/Familie) und weitgehender ökonomischer Unabhängigkeit vom Mann, für gleichberechtigt. Aus diesen Gründen waren sie mehrheitlich sehr lange blind und stumm gegenüber struktureller Benachteiligung. Wenn sich dies so zum Zeitpunkt der deutsch-deutschen Vereinigung darstellte, darf nicht übersehen werden, dass darüber hinaus beide Sachverhalte historisch mindestens um eine Generation versetzt generiert wurden: Der doppelte Lebensentwurf der DDR-Mädchen und -Frauen gilt bereits für die Geburtsjahrgänge der ersten Hälfte der 1940er Jahre, eine emanzipatorische Sozialisation und neue weibliche Lebensentwürfe in der BRD ab Ende der 1960er Jahre.[17]

Typisch für den Lebenszusammenhang der DDR-Frauen seit Anfang der 1970er Jahre waren ganz mehrheitlich folgende Lebensumstände:[18]

- Schul-/Berufs- und Hochschulausbildung schlossen sie in „regulären" Zeiten ab und hatten dabei und in ihrer späteren Berufsbiografie direkte Übergänge (Statuspassagen) – einschließlich von Ausbildung/Studium in den Arbeitsmarkt und nach der Geburt von Kindern. Solche Kontinuität bedurfte nur eines Minimums an regionaler Mobilität
- Ihre Erwerbsarbeit übten sie in qualifizierten (erlernten, studierten) Berufen aus mit vergleichsweise breiterem Berufsspektrum (einschließlich geschlechterparitätischem Hochschulzugang seit den 1970er Jahren)
- Sie standen über die Lebensspanne in kontinuierlicher Berufsarbeit – ganz mehrheitlich in Vollzeit und in ganz überwiegend unbefristeten Arbeitsrechtsverhältnissen mit sehr langen Betriebs-/Kombinats-/Institutszugehörigkeiten und in aller Regel mit beruflichem Aufstieg innerhalb dieser
- Frauen verfügten über gesellschaftliche Rahmenbedingungen einer synchronen Vereinbarung von Beruf und Familie/Kindern. Dies schloss „Selbstverständlichkeiten" im Arbeitsumfeld und im gesellschaftlichen Klima für „Vereinbarung" und berufliches Fortkommen ein[19]
- Damit verfügten DDR-Frauen in ihrem gesamten Lebenslauf über ökonomische Selbstständigkeit (einschließlich steuer- und familienrechtlicher Flankierung), die relativ früh im Jugendalter erreicht wurde
- Typisch waren eine vergleichsweise frühe Eheschließung und Geburt des ersten Kindes (22./23. Lebensjahr; Mehrzahl aller Geburten zwischen dem 20. und 25. Lebens-

17 Vgl. Hans Bertram, Mütter und Kinder – Zur Individualisierung der Kinder- und Frauenrolle in der Gesellschaft, in: Aus Politik und Zeitgeschichte. Beilage zur Wochenzeitung Das Parlament, B 40–41 (1990), 30–39.

18 Selbstverständlich stellen die folgenden Aussagen über *die* DDR-Frauen eine hohe Verallgemeinerung dar, weil sich ihre Lebenslagen, biografischen Muster, Wertorientierungen beispielsweise nach Alter, Bildungsstand, Stadt-Land usw. unterschieden haben.

19 wie etwa: Abstimmung der Arbeitszeit auf Öffnungszeit der Kindereinrichtungen, alle Formen der Weiterbildung/Qualifizierung (neben/in Erwerbsarbeit, für allein Erziehende).

jahr;[20] eine eher spektakuläre Ausnahme war das Modell der Spätgebärenden über 30 Jahre), ohne Familienpause (das meint: reduziert auf die gesetzliche Freistellung)
- Die Frau hatte die Möglichkeit des ausschließlich selbstbestimmten Schwangerschaftsabbruchs
- In den Familien/Lebensgemeinschaften wurden eine tendenziell gleichberechtigte Partnerschaft und häusliche Arbeitsteilung praktiziert (einschließlich hoher Akzeptanz weiblicher Erwerbsarbeit durch den Partner)
- Frauen wie Männer akzeptierten und nutzten in hohem Maße außerhäusliche Kinderbetreuung; in den 1970er/1980er Jahren gab es eine bedarfsgerechte Anzahl an staatlichen/betrieblichen Kindereinrichtungen und an Schulhorten mit Mittagsversorgung
- Schon seit den Anfangsjahren der DDR leiteten die Frauen ihr Selbstverständnis und -bewusstsein von sich selbst und von ihren eigenen Leistungen ab, nicht mehr vom beruflichen oder gesellschaftlichen Status der Ehemänner (einschließlich weitgehender Nivellierung geschlechtstypischer Leistungsattribuierung)[21]
- Die Ehe war – im Unterschied zu heute – eine dezidiert unökonomische Institution (auf dem Hintergrund ohnehin „flacher" Vermögensverhältnisse); es gab zum Beispiel kaum Wohneigentum oder Familienunternehmen, kaum Ehegattenunterhalt oder gegenseitige Rentenansprüche bei Scheidung, keinen Status der getrennt Lebenden
- Die kulturellen Muster der Hausfrau und der Hausfrauenehe wurden in der DDR nicht mehr gelebt, galten als historisch überholt und waren auch eher verpönt
- Frauen zeigten – angesichts der Fokussierung der Ehe auf die Beziehungsqualität und ihrer mangelnden finanziellen Bedeutung – eine relativ hohe Scheidungsneigung, zumal Scheidung (mit familienrechtlicher Flankierung) leicht realisierbar war und (auch mit Kindern) nicht an den Rand der Gesellschaft führte
- Es gab einen vergleichsweise hohen Anteil allein erziehender (geschiedener, unverheirateter) Mütter. Sehr hohe gesellschaftliche Akzeptanz fand nicht nur, dass Mütter im Allgemeinen voll erwerbstätig waren, sondern auch die Lebensform der allein erziehenden (erwerbstätigen) Frau mit Kind(ern) – unabhängig von ihrem juristischen Familienstand (ledig, geschieden, Lebensgemeinschaft)

Insgesamt: Das ganz überwiegend gelebte Lebensmuster der DDR-Frauen war charakterisiert von einer „ökonomischen und reproduktiven Autonomie"[22] – womit verschiedene selbstständigkeitszentrierte Pattern gemeint sind wie ökonomische Unabhängigkeit über

20 Vgl. ausführlicher dazu Gunnar Winkler Hg., Frauenreport '90, Berlin 1991, Kapitel 1.2.

21 Vgl. Uta Schlegel, Überlegungen zum veränderten Selbstbild der Studentinnen hinsichtlich ihrer Studienleistung, in: Uta Starke u.a. Hg., Faktoren des Leistungsverhaltens und der Persönlichkeitsentwicklung von Studenten im 1. Studienjahr, Leipzig 1986, 66–70; Uta Schlegel, Zum Selbstbild der DDR-Studentinnen hinsichtlich ihrer Studienleistung, in: Informationen des wissenschaftlichen Rates „Frau in der sozialistischen Gesellschaft", 4 (1987), 73–76.

22 Vgl. dazu ausführlicher Cornelia Helfferich, Frauen leben – Eine Studie zu Lebensläufen und Familienplanung. Im Auftrag der BZgA von Cornelia Helfferich in Zusammenarbeit mit Wilfried Karmaus, Kurt Starke und Konrad Weller, Köln 2001, 369ff.

die Lebensspanne oder (auch vom Mann unabhängige) selbstbestimmte Entscheidung für ein Kind.

Abb. 3: Geborene nach Familienstand der Mutter

	ledig	verheiratet	verwitwet	geschieden
1970	26.663	205.407	521	4.338
1972	28.910	167.965	364	3.204
1974	26.176	149.949	263	2.739
1976	27.876	163.787	264	3.556
1978	35.212	191.896	320	4.725
1980	49.094	183.134	383	6.521

Quelle: Arnold Pinther, Demografische Informationen (unveröffentlichter Forschungsbericht), Leipzig 1981, 2.

Neben beziehungsweise innerhalb dieser „modernen" weiblichen Normalbiografie gab es allerdings auch Merkmale traditioneller beziehungsweise systemimmanenter struktureller Benachteiligungen der Frauen gegenüber den Männern. Wiewohl ganz überwiegend in ihrer erworbenen Berufsqualifikation berufstätig, arbeiteten Frauen doch häufiger als Männer unter ihrem Ausbildungsabschluss (Stichworte: Wegezeiten Wohnung – Kindereinrichtung – Arbeitsort, Wohnortwechsel infolge „höherer" Männerberufe wie Armee). Trotz gleicher Berufswahlmöglichkeiten für Mädchen und auch vergleichsweise tatsächlich breiteren Berufsspektrums (wie Chemieindustrie, Landwirtschaft, Ingenieurstudium) arbeiteten 75 % der Frauen in typischen Frauenberufen und damit Volkswirtschaftszweigen, beispielsweise im Bildungs-, Gesundheits-, Sozialwesen und im Handel (zwischen 70 und über 90 %). Der Frauenanteil an Führungspositionen (in der Hierarchie) in Volkswirtschaft, Politik und Wissenschaft nahm nach oben drastisch ab – trotz zunehmender und massiver staatlicher Appelle, Bemühungen und Vorgaben.[23] Das lag durchaus nicht nur in traditionellen Vorbehalten begründet, sondern vor allem darin, dass (namentlich junge) Frauen durchaus Probleme bei der Vereinbarung von (in der Regel Voll-) Erwerbsarbeit, Kind(ern) und Haushalt hatten. Daraus folgte, dass das Erreichen beruflicher Kompetenz (vor allem bei den Hoch- und Fachschulabsolventinnen in den ersten fünf bis sieben Jahren nach Abschluss des Studiums) gegenüber den männlichen Kollegen mehrheitlich langsamer verlief.[24] Diese nach Geschlecht unterschiedlichen beruflichen Startbedingungen waren später nur schwer wieder auszugleichen, zumal für eine Viel-

23 Vgl. beispielsweise Erich Honecker, Die Aufgaben der Parteiorganisationen bei der weiteren Verwirklichung der Beschlüsse des XI. Parteitages der SED, in: Neues Deutschland vom 7./8.2.1987, 10. Es sei unbedingt „notwendig, energischer den unterschiedlichen Vorbehalten entgegenzutreten, die den Einsatz von Frauen in verantwortlichen Funktionen des Staates, der Wirtschaft, der Gesellschaft, nicht zuletzt unserer Partei selbst, erschweren oder gar unmöglich machen. Kurzum, in allen gesellschaftlichen Bereichen, besonders in der Industrie und Landwirtschaft, gilt es, Frauen bis in Spitzenpositionen einzusetzen."

24 Vgl. Uta Schlegel u. Helga Gantz, Zum leistungsbezogenen Selbstbild bei Studentinnen und Absolven-

zahl akademischer Berufe und hoher/höchster beruflicher und gesellschaftlicher Positionen eine gewisse „Altersschwelle" existierte und diese mit bestimmten Voraussetzungen einhergingen (für hohe staatliche Funktionen zum Beispiel war ein intensives Engagement im Jugendverband vonnöten). Zudem: Angesichts der vorwiegend an Frauen adressierten staatlichen Familienpolitik (wie: Haushalttag, „Babyjahr" zum Zeitpunkt seiner Einführung, gesetzlich verkürzte Arbeitszeit für Mütter mit zwei und mehr Kindern) präferierten die Betriebe/Kombinate, Institutionen usw. (natürlich informell) in ihren Personalrekrutierungsstrategien für Leitungspositionen eher Männer.

Frauen verfügten (vor dem Hintergrund vergleichsweise homogener Einkommensverhältnisse in der DDR) über weniger Einkommen als Männer, vor allem weil sie sich auf die schlechter bezahlten Berufsfelder und Volkswirtschaftszweige konzentrierten, sich bei gleichem/r Beruf/Qualifikation in den niedrigeren Hierarchie-Ebenen fanden, Erwerbsarbeit unterhalb ihrer erworbenen Qualifikation verrichteten, höhere Ausfälle durch mögliche Krankheit der Kinder hatten, geringer an Schichtarbeit beteiligt waren. Dies führte unter anderem zu einer partiellen Fortschreibung des Mannes als Hauptverdiener, zu geschlechtstypischen Arbeitsmotiven einschließlich höherer Einkommenszufriedenheit der Frauen.[25]

Im Freizeitbereich sind immer wieder die größten Geschlechtsunterschiede nachgewiesen worden. Das betrifft zum einen die Benachteiligung der Mädchen und Frauen (als Kinder/Jugendliche im elterlichen beziehungsweise später im eigenen Haushalt), die über ein durchgängig geringeres Freizeitbudget (insbesondere angesichts nach wie vor geschlechtstypischer Hausarbeitsteilung) verfügten; zum anderen geschlechtsdifferente Freizeitinhalte – einschließlich der vorwiegenden Realisierung „zu Hause" (weiblich) versus „außer Haus" (männlich). Für den Freizeitumfang erwies sich – gegenüber anderen Einflussfaktoren wie Familienstand, Qualifikation/Bildungsstand, Schichtsystem, Wohnortgröße/Landgebiet – tatsächlich die Geschlechtszugehörigkeit als die entscheidende Determinante.[26]

2. Frauen im DDR-Hochschulwesen

Unter gleichstellungspolitischen Gesichtspunkten fällt auch der Eindruck des DDR-Hochschulwesens ambivalent aus. Einerseits stellte es ein geradezu klassisches Beispiel der stufenförmigen Ausprägung androzentrischer Strukturen dar. Andererseits wies die ge-

tinnen, in: Manfred Rochlitz u. Uta Schlegel Hg., Soziale Beziehungen im Betrieb – Persönlichkeit und Leistung von Hoch- und Fachschulkadern, Leipzig 1986.

25 Dies muss auch für die DDR als Fortwirken traditioneller Geschlechterverhältnisse gewertet werden. Ähnliche Befunde sind auch aus den skandinavischen Ländern bekannt (vgl. zum Beispiel Irja Kandolin u. Hannu Uusitalo, Scandinavian Man and Woman: A Welfare Comparison, in: Forschungsbericht, 28 (1980) der Forschungsgruppe für vergleichende Soziologie der Universität Helsinki); vgl. auch Schlegel, Gleichberechtigung, wie Anm. 6, 163, 166.

26 Vgl. Peter Voß, Die Freizeit der Jugend, Berlin 1981; Schlegel, Gleichberechtigung, wie Anm. 6; Gisela Ulrich, Das Zeitbudget junger Arbeiter unter besonderer Berücksichtigung ihrer Freizeit. Eine soziologische Analyse, Dissertation Dresden 1982.

schlechterdifferenzierte Qualifikations- und Professionspyramide eine – im Vergleich zur damaligen bundesrepublikanischen Situation – geringere Ausprägung auf. Die Frauen betreffenden hierarchischen Marginalisierungseffekte und die fachliche/berufliche Segregation nach Geschlecht traten zwar auch, aber zunehmend abgeschwächt, in Erscheinung.[27]

Die Hochschulgesetzgebung der DDR schrieb vor, dass bei der dem Staat obliegenden Entscheidung über die Zulassung zum Hochschulstudium die soziale Struktur der Bevölkerung zu beachten sei. Basierend auf dieser Zulassungspolitik (einschließlich einer entsprechenden Gestaltung der Abiturstufe) und angesichts eines von der Bevölkerung mehrheitlich verinnerlichten Anspruchs auf gleichberechtigte Teilhabe von Frauen und Männern am Ausbildungs- und Beschäftigungssystem, zeichnete sich der Hochschulzugang seit Anfang der 70er Jahre durch Geschlechterparität aus. Die Bemühungen um eine Abschwächung der tradierten fachlichen Segregation nach Geschlecht über staatliche Studienberatung und -lenkung schlugen sich in einem tendenziell steigenden Anteil von Frauen in den Wissenschaftszweigen Mathematik/Naturwissenschaften (1989: 46 %) und Ingenieurwissenschaften (25 %) nieder. Frauen waren aber weiterhin überproportional in den Sprach- und Kulturwissenschaften, den Wirtschafts- und Sozialwissenschaften und im Wissenschaftszweig Pädagogik/LehrerInnen vertreten.

Für den Erwerb der dem Hochschulabschluss folgenden wissenschaftlichen Qualifikation, der Promotion A (Doktor eines Wissenschaftszweiges, Dr.), standen verschiedene Wege zur Verfügung[28]:

- Das in der Regel dreijährige stipendienfinanzierte Forschungsstudium, das sich unmittelbar an das Hochschulstudium anschloss beziehungsweise noch vor regulärem Hochschulabschluss aufgenommen werden konnte
- Die planmäßige Aspirantur für Berufserfahrene einschließlich einer Frauensonderaspirantur, ebenfalls dreijährig und auf der Basis von Stipendien, deren Höhe gehaltsabhängig festgelegt wurde (auch als verkürzte Teilaspirantur möglich)
- Die außerplanmäßige Aspirantur, in der Berufstätigkeit und Qualifizierung bei voller Gehaltsfortzahlung verbunden wurden
- Die Assistenz in befristetem (vier Jahre) oder unbefristetem Beschäftigungsverhältnis an der Hochschule sowie
- Die Promotion durch MitarbeiterInnen wissenschaftlicher Einrichtungen oder durch Externe

Im Hochschulwesen betrug der Anteil von Doktorandinnen 1989 34 %. An den wissenschaftlichen Akademien war das Verhältnis von Frauen und Männern sogar fast ausge-

27 Vgl. Anke Burkhardt u. Ruth Heidi Stein, Frauen an ostdeutschen Hochschulen vor und nach der Wende, in: Elke Kleinau u. Claudia Opitz Hg., Geschichte der Frauen- und Mädchenbildung, 2: Vom Vormärz bis zur Gegenwart, Frankfurt a. M./New York 1996, 497–516.

28 Vgl. Anke Burkhardt u. Doris Scherer, Förderung des wissenschaftlichen Nachwuchses an DDR-Hochschulen in den 80er Jahren – gesetzliche Grundlagen, hochschulpolitischer Kontext, statistischer Überblick (Projektbericht), Berlin 1995.

glichen.[29] Die verschiedenen Wege zur Promotion wurden von Frauen und Männern in unterschiedlichem Maße frequentiert. Im studiennahen Forschungsstudium lag der Frauenanteil trotz staatlicher Steuerung mit 37 % (1989) unter dem Studentinnenanteil. Von den planmäßigen Aspiranturen wurden mehr als die Hälfte[30], von den außerplanmäßigen dagegen nur 15 % durch Frauen abgeschlossen. Das lässt sich damit erklären, dass Männer in geringerem Maße als Frauen bereit waren, sich für drei Jahre mit dem (gemessen an einem normalen Arbeitseinkommen) niedrigeren Stipendium in einer planmäßigen Aspirantur zu begnügen. Andererseits bedeutete eine außerplanmäßige Aspirantur für Frauen in der Regel die kaum noch zu bewältigende Dreifachbelastung Beruf – Familie – Weiterbildung, ganz zu schweigen von der bei Wissenschaftlerinnen als selbstverständlich vorausgesetzten „gesellschaftlichen Tätigkeit“. Ein Drittel der Promotionen durch Hochschulmitarbeiter wurde durch Frauen erbracht. Das entsprach ihrem Anteil an dieser Beschäftigtengruppe.

Mit Ausnahme des Forschungsstudiums standen für die Meisterung der nächsten Stufe auf der wissenschaftlichen Karriereleiter, der Promotion B (Doktor der Wissenschaften, Dr. sc., entspricht der Habilitation), ähnliche Wege offen. In der Mehrzahl qualifizierten sich hier aber wissenschaftliche MitarbeiterInnen; AspirantInnen blieben eher die Ausnahme. Diese Qualifikationsstufe war eine Männerdomäne. Aus Sicht der Hochschulpolitik wäre ein höherer Frauenanteil wünschenswert gewesen – nicht nur, um die staatliche These von der Gleichberechtigung der Frau im Sozialismus zu untermauern, sondern seit Anfang der 80er Jahre auch, um die immer knapper werdende Personaldecke im Hochschulwesen zu strecken. Als nicht mehr zu übersehen war, dass im Zusammenhang mit anstehenden Emeritierungen ein absoluter und relativer Rückgang der Anzahl weiblicher Hochschullehrer unmittelbar bevorstand, wurde die Frauenförderung zur „Chefsache“ erklärt.[31] Die Rektoren hatten die Unterstützung der Wissenschaftlerinnen unter persönliche Kontrolle zu nehmen. Initiiert vom Ministerium für Hoch- und Fachschulwesen und der Gewerkschaft Wissenschaft wurde die Frauenthematik in den Mittelpunkt wissenschaftlicher Diskussionen gerückt. Die „Frau in der Wissenschaft“ entwickelte sich zum gesellschaftlich relevanten Forschungsgegenstand. Auf Grund der gezielten Förderung stieg der Frauenanteil an den Promotionen B in den 80er Jahren kontinuierlich auf 16 % im Jahr 1989 (Hochschulen 17 %, wissenschaftliche Akademien 9 %).

Die Unterrepräsentanz von Frauen setzte sich in den oberen Statusgruppen der Beschäftigten prononciert fort. Die Fortschritte blieben bescheiden. 1979 waren 7,8 % der HochschullehrerInnen weiblich. Zehn Jahre später lag der Frauenanteil bei 9,3 % (5,3 % der ProfessorInnen, 12,7 % der DozentInnen). Unter den HochschullehrerInnen waren

29 Alle Hochschulen verfügten über das Promotionsrecht A, mit Ausnahme kleinerer Ingenieurhochschulen, darüber hinaus über das Promotionsrecht B. Im Akademiebereich besaßen fast alle Einrichtungen das Recht zur Verleihung der Promotion A und B – falls nicht, konnte es im Einzelfall auf Antrag vom Hochschulminister erteilt werden.

30 Damals noch nicht vorauszusehen war, dass die betroffenen Frauen im Alter als Promovierte im Beschäftigungsverhältnis finanziell schlechter gestellt sein würden (sind), weil während der stipendienfinanzierten Aspirantur keine Rentenansprüche erworben wurden.

31 Auch auf dem Hintergrund eines weiter gefassten politischen Frauenförderungsschubs (vgl. oben angemerkte 3. Phase der DDR-Frauenpolitik und Fußnoten 11 und 22).

Frauen in der Minderheit – an der Spitze der Hierarchie, auf der obersten Leitungsebene, fand man sie dann nur noch vereinzelt; Frauen stellten Ende der 80er Jahre lediglich 2 bis 3 % der Rektoren, Prorektoren und Sektionsdirektoren.

Geht man davon aus, dass das Interesse an einer anspruchsvollen wissenschaftlichen Tätigkeit in Lehre und Forschung bei Frauen nicht weniger ausgeprägt war als bei Männern, drängt sich die Frage auf, warum sich nur so wenige für eine Hochschullehrerinnenlaufbahn entschieden. Neben den Restriktionen, die aus familiärer Mehrbelastung der Frauen und patriarchalisch gefärbtem Hochschulalltag erwuchsen, spielten hier auch DDR-Spezifika der Arbeitsteilung und Personalstruktur im Hochschulwesen eine wichtige Rolle. Das Berufsbild des „Hochschulwissenschaftlers" unterschied sich wesentlich von dem in der Bundesrepublik. Wissenschaftliche Qualifizierung und Berufsaufstieg bis hin zum Hochschullehrer waren zwar möglich und erwünscht, aber nicht unabdingbar für eine wissenschaftliche Tätigkeit. Das wissenschaftliche Personal bestand zu knapp einem Fünftel aus HochschullehrerInnen und zu vier Fünfteln aus wissenschaftlichen MitarbeiterInnen, die mehrheitlich auf Dauerstellen tätig waren. Sie konnten an den Hochschulen in Forschung, Lehre, Nachwuchsbetreuung und Weiterbildung lebenslang als WissenschaftlerIn arbeiten, und zwar selbstständig und eigenverantwortlich.[32] Zudem gab es keine den westdeutschen Verhältnissen vergleichbaren Einkommensunterschiede zwischen wissenschaftlichen MitarbeiterInnen und HochschullehrerInnen. Außerdem bestand die Chance, das individuelle Einkommen über jährlich gewährte leistungsabhängige Zulagen und einmalige Prämien für Einzelleistungen aufzustocken. Von der Möglichkeit, als MitarbeiterIn Wissenschaft als Beruf zu betreiben, profitierten Frauen, denen es unter anderem auf Grund einer tradierten Rollenzuweisung und entsprechender familiärer Belastung oft nicht möglich war, die Berufungshürde in Angriff zu nehmen, in besonderem Maße. Ihr Anteil in dieser Beschäftigtengruppe belief sich auf über ein Drittel.

Insgesamt muss rückblickend trotzdem konstatiert werden, dass die noch beim Hochschulzugang gewahrte Parität der Geschlechter im weiteren Verlauf der akademischen Karriere auch in der DDR keine Fortsetzung fand. Das breite Spektrum frauenfördernder Maßnahmen innerhalb und außerhalb der Hochschulen bewirkte eine Abschwächung der Benachteiligung von Frauen, hob diese jedoch nicht auf. Neben den alle Frauen betreffenden sozialpolitischen Maßnahmen sind hochschulspezifisch Frauensonderklassen, Frauensonderaspiranturen, Qualifizierungsverträge, Frauenförderpläne, Frauenkommissionen und -ausschüsse sowie die besondere Unterstützung von Studentinnen mit Kind und jungen Studentenfamilien zu nennen. Für die Kinder- und Familienfreundlichkeit des Studiums spricht, dass bei Studienabschluss in den 80er Jahren annähernd die Hälfte der Studierenden verheiratet war und über ein Drittel ein Kind oder mehrere Kinder hatte. Familie und Studium war in der DDR ebenso wenig ein Widerspruch wie Familie und Wissenschaft. Nach einer Ende der 80er Jahre durchgeführten Untersuchung hatten drei Viertel der befragten Wissenschaftlerinnen an Hochschulen Kinder. Frauen mit ein bis zwei Kindern waren der Normalfall. Über zwei Drittel waren verheiratet, knapp ein Zehntel lebte in einer Lebensgemeinschaft. Die Partner verfügten in der überwiegenden Mehrheit

---

32 Vgl. Gertraude Buck-Bechler u.a. Hg., Hochschulen in den neuen Ländern der Bundesrepublik Deutschland, Weinheim 1997, 306.

über einen Hochschulabschluss, gut die Hälfte war ebenfalls an einer Hochschule oder einer anderen wissenschaftlichen Einrichtung tätig. Das änderte jedoch nur wenig an der traditionellen Aufgabenverteilung. Drei Viertel der in Partnerschaft lebenden Wissenschaftlerinnen gaben an, den größten Teil der Hausarbeit zu erledigen und auch die Betreuung erkrankter Kinder zu übernehmen.[33]

3. Zum Prozess der ostdeutschen Hochschulerneuerung nach der Wiedervereinigung

Frauen wie Männer erlebten den gesellschaftlichen Umbruch mehrheitlich als Befreiung der Wissenschaft von einengenden ideologischen Dogmen und (partei)politischer Einflussnahme. Angesichts der „schönen neuen Welt" selbstbestimmter wissenschaftlicher Tätigkeit, die greifbar nahe schien, überwogen Hoffnung und Euphorie. Frauen engagierten sich auf der Grundlage des Erreichten für „das Neue", das ihnen mehr Chancen als Risiken zu bieten schien: Freiheit von/in Forschung und Lehre, unbeschränkte Kommunikations- und Publikationsmöglichkeiten, Aufnahme in die internationale *scientific community* und ungehinderter Informations- und Literaturzugang. Dass sich hierfür möglicherweise Anpassungsqualifizierung und Arbeitsplatzwechsel erforderlich machen würden, wurde dabei durchaus ins Kalkül gezogen und sogar begrüßt. Gleichberechtigung galt als (kaum hinterfragte) Selbstverständlichkeit. An eine ernsthafte Gefährdung des erreichten Standards glaubten die wenigsten. Einer Frauensonderförderung, speziell über Quotierung, stand man äußerst kritisch gegenüber. Frauen wollten auf Grund ihrer Leistungen anerkannt werden, nicht auf Grund ihres Geschlechts. Besitzstandswahrung spielte – ungeachtet der Warnungen westdeutscher Wissenschaftlerinnen – kaum eine Rolle in der Erneuerungsdebatte. Aufbruchstimmung und Vertrauen in die Zukunft prägten das Meinungsbild. Davon war schon ein Jahr nach dem Fall der Mauer weit weniger zu spüren. Die Phase der Desillusionierung hatte begonnen[34], denn die so genannte Hochschulerneuerung zog eine Vielzahl nachhaltiger – eindeutig nicht geschlechtsneutraler – Veränderungen in institutioneller, fachlicher, regionaler, personeller und funktionaler Hinsicht nach sich. Tausende von Hochschulangehörigen sahen sich mit erheblichen beruflichen Problemen konfrontiert bis hin zu Arbeitsplatzverlust und vorgezogenem Ruhestand bei niedriger finanzieller Absicherung.

Die Umstrukturierung des ostdeutschen Hochschulwesens trug im Wesentlichen den Charakter einer Anpassung an das westdeutsche Hochschulwesen, das trotz des unübersehbaren Modernisierungsbedarfs als nicht in Frage zu stellendes Referenzsystem fungierte. Der so genannte Erneuerungsprozess, der Mitte der 90er Jahre im Wesentlichen abgeschlossen war, wies institutionelle, rechtliche, fachliche, politische, regionale

33 Vgl. Karin Hildebrandt, Wissenschaftlerinnen im Hochschulwesen der DDR: Ergebnisse einer Befragung, Berlin 1989, 14.

34 Hildegard Macha u.a., Zur Lage der Erziehungswissenschaftlerinnen an den Universitäten der neuen Bundesländer. Zwischenbild, in: Adolf Kell Hg., Erziehungswissenschaften im Aufbruch?, Weinheim 1994, 222–276, 224.

und strukturelle Dimensionen auf, die – mit unterschiedlicher Gewichtung – langfristige Konsequenzen für den Personalbestand nach sich zogen. Der Einigungsvertrag räumte den neu gegründeten Bundesländern erheblichen Handlungsspielraum ein. Die institutionelle Neugestaltung des Einrichtungsnetzes vollzog sich zum einen über die Abwicklung von Hochschulen und Struktureinheiten auf Grund fehlenden Bedarfs sowie die Auflösung der Fachschulen beziehungsweise deren partielle Überführung in den Hochschulbereich. Kleinere Spezialhochschulen wurden teilweise ebenfalls in Universitäten integriert oder zu größeren Hochschulen zusammengeschlossen. Zum anderen wurde analog der westdeutschen Hochschulstruktur der bisher in der DDR nicht existente Typ der Fachhochschule eingeführt. Außerdem kam es zu Neu- oder Wiedergründungen von Hochschulen an traditionsreichen Standorten oder in strukturschwachen Regionen.[35] Eine Reihe von Rechtsvorschriften trat noch unter der letzten DDR-Regierung in Kraft. Dazu zählt die Aufhebung von Restriktionen der DDR-Bildungspolitik hinsichtlich der Zulassung zur Abiturstufe (Erwerb der Hochschulreife) und der staatlichen Lenkung des Hochschulzugangs, was zeitversetzt zu einem erheblichen Anstieg der Studienanfängeranzahl und zu einer Veränderung der Studienfachwahl führte. Die staatliche Absolventenvermittlung wurde abgeschafft. Zwar hatte sie die freie Arbeitsplatzwahl eingeschränkt, dabei aber gleichzeitig den gesicherten Berufseinstieg nach Hochschulabschluss garantiert. Unter den neuen Bedingungen erhöhte sich insbesondere das Beschäftigungsrisiko für Absolventinnen männlich tradierter Fachrichtungen beziehungsweise Berufsfelder, zum Beispiel für Ingenieurinnen. Veränderungen der mit bestimmten Studienfächern verbundenen gesellschaftlichen Reputation, Beschäftigungschancen und Verdienstaussichten (betrifft speziell die Aufwertung von JuristInnen, WirtschaftswissenschaftlerInnen und LehrerInnen) schlugen sich in kürzester Frist in strukturellen Verschiebungen des Hochschulzugangs im Allgemeinen und einem zunehmenden Anteil männlicher Studierender in den entsprechenden Fächern im Besonderen nieder. In Reaktion auf die neuen fachlichen Strukturen der Lehre (entsprechend der Neugestaltung der Studienangebote und der Neuorientierung der Studienberechtigten bei der Studienfachwahl und daraus resultierender veränderter Lehrnachfrage, Abwicklung ideologie- und systembelasteter Fachbereiche, Personalaustausch in ehemals besonders staatsnahen Fachgebieten) kam es zu einem tief greifenden Personalumbau. Der Stellenbestand wurde in Anpassung an die Betreuungsrelation im Hochschulwesen der alten Bundesländer bei Orientierung der Personalbedarfsrechnung an der westdeutschen Kapazitätsverordnung erheblich reduziert.

35 1989 umfasste das DDR-Hochschulwesen 70 Einrichtungen: neun Universitäten, 15 Technische Hochschulen, drei Medizinische Akademien, neun Pädagogische Hochschulen, fünf Spezialhochschulen (Wirtschaftswissenschaften, Landwirtschaft, Sport), zwölf Kunsthochschulen, zehn Militärhochschulen und -akademien, drei polizeiliche Hochschuleinrichtungen, vier Hochschulen gesellschaftlicher Organisationen, zum Beispiel Gewerkschaft, Partei (vgl. Buck-Bechler, Hochschulen, wie Anm. 32, 50). 2001 gab es 76 Einrichtungen in den neuen Bundesländern (einschließlich Hochschulen mit Sitz in Berlin-Ost): 17 Universitäten, zwölf Kunsthochschulen, 23 Fachhochschulen, zwölf Verwaltungsfachhochschulen (für öffentliche Verwaltung, Finanzen, Steuern, Polizei), zwölf anerkannte nichtstaatliche Hochschulen (in der Mehrzahl kirchliche Fachhochschulen), vgl. Bundesministerium für Bildung und Forschung: Grund- und Strukturdaten 2000/2001, Bonn 2001, 246–269.

Auf Grund des fehlenden Kündigungsschutzes im Ostteil Deutschlands zog dies auch für langjährig Beschäftigte nicht selten die Kündigung nach sich.

Angesichts der regionalen Unausgewogenheit der Hochschullandschaft zu DDR-Zeiten variierte die Situation im Vergleich der Länder. Mit dem Aufbau föderaler Strukturen verlor die zentralistische Hochschulplanung, die zu speziellen Konzentrationsräumen geführt hatte (zum Beispiel Berlin und Umland, Dresden, Leipzig, Halle), ihre Basis. Die Länder bemühten sich um den Abbau institutioneller und fachlicher Disproportionen sowie des damit verbundenen quantitativ über- beziehungsweise unterproportionalen Personalbestandes im Hochschulbereich.

Die Beschäftigtengruppenstruktur wurde dem Hochschulrahmengesetz (HRG) angepasst. Dies war erstens gleichbedeutend mit der Erhöhung des HochschullehrerInnenanteils beziehungsweise der Verringerung des Anteils der Gruppe der wissenschaftlichen MitarbeiterInnen. Das bisherige Verhältnis von befristeten und unbefristeten Stellen im Mittelbau wurde in Anlehnung an die Situation an westdeutschen Hochschulen umgekehrt. Zweitens fand eine Neuverteilung der Aufgaben innerhalb des wissenschaftlichen Personals statt. Die wissenschaftliche Kompetenz für Lehre und Forschung wurde einseitig der Gruppe der ProfessorInnen zugeordnet, die Berechtigung wissenschaftlicher MitarbeiterInnen zu eigenständiger und selbstverantworteter Lehr- und Forschungsleistung beschränkt. Das neue System der Förderung des wissenschaftlichen Nachwuchses setzte stärker auf Individualisierung der Qualifizierung. Studium und Promotionsphase wurden entkoppelt und die Förderung über Stipendien zu Lasten der Qualifizierung im Beschäftigungsverhältnis ausgebaut.

Unter politischen Gesichtspunkten stand die „Hochschulerneuerung" im Zeichen der Überprüfung der politisch-ideologischen Belastung und persönlichen Integrität der Hochschulmitarbeiter gefolgt von Kündigungen im Fall festgestellter Nichteignung (Anwendung der Sonderkündigungsregelungen gemäß Einigungsvertrag). Die Professuren wurden neu besetzt – entweder über staatliche Ernennung (speziell im Fall von Gründungsprofessuren und Eckprofessuren) oder über Berufungsverfahren, wobei auch die alten Stelleninhaber bewerbungsberechtigt waren.

Institutionen und Forschergruppen (speziell der außeruniversitären Forschung) mussten sich der fachlichen Evaluation durch den Wissenschaftsrat unterziehen, der im Auftrag der Bundesregierung Empfehlungen über Weiterbestand beziehungsweise Auflösung aussprach. Die Auflösung des Akademiebereichs mit Tausenden von WissenschaftlerInnen wurde von speziellen Integrationsprogrammen flankiert, die der partiellen Überführung der personellen Kapazitäten in Einrichtungen der außeruniversitären Forschung, wie sie in den alten Bundesländern üblich sind, oder in den Hochschulbereich dienen sollten. Dabei wurde allerdings übersehen, dass DDR-Hochschulen (im Unterschied zu den meisten anderen Ostblock-Staaten) in Fortführung der Humboldt'schen Tradition keine reinen Lehranstalten waren, sondern stets über eigene Forschungskapazität verfügten. Das setzte ihrem Interesse an der Integration externer WissenschaftlerInnen enge Grenzen.

Der sich verstärkende Konkurrenzkampf an den Hochschulen um die knapper werdenden Stellen und die sich dramatisch verschlechternde Situation auf dem akademischen Arbeitsmarkt ließ bei Frauen Zweifel an dem Bestand der für unverzichtbar erachteten gleichberechtigten Partizipationsmöglichkeiten aufkommen. Es setzte ein Verdrängungsprozess ein, der nicht selten zu ihren Lasten ausfiel. Dafür spricht, dass Frauen trotz geringerer Präsenz in der betroffenen Altersgruppe die Sonderregelungen Ost zum freiwilligen Altersübergang/Vorruhestand ab 55 Jahren häufiger in Anspruch nahmen als Männer, obwohl ihr Wunsch nach Fortsetzung der Berufstätigkeit keineswegs geringer war. Aus Einzeluntersuchungen geht hervor, dass sich die Wissenschaftlerinnen oft moralisch unter Druck gesetzt fühlten, zu Gunsten eines jüngeren, in der Regel männlichen Kollegen auf den Arbeitsplatz zu verzichten.[36] Als „zweite Konkurrenzebene“ zeichnete sich schon bald die Konkurrenz zwischen Ost und West ab. Statistische Erhebungen und Fallstudien zum Berufungsgeschehen an den ostdeutschen Hochschulen belegen, dass – bezogen auf die Anzahl der Bewerber – als listen- und berufungswürdig zuerst Männer aus den alten Bundesländern, dann Männer aus den neuen Bundesländern, gefolgt von Frauen aus den alten und Frauen aus den neuen Bundesländern galten.[37] Eine 1995 – als gut drei Viertel der Stellenneubesetzungen erfolgt waren – von der Projektgruppe Hochschulforschung Berlin-Karlshorst durchgeführte statistische Erhebung ergab folgendes Bild der Neuberufungen an ostdeutschen Hochschulen:[38]

- 48 % ostdeutsche Männer
- 38 % westdeutsche Männer
- 7 % ostdeutsche Frauen
- 4 % westdeutsche Frauen
- 3 % AusländerInnen

Neben Personalabbau und -austausch erwies sich insbesondere der strukturelle und funktionale Umbau des wissenschaftlichen Personals als langfristig bedeutsam für die Teilhabe von Frauen an der Wissenschaft. DDR-Spezifika wurden außerordentlich schnell und rigoros abgeschafft. Im wissenschaftlichen Mittelbau – mit einem Frauenanteil von über 30 % – wurden bis 1994 vier von zehn Stellen gestrichen.[39] Dagegen blieb die Anzahl der Professuren annähernd konstant. Die Relation von befristeten und unbefristeten Mitarbeiterstellen verschob sich massiv in Richtung Befristung. Außerdem wurde die Funktion der wissenschaftlichen MitarbeiterInnen gesetzlich auf die Erbringung wissenschaftlicher Dienstleistungen reduziert. Das heißt, sie sind in der Regel einem Professor zugeordnet, unter dessen fachlicher Verantwortung und Betreuung sie ihre Tätigkeit ausüben. Eine dauerhafte und eigenständige Tätigkeit als HochschulwissenschaftlerIn ist unter den neuen Bedingungen im Prinzip an die Berufung auf eine Professur (beziehungs-

36 Vgl. Britta Baume u. Christine Felber, Anpassung, Verweigerung und Widerspruch – nun lebenslang? Zur Situation und zu Erfahrungen von Wissenschaftlerinnen (Ost) in der Phase der Umstrukturierung der Hochschulen in Berlin und Brandenburg, in: Berliner Debatte – Initial, 4 (1994), 53–63.

37 Vgl. Macha, Lage, wie Anm. 34; Karin Reiche, Studie zur Gleichstellung von Frau und Mann an der TU Dresden, Dresden 1994; Karin Zimmermann, Spiele mit der Macht in der Wissenschaft. Passfähigkeit und Geschlecht als Kriterien für Berufungen, Berlin 2000.

38 Vgl. Anke Burkhardt, Stellen und Personalbestand an ostdeutschen Hochschulen 1995. Datenreport, Wittenberg 1997.

39 Vgl. Burkhardt, Stellen, wie Anm. 38.

weise die geplante Juniorprofessur) gebunden. Des Weiteren mag die Bindung der wissenschaftlichen Karriere an einen Hochschulwechsel und Auslandserfahrung unter Qualitätsaspekten zu befürworten sein. Für junge Wissenschaftlerinnen mit Kindern und familiärer Bindung stellen diese berufungsrelevanten Forderungen aber oft eine nur schwer zu überwindende Hürde dar. Ihre Qualifikations- und Berufsbiographie weist häufig eine geringere Stringenz auf, ist durch Unterbrechungen und Abweichungen vom *Mainstream* einer wissenschaftlichen Karriere gekennzeichnet („Patchwork"-Biographien). Dadurch sinken ihre Chancen auf Erfolg in Berufungsverfahren. Hinzu kommt, dass Forschungsleistungen ein höherer berufungsrelevanter Stellenwert beigemessen wird als Lehrleistungen. Das besondere Engagement von Frauen in der Lehre wird nicht ausreichend honoriert.

Kritik ist auch an der Konzentration auf die Förderung des wissenschaftlichen Nachwuchses über Stipendien (statt im Rahmen eines Beschäftigungsverhältnisses) und dem damit verbundenen Ausschluss aus dem System der sozialen Sicherung (keine Arbeitslosen- und Rentenversicherung) anzumelden. Außerdem befinden sich NachwuchswissenschaftlerInnen während der Promotionsphase in einem persönlichen Abhängigkeitsverhältnis von dem betreuenden Professor. In neun von zehn Fällen ist der Betreuer ein Mann, was von Frauen nicht selten als problematisch empfunden wird. Während junge Männer die Wissenschaft angesichts der männlich dominierten Professorenschaft als attraktives Berufsfeld erleben, fehlt es jungen Frauen an weiblichen Identifikationsfiguren. Letztendlich wirkt die Struktur von wissenschaftlicher Qualifizierung und Beschäftigung restriktiv auf die längerfristige Planbarkeit individueller Lebens- und Berufsperspektiven. Speziell Frauen fällt es unter den neuen Bedingungen schwerer, ihre beruflichen Ziele in der Wissenschaft zu verwirklichen. Nicht selten dürften Demotivation und Verzicht die Folge sein.

4. Marginalisierung von Gleichstellungsaspekten im Kontext der Hochschulerneuerung

Frauenförderung und Fortschritte bei der Erfüllung des – im Grundgesetz der Bundesrepublik verankerten – Gleichstellungsauftrages fanden keine Berücksichtigung auf der Prioritätenliste der für den bildungspolitischen Reformprozess in Ostdeutschland zuständigen Gremien. In den entsprechenden Stellungnahmen, Programmen, Thesenpapieren, Empfehlungen etc. (zum Beispiel Bundesregierung/-bildungsministerium, Wissenschaftsrat, Kultusministerkonferenz) wurden Gleichstellungsbelange wenn überhaupt nur am Rande thematisiert. Man kann sich des Eindrucks nicht erwehren, dass mit den sehr allgemein gehaltenen Formulierungen lediglich dem Anspruch auf *political correctness* Genüge getan werden sollte. Im Vordergrund standen die so genannten originären, als geschlechtsneutral deklarierten Hochschulaufgaben. Von den längerfristig nachwirkenden Entscheidungen, die unter Vernachlässigung der Gender-Perspektive getroffen wurden, waren und sind Frauen und Männer jedoch in sehr unterschiedlichem Maße betroffen, was nachfolgend exemplarisch illustriert werden soll.

Die Zeit unmittelbar nach der deutschen Vereinigung stand im Zeichen der „Abwicklung". Dahinter verbirgt sich die laut Einigungsvertrag den neu gegründeten Bundesländern zugestandene gänzliche oder teilweise Schließung von Hochschulen im Fall fehlenden Bedarfs. Für die betroffenen Beschäftigten – schätzungsweise 20 % des wissenschaftlichen Personals – war dies gleichbedeutend mit der automatischen Beendigung ihres Arbeitsverhältnisses nach einer sechsmonatigen Übergangsfrist. Die Abwicklung konzentrierte sich auf Fächergruppen, bei denen eine besonders enge Bindung an das Gesellschaftssystem der DDR und die Staatsideologie angenommen wurde, das heißt insbesondere auf die Rechts-, Wirtschafts- und Sozialwissenschaften, in denen Frauen überproportional vertreten waren.

Auch in Bezug auf das reguläre Anerkennungsverfahren für die in der DDR erworbenen Hochschulabschlüsse zogen vorgeblich geschlechtsneutrale Entscheidungen unterschiedliche Auswirkungen für Frauen und Männer nach sich. Es fand eine Einteilung in verschiedene Kategorien statt:[40]

- Gleichwertigkeit mit einem Universitäts- beziehungsweise Fachhochschulabschluss
- Niveaugleichheit mit einem Universitäts- beziehungsweise Fachhochschulabschluss
- keine Gleichstellung mit einem Hochschulabschluss möglich

Das Prädikat „Niveaugleichheit" bringt zum Ausdruck, dass die Ausbildung unmittelbar auf das Wirtschafts- und Gesellschaftssystem der DDR ausgerichtet war und deshalb erhebliche systembedingte Unterschiede bestehen, was de facto einer Abwertung des erworbenen Abschlusses entspricht. Hiervon waren vor allem Studienfächer betroffen, in denen Frauen überproportional vertreten waren (zum Beispiel Rechts- und Wirtschaftswissenschaften, Sozial- und Geisteswissenschaften). Einem Studium der Ingenieur- oder Naturwissenschaften, das heißt eines männlich dominierten Fachs, wurde dagegen im Regelfall „Gleichwertigkeit" attestiert.

Ein ähnliches Ungleichgewicht zeigte sich bei der Einstufung von DDR-Fachschulabschlüssen (ein dreijähriges Studium, dessen Zugang einen 10-Klassen-Abschluss und zum Teil Berufsausbildung oder Berufserfahrung voraussetzte; Fachhochschulen gab es in der DDR nicht). FachschulabsolventInnen der Ingenieurwissenschaften wurde die Möglichkeit eingeräumt, sich auf dem Wege der Nachqualifizierung oder bei dreijähriger einschlägiger Berufserfahrung einen Fachhochschulabschluss attestieren zu lassen. Von dieser Regelung profitierten überwiegend Männer. Überdurchschnittlich von Frauen frequentierte Studienrichtungen (Medizin/Gesundheitswesen, Pädagogik/Kindergärtnerin, Unterstufenlehrerin/Erzieherin) wurden auf Grund des fehlenden Pendants in der westdeutschen Fachhochschulausbildung aus diesem Anerkennungsverfahren ausgeschlossen.

Ein weiteres Beispiel liefert das von Bund und neuen Bundesländern gemeinsam getragene *Hochschulerneuerungsprogramm* (HEP), über das bis Mitte der 90er Jahre mehr

40 Ständige Konferenz der Kultusminister der Länder in der Bundesrepublik Deutschland: Feststellung der Gleichwertigkeit von Bildungsabschlüssen im Sinne des Art. 37 Abs. 1 des Einigungsvertrages, Bonn 1991.

als zwei Milliarden Deutsche Mark (DM) zur Verfügung gestellt wurden.[41] Die Fördermaßnahmen dienten in erster Linie der personellen Erneuerung (zum Beispiel Finanzierung von Gründungsprofessuren), der Sicherung des Verbleibs qualifizierter WissenschaftlerInnen in Ostdeutschland, der Förderung des wissenschaftlichen Nachwuchses, dem Erhalt von Forschungskapazitäten aus dem Akademiebereich (unter anderem durch Integration von Akademiemitarbeitern in Hochschulen) und der Qualifizierung von Studierenden und WissenschaftlerInnen. Das Programm wies zwar auch die Förderung von Frauen als Ziel aus, jedoch ohne Nennung konkreter Maßnahmen und ohne Zuweisung eines bestimmten Mittelvolumens oder Prozentsatzes. Damit blieb das HEP hinsichtlich der Verbindlichkeit gleichstellungspolitischer Forderungen eindeutig hinter dem damals für die alten Bundesländer geltenden Sonderprogramm (HSP II) zurück (Vereinbarung 1990). Wie die Bilanz der Mittelverwendung zeigt, gelang es Frauen nicht im gleichen Maße wie Männern an dem Förderprogramm zu partizipieren. Sie waren in allen Förderschwerpunkten unterrepräsentiert. Mit weitreichenden Folgen: So lag der Frauenanteil auf den über das HEP finanzierten Gründungsprofessuren an Universitäten Mitte der 90er Jahre lediglich bei 11 %. Die inhaltliche Erneuerung von Forschung und Lehre lag also weitgehend in Männerhand.

Aus diesen Befunden der Transformationsphase lässt sich schlussfolgern, dass auf Chancengleichheit zielende politische Bekenntnisse und allgemeine Willensbekundungen der Entscheidungsträger einerseits zwar notwendig sind, da von ihnen Signalwirkung und Motivationsschub ausgehen können, andererseits aber nicht ausreichen. Um spürbare Gleichstellungsfortschritte zu erzielen, sind sowohl ein ernsthaftes Engagement der Führungsebene als auch konkrete und verbindliche (finanzwirksame) hochschulpolitische Handlungsvorgaben unverzichtbar. Außerdem bedürfen Entscheidungsprozesse – im Sinne von *Gender Mainstreaming* – der Fundierung durch eine geschlechtersensible Analyse der Ausgangssituation und der zu erwartenden Konsequenzen, um einer Vernachlässigung gleichstellungspolitischer Aspekte wirkungsvoll begegnen zu können.

5. Bilanz: Ost-West-Angleichung

Typisch für die bundesdeutsche Hochschulentwicklung im vergangenen Jahrzehnt ist eine Ost-West-Angleichung in puncto Frauenpartizipation, ohne dass die hierarchische Struktur mit einem zur Spitze hin abnehmenden Frauenanteil aufgebrochen wurde. In den alten Bundesländern kam es zu einer Abschwächung der Marginalisierungspyramide im letzten Jahrzehnt. Vom Hochschulzugang über die Nachwuchsförderung bis hin zur Professur werden inzwischen ähnliche Frauenanteile wie 1989 in der DDR erreicht. Bezogen auf den Ostteil Deutschlands, muss eher von einer Stagnation der Entwicklung gesprochen werden. Die Zuwächse bewegen sich hier in einer Größenordnung von wenigen Prozentpunkten. Noch dazu verbirgt sich hinter den Prozentsätzen zum Teil ein nicht unerheblicher Rückgang der Absolutgrößen. Aus gleichstellungspolitischer Sicht stellt sich

41 Bund-Länder-Kommission für Bildungsplanung und Forschungsförderung: Hochschulerneuerungsprogramm (HEP) in der revidierten Fassung vom 9.7.1992, Bonn 1992.

der personelle Erneuerungsprozess des ostdeutschen Hochschulwesens mehr oder weniger als bloße Fortschreibung der männlichen Dominanz in der Wissenschaft dar.

Insgesamt stellen Frauen aktuell die Hälfte der StudienanfängerInnen. Unter den jungen Leuten aus Ostdeutschland, die ein Studium aufnehmen, sind Frauen sogar leicht in der Überzahl (Wintersemester 2002/03 53,1 %) – doch nicht in dem Maße, wie es dem Abiturientinnenanteil entsprechen würde. Die Studierwilligkeit junger Frauen fällt geringer aus als die junger Männer. Sie verzichten häufiger auf ein Studium (hierbei spielen Finanzierungsprobleme und schlechte Beschäftigungsaussichten nach dem Studium eine wichtige Rolle) und nehmen stattdessen eher eine Berufsausbildung auf. Neuere Untersuchungen deuten allerdings auf ein erneutes Umsteuern in Richtung Hochschulausbildung hin, was die Vermutung nahe legt, dass Frauen sensibler und zeitnäher auf wirtschaftliche Entwicklungen reagieren.[42]

Bei den Promotionen weist Ostdeutschland einen leichten Gleichstellungsvorsprung auf (2000: 36 % Ost, 34 % West). Dagegen habilitierten sich anteilig mehr Frauen an den Hochschulen der alten Bundesländer (17 % Ost, 19 % West). Die Unterschiede sind insgesamt aber als nicht gravierend einzustufen.

Bei der Bewertung des Professorinnenanteils muss berücksichtigt werden, dass die regierungsseitig gesteuerte ostdeutsche Hochschulerneuerung eine generelle Neubesetzung der Professuren beinhaltete. Es bestand also die historisch geradezu einmalige Chance, Fach- und Personalentscheidungen in erheblichem Umfang mit gleichstellungspolitischen Vorgaben (zum Beispiel über Quotierung, Einrichtung von Frauenforschungsprofessuren) zu verknüpfen und dadurch einen spürbaren Schritt in Richtung Geschlechtergerechtigkeit voranzukommen. Angesichts eines 13-prozentigen Professorinnenanteils (2001) an ostdeutschen Hochschulen muss diese Chance als vertan angesehen werden, obwohl er höher liegt als in der DDR (1989: 9,3 %) und in den alten Bundesländern (2001: 10,8 %). Letzteres erklärt sich nicht zuletzt aus dem anteilig umfänglicheren Fachhochschulbereich im Ostteil. An Universitäten, speziell an attraktiven Standorten, auf C4-Professuren (oberste Statusgruppe) und in Führungspositionen, sind Frauen unabhängig vom Bundesland nur im Einzelfall anzutreffen.[43]

Die bisherige Politik, Chancengleichheit über Frauensonderförderung im Sinne der Einpassung von Frauen in das bestehende System herzustellen, zeitigt lediglich geringe Erfolge. Es sind neue Ansätze erforderlich, die es Frauen ermöglichen, ihre Vorstellungen von Wissenschaft gleichberechtigt zu verwirklichen. Dazu bedarf es auch einer maßgeblichen Definitionsmacht über Leistungskriterien, Bewertungsverfahren, Qualifizierungswege, Beschäftigungsverhältnisse und Karrieremechanismen.

---

42 Vgl. Irene Lischka, Studierwilligkeit und die Hintergründe – neue und einzelne alte Bundesländer (Arbeitsbericht), Wittenberg 2003, 47.

43 Der Anteil von Frauen an Positionen der Hochschulleitung lag 2002 bei 14,6 %, darunter 8,3 % in der Gruppe der RektorInnen und PräsidentInnen. Letzteres entspricht gegenüber dem Vorjahr einer Steigerung von weniger als einem halben Prozentpunkt beziehungsweise einem absoluten Zuwachs von zwei Frauen, vgl. Bund-Länder-Kommission für Bildungsplanung und Forschungsförderung: Frauen in Führungspositionen an Hochschulen und außerhochschulischen Forschungseinrichtungen. Siebte Fortschreibung des Datenmaterials, Bonn 2003, Tabelle 6.1.

Angesichts des Konflikts zwischen ihren Lebensentwürfen und intendierten Bildungs- und Berufswegen einerseits und deren (eingeschränkten) Realisierungsmöglichkeiten andererseits entwickeln ostdeutsche Frauen seit geraumer Zeit Ausweichstrategien – nicht im Sinne eines Wertewandels, sondern als (mehrheitlich schmerzhafte) Anpassungsleistungen an gegebene gesellschaftliche Rahmenbedingungen:

Empirisch nachgewiesen halten ostdeutsche Frauen – ungeachtet ihrer Mehrfachbelastung und tatsächlichen Benachteiligung – an ihrer mehrheitlich als gleichberechtigt erlebten DDR-Sozialisation fest, was sich in hoher Berufsverbundenheit, dem Wunsch nach wirtschaftlicher Selbstständigkeit, dem Verständnis eines partnerschaftlichen Verhältnisses von Männern und Frauen, der Wertschätzung des eigenen Leistungsvermögens und der als realisierbar eingestuften Vereinbarkeit von Familie und Beruf niederschlägt. Das von der Mehrheit der DDR-Frauen vertretene Verhaltensmuster einer „ökonomischen und reproduktiven Autonomie" (ablesbar an deutlich ost-west-differenten Daten zur Häufigkeit nichtehelicher Geburten, zu Scheidungsraten oder mütterlicher Erwerbsarbeit) wirkt bis heute nach und wird offensichtlich an die nachwachsende Generation weitergegeben. Nach wie vor stellt die berufliche Verwirklichung in Kombination mit Familiengründung und gleichberechtigter Partnerschaft ein wichtiges Lebensziel junger Frauen dar. Insbesondere leistungsstarke weibliche Jugendliche sind in hohem Maße entschlossen, ihr Ausbildungs- und Berufsziel zu verwirklichen.[44] Ob dieser Wunsch eingelöst werden kann, hängt nicht zuletzt von der wirtschaftlichen Entwicklung im Ostteil Deutschlands ab. Angesichts fehlender Beschäftigungsmöglichkeiten und schlechter beruflicher Perspektiven sehen sich fähige und karriereorientierte weibliche Jugendliche – in stärkerem Maße als junge Männer – trotz höherer Heimatverbundenheit veranlasst, für die Verwirklichung ihrer beruflichen Ziele neue Wege zu beschreiten.[45] Die Abwanderungswelle in Richtung alte Bundesländer, die bessere Zukunftschancen bieten, hat sich inzwischen zu einem ernsthaften demographischen Problem entwickelt. Der in der Regel als befristet geplante Wegzug mündet nicht selten in einem dauerhaften Wechsel des Lebensmittelpunktes, so dass der Osten Deutschlands zunehmend „vergreist". Damit schwindet seine Attraktivität als Wirtschaftsstandort weiter, weil Nachwuchskräfte fehlen. Hinzu kommt eine besorgniserregende Verringerung der Geburtenrate (auf Grund der Zurückstellung des Kinderwunsches bis hin zum Verzicht) mit negativen Folgen in Bezug auf den Bedarf an Kinderbetreuungsangeboten und schulischer Ausbildungskapazität. So unterliegt dieser überwiegend von Frauen wahrgenommene Beschäftigungssektor gegenwärtig einer Schrumpfung mit nachhaltigen Auswirkungen. Weitere Restriktionen erwachsen aus der Wiederbelebung von Geschlechterstereotypen (nicht nur) auf dem Arbeitsmarkt, die in der DDR zwar auch noch, aber in deutlich abgeschwächter Form zu beobachten waren. Die gegenwärtige Situation ist dadurch gekennzeichnet, dass die Wahl der Unternehmen insbesondere in traditionell männlich dominierten Berufsfeldern – bei einem Überangebot an BewerberInnen, das in den neuen Bundesländern prononciert in Erscheinung tritt – eher zu Gunsten eines Mannes ausfällt. Der Mut von Frauen sich für einen „typischen Männerberuf" zu entscheiden, wird auf dem Arbeitsmarkt nicht honoriert, was Konse-

44 Vgl. Lischka, Studierwilligkeit, wie Anm. 42, 47.

45 Vgl. Thomas Claus, Gender-Report Sachsen-Anhalt 2002, Oschersleben 2002, 17, 20.

quenzen für das Berufswahlverhalten nach sich zieht. Im Hochschulbereich schlägt sich dies in einer Angleichung des Hochschulzugangs ostdeutscher Studienberechtigter – im Sinne geschlechtstypischer fachlicher Segregation – an westdeutsche Strukturen nieder. Ein Beispiel hierfür stellt der Rückzug von Frauen aus den Ingenieurwissenschaften dar.

Generell sollten die Hochschulen (beziehungsweise Politik und Ministerien) in die Pflicht genommen werden, dafür Sorge zu tragen, Frauen den Zugang zum Beschäftigungssystem zu erleichtern (zum Beispiel durch Bewerbungstraining, Kontaktbörsen, Berufsberatung). Es muss für den potenziellen Arbeitgeber attraktiv sein, Hochschulabsolventinnen einzustellen. Denkbar sind zum Beispiel die gezielte Vermittlung von Zusatzqualifikationen (wie Fremdsprachen, Schlüsselqualifikationen, fachliche Spezialkenntnisse), die Organisation von Praktika, die Mitwirkung in Kooperationsprojekten von Hochschulen und Unternehmen oder bedarfsgerechte Weiterbildungsangebote. Aus Befragungen geht hervor, dass die gegenwärtige Situation von den Betroffenen als defizitär eingeschätzt wird. Entsprechende Maßnahmen – derzeit nicht selten befristet und unterfinanziert – sollten verstetigt und in das hochschulische Standardrepertoire überführt werden.

Red Nostalgia? Communism, Women's Emancipation, and Economic Transformation in Bulgaria

Kristen Ghodsee

Introduction

There is a popular joke in Bulgaria about a woman who sits bolt upright in the middle of the night in a panic. She jumps out of bed and rushes to the bathroom to look in the medicine cabinet. Then, she runs into the kitchen and opens the refrigerator. Finally, she dashes to the window and looks out onto the street. Relieved, she returns to the bedroom. Her husband asks her, "What's wrong with you?"

"I had a terrible nightmare", she says. "I dreamt that we could still afford to buy medicine, that the refrigerator was absolutely full, and that the streets were safe and clean."

"How is that a nightmare?" the husband asks.

The woman shakes her head, "I thought the communists were back in power."

This joke highlights a popular nostalgia for the "good" parts of communism that was just starting to re-emerge in the early years of the 21st century. Evidence of this nostalgia has begun to appear in the most unlikely places. In the summer of 2003, in the seaside resorts of Bulgaria, souvenir vendors were selling *Union of Soviet Socialist Republics* (CCCP) and *German Democratic Republic* (DDR) t-shirts to tourists. At the same time, compact disc pirates in Sofia were running out of the CD *Golden Songs of Russia*, with a red and yellow cover and the "Hymn of the USSR" as the first track. In front of the Alexander Nevski Cathedral, Bulgarian antique dealers sold all kinds of socialist pins, buttons, and medals, busts of Marx and Lenin, and old postcards of the now-destroyed Georgi Dimitrov Mausoleum. These things had always been for sale to curious tourists who were hoping to pick up a few communist era trinkets, but these days the antique vendors say that nostalgic Bulgarians are becoming their best customers. Walking along the streets in Plovdiv or Varna, or in cafes and bars in Sofia, one can often hear a cell phone with its ring tone set to the chorus of "The Internationale".

On the one hand, these artefacts of the past are probably just a popular form of kitsch that Bulgarians have had some time to distance themselves from the oppressive nature of communism. On the other hand, these increasingly visible manifestations of communist nostalgia may also be a product of the frustration that many Bulgarians feel about their dramatically decreased standard of living since Bulgaria began its transition to free markets and liberal democracy in 1989.

This nostalgia may be particularly acute among Bulgarian women who, according to the World Bank, are now suffering from "time poverty".[1] The fiscal constraints imposed by the *International Monetary Fund* on successive Bulgarian governments have meant an inevitable decrease in the public services that once allowed Bulgarian women to combine their productive and reproductive work in society. As kindergartens, hospitals, and schools have been systematically closed throughout the 1990s, Bulgarian women have been the ones responsible for providing care to children, the elderly, and the sick. At the same time, real wages and salaries in Bulgaria have declined to such low levels that few families can afford wives and mothers that stay at home. These dual pressures have placed a heavy burden on Bulgarian women and may have helped to modify their attitudes towards Bulgaria's relatively short-lived experiment with Marxist-Leninism.

A 2001 *United Nations Development Program* (UNDP) survey found that a nationally representative sample of Bulgarian men and women had very different opinions about the communist government that fell in 1989. When asked who was to blame for the deteriorating situation in Bulgaria, 47.6 % of the men blamed the "rulers during the socialist times", versus only 39.3 % of the women. Both men and women, however, felt strongly that Bulgaria's economic problems were caused by "rulers during the transition" (70.4 and 70.5 %). Another question asked respondents: "What would make you protest in front of the parliamentary building?" 31 % of the men said they would protest against the "introduction of forms of dictatorship" (read by Bulgarians as a synonym for the reintroduction of communism). Interestingly, only 22.3 % of the women said they would do the same, indicating greater tolerance of "dictatorship" among Bulgarian women in 2001. Women also showed greater intolerance of reductions in the social "responsibilities" of the state; 40.2 % of Bulgarian women said they would protest against a drastic increase in the costs of health care versus only 28.8 % of the men.[2] Another UNDP study found that women were more likely to vote for governments that imposed higher taxes but had more state social responsibility. Men preferred lower taxes and individual social responsibility.[3]

By exploring some of the gains Bulgarian women made under the socialist system, this brief article aims to explore the possible explanations why Bulgarian women may be more inclined to support leftist political parties and have a less critical view of the communist past than their male compatriots. It is my contention that the communist governments between 1944 and 1989 were both ideologically and materially committed to women's equality in ways that fundamentally reshaped gender relations in Bulgaria.

---

1 World Bank, Bulgaria at a Glance. World Bank data from www.worldbank.org (access date August 2nd, 2002).

2 See United Nations Development Program (UNDP), National Human Development Report Bulgaria 2001: Citizen Participation in Governance, from Individuals to Citizens, Sofia 2001, 75.

3 See UNDP, National Human Development Report Bulgaria 1999: Bulgarian People's Aspirations, II, Sofia 1999, 63.

Admittedly, there was still gender discrimination and occupational segregation under communism, and Bulgarian patriarchal values never disappeared completely. There was, however, a real commitment to women's education and women's full incorporation into the public sphere that resulted in some of the highest labour force participation rates for women in the world. Furthermore, the communist state carried out many policies and programs that helped ease the Bulgarian woman's notorious "double burden" of paid employment and family responsibility.

The end of communism meant the end of most of these supports, and many of the negative effects of the economic transformation have disproportionately accrued to women. Shrinking state budgets and calls for restructuring the economy have inevitably compromised women's position in the new free-market economy. At the same time, women in Bulgaria still believe in the fundamental equality of the sexes and continue to look to the state for social support. It is therefore not surprising that Bulgarian women may have some fond memories of what they call, colloquially, "the old system".

Bulgarian Women and Communism

From the beginning of the 20th century, Bulgarian women were organized and active in the struggle for women's emancipation. In fact, Klara Zetkin, a most influential German Socialist Feminist, claimed in 1925 that Bulgaria had one of the best developed women's movements in Europe.[4] Already before the advent of communism, Bulgarian women were highly valued not only as wives and mothers, but also as workers and citizens. In customary law, women had the right to inherit and own their own land. When a woman married, the land constituted her dowry, yet, in case of divorce, a woman was fully entitled to take the land back.[5] As early as 1934, the Bulgarian Supreme Court of Appeal passed a special rule which made violence against one's wife punishable by law.[6] Furthermore, in multi-generational households the wife rather than the eldest son became head of the family upon the husband's death. In 1944, when the communists took power, women's rights were extended; they could stand for election and were thus officially incorporated into the Bulgarian polity.[7]

The equality of men and women was one of the key ideological tenets of socialism. The notion that women should and could be emancipated through socialism was first theorized in the work of Friedrich Engels. In his 1884 book, *The Origin of the Family, Private Property and the State,* Engels argued that the cause of women's oppression did not stem from the dominance that men held over them, but instead from the institution

4 See Klara Zetkin's, Lenin on the Women's Question. An Interview with Lenin on the Woman Question (Lenin po vuprosa za zhenite) was widely read in Bulgaria during communism. See www.marxists.org/archive/zetkin/works/zetkin2.htm.

5 See Marija Todorova, Historical Tradition and Transformation in Bulgaria: Women's Issues or Feminist Issues?, in: Journal of Women's History, 5, 3 (1994), 129–144.

6 Council of Europe, International Workshop on Problems of Equality in the Current Period of Transition in the Countries of Central and Eastern Europe, Sofia/Bulgaria/Strasbourg 1993.

7 UNDP, Human Development Report 2002, New York 2002, 239.

of private property. Engels described an ideal, primitive, matriarchal communism that was destroyed by the emergence of private ownership. The accumulation of surplus value through capitalist production allowed for the emergence of social relations in which men became dominant. In reference to slave societies, Engels wrote: "The first class antagonism which appears in history coincides with the development of the antagonism between man and woman in monogamous marriage, and the first class oppression with that of the female sex by the male."[8] In Engels' view, gender-based inequalities predated class-based inequalities although they are both the result of the emergence of private property.

Women could not become independent because capitalism encouraged a model wherein they were economically dependent on men's wages. The capitalist system relied on women not only to reproduce the next generation of workers but also to feed and nurture the current one. Women's unpaid labour in the home allowed the industrialists to pay their workers lower wages and therefore extract greater surplus value. At the same time, women were at the mercy of their husband's will. Thus, women in the working class were subject to a terrible double oppression. Furthermore, Engels understood the odious and exploitative nature of what Lenin later called women's "domestic slavery", arguing that the only way to liberate them from the control of their husbands was to incorporate them into the paid labour force. He ignored the fact that many peasant and working class women were still dependent on their husbands even though they already worked outside the home.

August Bebel's book on women under socialism built upon Engels' ideas and further conflated women's inferior status with the inferior status of the proletariat.[9] Although Bebel conceded Engels' original idea that women were both oppressed by men and by capitalism, he, and Lenin after him, argued that the *only* way to liberate women was to liberate the working classes through the elimination of private property. Women's true liberation was only possible through socialism. This model eventually became enshrined in later communist doctrines, which considered women's labour force participation as the essential condition for achieving social equality. These ideologies also coincided nicely with the Bulgarian state's need for ever-increasing amounts of labour to support its plans for rapid industrialization following the Soviet model.

In theory, the increase in the roles of women in the productive sphere, however, would mean a decrease in their roles in the reproductive sphere. Lenin, among other early communist theorists, considered housework as "barbarously unproductive, petty, nerve-racking, stultifying and crushing drudgery ..." and chastised husbands for not helping their wives in their domestic responsibilities.[10] Alexandra Kollontai also attacked the traditional family, seeing maternity and childcare as oppressive burdens from which women

8 Friedrich Engels, The Origin of Family, Private Property and the State, in: Robert C. Tucker ed., The Marx-Engels Reader, New York et al. 1978^2 (1884), 734–759. Engel's work was also translated into Bulgarian (Proizhod na semeistvoto, chastnata sobstvenost i durzhavata).

9 See August Bebel, Woman Under Socialism (Zhenata i sozializma), New York 1904.

10 See Vladimir I. Lenin, The Emancipation of Women (Za emantsipatsijata na zhenata, 1919), cited in: Richard Stites, The Women's Liberation Movement in Russia: Feminism, Nihilism and Bolshevism 1860–1930, Princeton 1978, 378.

needed to be free: "To become really free woman has to throw off the heavy chains of the current forms of the family, which are outmoded and oppressive. For women, the solution of the family question is no less important than the achievement of political equality or economic independence."[11]

To this end, the communist state attempted to socialize domestic work as much as possible. In order to support women in their "new" roles, communists supported policies which created public canteens and child care facilities and, in addition, granted women generous maternity leaves, child allowances, and early retirement. Barbara Einhorn, however, has pointed out that women were thus discursively constructed as both workers and mothers while men were not seen as both workers and fathers. The communist state created a model whereby women took on responsibility in the "public" sphere without men taking on any responsibility in the "private" one.[12] Socialist ideology about the liberation of women was lop-sided, somehow positing that women's freedom was something that could be granted to them without changing men's social roles and duties. This fact ultimately resulted in what has been called the "double" or even "triple" burden of women under communism: the obligation to be a devoted wife and mother, a dedicated worker, and an active member of the community.

In spite of the "double burden", socialist women's activists distanced themselves from what they called the "bourgeois" feminist movements in the West. Western feminists were considered naive and to be accomplices in the very system that oppressed them. In socialist theory, men and women needed to stand together and fight for the equality of all classes and sexes. Women had no grounds to separate their struggles from those of men. This meant that women's issues had to take a back seat to workers' struggles creating a dichotomy between gender and class analyses that still divides feminists to this day.

Although the "woman question" was subsumed under the goals of the wider revolution, communist ideologies regarding the equality of men and women played a large role in reshaping gender relationships in society. Katherine Verdery has identified what she calls "socialist paternalism", whereby states of the former Eastern bloc transferred authority away from the household and cultivated a "quasi-familial" dependency on the state. Rather than promoting citizenship by granting political rights or by acknowledging ethno-cultural similarities, socialist paternalism encouraged a moral tie that bound subjects to the state by their equal rights "to a share in the redistributed social product".[13]

The other side of this "state paternalism" is that, to a certain extent, both men and women became equally dependent on the state. Men's wages were kept down to encourage women's labour force participation. The partnership between men and women was redefined from one of economic necessity to one that idealized a notion of sexua-

11 Alexandra Kollontai, The Social Basis of the Women's Question (Sozialnata osnova na vuprosa za zhenite), in: Selected Writings of Alexandra Kollontai, ed. by Alix Holt, Connecticut 1977 (Orig. 1909), 58–73, 64.

12 See Barbara Einhorn, Cinderella Goes to Market: Citizenship, Gender, and Women's Movements in East Central Europe, London 1993, 5.

13 Katherine Verdery, What Was Socialism, and What Comes Next?, Princeton 1996, 63.

lised, romantic love. Alexandra Kollontai wrote: "All sexual relationships must be based on mutual inclination, love, infatuation or passion, and in no case on financial or material motivations. All calculation in relationships must be subject to merciless condemnation."[14]

The state guaranteed economic security and the means for satisfying basic human needs; socialist men and women theoretically had few purely economic incentives to marry. Although there was *de facto* labour segregation, which concentrated women in lower level positions and in traditionally feminine professions,[15] women were not economically dependent on men. In fact, single mothers had considerably more benefits from the state than married women with children; they were given priority for housing and access to other social services. This created some disincentives to marriage and afforded women relative independence from men.

Socialism never completely defeated local patriarchies, but the Eastern Bloc countries were able to boast some of the highest female labour participation rates in the world. In 1989, on the eve of the collapse, 84.7 % of Bulgarian women were employed as waged workers outside the home.[16] As paid workers, women were entitled to all the benefits of formal employment: their own wages and pensions, access to personal credit plans through workplace co-operative savings schemes, paid holidays, access to enterprise-owned hotels and camps, and so forth. Some women also managed to infiltrate traditionally male professions such as steel processing and engineering, and were thus able to earn some of the highest wages available in the economy. In addition, women benefited from a variety of social policies designed to ease their dual responsibilities of productive and reproductive work.

Under communism, women in Bulgaria were guaranteed maternity leave, which began 45 days before delivery with the possibility of continuing until the child reached the age of three. For a woman's first three children, this leave was paid by the state until the child was two. After two years, leave was granted without payment but with the provision that her job would be held through the whole duration of her absence. If the woman returned to work before the child's third birthday, she was entitled to receive 50 % of the national minimum wage for the portion of the leave she did not use. This was in addition to her wages. Alternatively, the woman could grant permission to the father or to his or her parents to take the unused portion of her maternity leave. Employers could not refuse to grant this leave if it was requested, and the three years of leave was recognized as labour service toward her pension.

There were other benefits for mothers as well. Childcare facilities were also guaranteed to working women by the state.[17] In addition to paid maternity and child-care leave,

---

14 Alexandra Kollontai, Selected Writings of Alexandra Kollontai, ed. by Alix Holf, Connecticut 1977, 231.

15 See Einhorn, Cinderella, see note 12, 113–147; Susan Gal and Gail Kligman, The Politics of Gender after Socialism. A Comparative Historical Essay, Princeton 2000, 57–58.

16 Women's Alliance for Development, Women in Bulgaria 2000, from WAD website at www.geocities.com/woalde (access date February 16th, 2004) or www.women-bg.org (access date February 16th 2004).

17 See Raia Staikova-Alexandrova, Bulgaria. The Present Situation of Women, in: The Impact of Economic and Political Reform on the Status of Women in Eastern Europe. Proceedings of a United Nations Regional Seminar, New York 1992.

parents received monthly child allowances until a child was 16 years old (or 18 if the child was still at school), the amount of which was determined by the size of the family.[18] There were also laws passed which restricted night work for women and their participation in certain professions that would endanger their reproductive abilities (such as work in nuclear power plants or in certain petro-chemical factories). Although these laws reinforced labour segregation and helped to concentrate women in lower paying jobs, they were meant to protect women from certain kinds of exploitation and could be challenged on an individual level if desired.

In the realm of politics, women were very active during the communist years. In 1983, statistics showed that women made up 50.5 and 50 % of the *Fatherland Front* and the *Young Communist League* respectively.[19] Trade Unions could boast that 46.4 % of their members were women, and the *Bulgarian Communist Party* included 27.6 % women in its constituency.[20] There were also quotas imposed by the state, which guaranteed that between 20 and 23 % of the seats in Parliament would be filled by women.[21] Einhorn argued that few women under communism actually held posts of real political power and that quotas enforced a system of tokenism whereby women politicians had no choice but to follow established Party doctrine.[22] However, male politicians were under the same constraints, and the quotas did legally guarantee that women would be part of the political process even if parliament had little direct power.

On a more personal level, the state consistently protected the rights of women in marriage and in the case of divorce. During marriage, men and women were considered equal partners and all loans granted to the couple and sales of family property required the signatures of both husband and wife. At the dissolution of a marriage, all property was divided equally, with the mother most often being awarded custody of the children. Most importantly, the state automatically deducted child support payments from the father's wages and transferred them to the mother. Divorced women with children could rely on this steady income that would always be collected no matter where in Bulgaria the father moved. Widows could rely on the state for their own pensions and additional social supports once their husbands had passed away. For younger girls, they had access to education and many careers opportunities. There were few economic incentives to engage in sex work.

Thus, the communist state did go a long way in *attempting* to create the conditions for women's full emancipation. Communism did displace patriarchy from the household to the state level and committed resources to support women in their dual roles as mothers and workers. Although Bulgarian women's lives were still very much determined by

18 Due to declining birth rates, the Bulgarian state tried to create incentives for women to have two and three children. Despite these efforts, however, women were still overburdened by their dual roles in society which was evidenced by a continually stagnant birth rate.

19 See Dobrinka Kostova, The Transition to Democracy in Bulgaria: Challenges and Risks for Women, in: Valentine Moghadam ed., Democratic Reform and the Position of Women in Transitional Economies, Oxford 1993, 92–109, 106.

20 See Kostova, Transition, see note 19, 106.

21 See Staikova-Alexandrova, Bulgaria, see note 17.

22 See Einhorn, Cinderella, see note 12, 168.

paternalistic control (which, for example, could legislate how many children a married women should have) the socialist system considered the emancipation of women one of its fundamental goals and went a long way in trying to achieve the equality of the sexes. The important point to keep in mind is the relative improvement of women's status under communism compared to its relative deterioration that would accompany the economic transformation, and the very real gains that all Bulgarians enjoyed under the totalitarian system.

The so-called liberation of Bulgarian women happened during a period of radical economic changes in a previously agricultural country. It should not be forgotten that the rapid industrialization of the Bulgarian economy drastically increased the living standard of ordinary men and women in a relatively short period of time. Despite their many shortcomings, the communists in Bulgaria were able to transform Bulgaria into a modernized industrial country and were relatively successful in equally redistributing Bulgaria's newfound wealth to men and women. For instance, between 1961 and 1975, Bulgaria had one of the highest rates of growth in real income per capita of all the former Comecon countries for which there were data. Between 1961 and 1965, real income per capita increased by 4.6 %, between 1966 and 1970 by 6 %, and by another 5.7 % in 1971–1975.[23]

In terms of the actual distribution of this wealth, some very rough statistics point to increases in individual well-being. Bulgarians saw their consumption of meat rise from 32.7 kilograms per capita per year in 1960 to 65.4 kilograms in 1979. The average Bulgarian went from eating 84 eggs per year in 1960 to 187 eggs per year in 1979. In fact, Bulgarians saw significant increases in the per capita consumption of all food categories with the exception of potatoes, which actually declined steadily from 1960 to 1979. In 1977, Bulgarians (indeed all of the "non-market industrial economies") had a higher per capita daily caloric intake than the United States.[24] The average Bulgarian ate 143 % of the daily caloric requirement, the highest percentage among both industrialized market economies of the West and the Eastern bloc command economies.

---

23 The Vienna Institute for Comparative Economic Studies (VICES), COMECON Data 1981, New York 1982, 298.

24 World Bank, World Development Report 1982, Washington D.C. 1982, 153. Of course, caloric intake is not a very good measure of overall nutrition because of the different types of foods from which calories can be derived. In the developing world, the amount of protein available in the diet is a much better indicator of health rather than the total number of calories, because a diet high in calories and low in protein can still lead to protein energy malnutrition. Despite this, the World Bank continues to use total per capita caloric intake as one "health related indicator" in its annual World Development Reports.

Table One: Daily per capita calorie supply as a percentage of total requirements in 1977[25]

Country	
West Germany	%127
France	%136
United States	%133
United Kingdom	%133
USSR	%136
Poland	%140
East Germany	%139
Bulgaria	%143

With regard to social services, Bulgarians had 62.5 hospital beds per 10,000 people in 1960 and 90.3 beds per 10,000 people in 1979. Similarly, the number of doctors in Bulgaria increased dramatically in the 1960s and 1970s. By 1977, Bulgaria had one physician for every 440 people while the United States had 580, Western Germany 490, and Norway 540 in the same year.[26] Educational enrolment in Bulgaria also increased significantly and the communists almost completely eradicated illiteracy.[27]

From a material perspective, Bulgarians had increasing access to consumer durable goods. Table Two demonstrates this change from 1965 to 1983.

Table Two: Consumer Durables (per 100 households)[28]

	1965	1983
Radios	59	92
Television sets	8	87
Electric washing machines	23	81
Refrigerators	5	88
Private cars	2	34

Thus, until the economic slowdown began in Bulgaria in the 1980s, the Bulgarian communists were generally quite successful in "modernizing" the economy (albeit with environmentally disastrous results). Although these gains in the material standard of living of ordinary Bulgarians were not directly targeted at women, they did help to support women in their dual roles as mothers and workers. Increases in per capita food consumption meant healthier families, and increases in health and educational services meant that

25 Source: World Bank 1982, see note 24, 153.
26 World Bank 1982, see note 24, 152–155.
27 VICES, Data, see note 23, 313–316; World Bank 1982, see note 24, 154–155.
28 Source: John R. Lampe, The Bulgarian Economy in the Twentieth Century, London 1986, 194.

Bulgarian women could rely on the state for help in educating and nursing their children. Furthermore, many consumer durables were manufactured to make housework less onerous for the women (washing machines, vacuum cleaners, and so forth). Furthermore, incorporating women into the paid labour force guaranteed women direct entitlement to these goods and services for themselves (not through their husbands). Many of these gains would be rapidly reversed after the collapse of communism in 1989.

The Gendered Consequences of Emerging Capitalism

Although international agencies and local non-governmental organizations have focused on presenting evidence that Bulgarian women have suffered more than Bulgarian men, in Bulgaria there is little public interest in the so-called "plight" of women. Indeed, there is often resistance to the idea that women even have special needs. This lack of public interest may relate to the fact that Bulgarian women in general have not actively organized any mass resistance to the economic and political forces that seem to be pushing them out of the labour force, or that are decreasing their living standard. Indeed, many women in Bulgaria reject "gender" as a primary organizing principle for political and social action, despite the many funds made available by international organizations to support women's "grass roots" movements.[29] Political affiliation and class status continue to trump gender in the formation of post-socialist identities. Socialist feminism's emphasis on the primacy of the class struggle still has deep roots in society. As a result, Bulgarian women are more likely to form alliances with men who share their political views than with women on the opposite side of the political spectrum.[30]

Many Western and Eastern scholars have tried to explain what Einhorn has called the Eastern European woman's "allergy to feminism" and what Vlasta Jalusic and Milica Antic have called "anti-feminism".[31] Bulgarians and Westerners have acknowledged that communist ideology forced women to labour under a notorious double or triple burden. Many Bulgarian women, at that time, perceived the lifting of this triple burden as liberation. They did not view paid employment as a right or a privilege; instead they saw it as an obligation.[32] Thus, when the post-communist state held up the possibility for women to shed this dual burden, many women did so happily. They were exhausted by "over-emancipa-

29 See Kristen Ghodsee, Feminism-by-Design: Emerging Capitalisms, Cultural Feminism and Women's Nongovernmental Organizations in Post-Socialist Eastern Europe, in: Signs. Journal of Women in Culture and Society, 29, 3 (2004), forthcoming.

30 In fact, some female politicians feel that women in Bulgaria do not vote along gender lines at all – women will not vote for a female candidate simply because she is a woman. Author's interview with Ms. Tatyana Doncheva, Member of Parliament for the Bulgarian Socialist Party on December 23rd, 2003.

31 See Einhorn, Cinderella, see note 12, 182; Vlasta Jalusic and Milica Antic, Prospects for Gender Equality Policies in Central and Eastern Europe, SOCO Project Paper no. 70, Vienna 2000, 3.

32 See Maria Todorova, The Bulgarian Case: Women's Issues or Feminist Issues?, in: Nanette Funk and Magda Mueller eds., Gender Politics and Post-Communism: Reflections from Eastern Europe and the Former Soviet Union, New York/London 1993, 30–38.

tion".[33] The choice to stay at home was a kind of freedom that women did not have under communism when housewives were ostracized by the state. As a result, Bulgarian women consistently made up the majority of the registered unemployed throughout the 1990s.[34]

To complicate matters, the "emancipation" of women and the explicit concern with men's and women's equality is still very much viewed as an anachronistic communist ideology. Current popular discourse blames women, in league with the communist state, for being collectively responsible for the demise of the ethno-nation.[35] This was especially true in Bulgaria where ethnic Bulgarian women have one of the lowest birth rates in Europe and a very high rate of abortion. In 2000, there were 73,679 live births in Bulgaria and 61,378 abortions.[36] At the same time, the higher birth rates and lower abortion rates of ethnic Turk and Roma women have become explosive political issues for the Bulgarian state.

In 2000, Bulgaria had a negative natural growth rate of -0.7 %[37] and a total fertility rate of 1.1 children per woman.[38] With replacement fertility being 2.1 children per woman, Bulgaria is characterized by what demographers call "lowest low fertility" and had the lowest fertility rate of all the European countries between 1995 and 1997.[39] Bulgaria's population stood at 7.9 million in 2001,[40] and United Nations projections state that by 2050 this figure will shrink by 31 % – the second steepest decline in all of Europe.[41] Although birth rates had already started to fall during communism, the economic hardship, due to the transition from communism, and new cultural influences from the West have exacerbated the problem.

At the same time, there are alarming trends that indicate that many Bulgarian women are being negatively affected by the economic transition. The dismantling of the welfare state also means that divorces can no longer rely on the state to collect child support payments. Increasingly, men simply refuse to pay, and the courts are too inefficient and costly for ordinary Bulgarian women to pursue claims. Widows have seen a drastic deterioration in their standard of living as pensions continue to shrink and social services evaporate. As a result of these and other factors, the majority of poor households in Bulgaria are headed by women.[42] Furthermore, Bulgaria has a severe problem with youth

33 Indeed, recent research by American feminist scholars has hinted that American women, too, may prefer to spend time with their children at home rather than engage in paid employment. See Ann Crittenden, The Price of Motherhood, New York 2002.

34 National Statistical Institute (NSI), Statistical Yearbook 2000, Sofia 2001, 90.

35 See Verdery, Socialism, see note 13, 68–69.

36 NSI 2003a.

37 World Bank 2002, see note 24.

38 NSI 2001.

39 See Ron Lesthaeghe and Johan Surkyn, New Forms of Household Formation in Central and Eastern Europe: Are They Related to Newly Emerging Value Orientations?, Working Paper: Interuniversity Papers in Demography, Interface Demography, Vrije Universiteit Brussel, (January 17th, 2001), 2.

40 NSI 2001.

41 United Nations, Population Division. Department of Economic and Social Affairs, Replacement Migration: Is it a Solution to Declining and Ageing Populations?, (March 21st, 2000).

42 UNDP, Women in Poverty, Sofia 1997.

unemployment, and more and more women are being pulled into sex work. A 1997 study on the demography of prostitution in Bulgaria found that a prostitute could earn more money from only one contact with a customer than both her parents received from their monthly pensions. Additionally, 42 % of the women interviewed wanted to travel abroad. The study concluded that Bulgaria is rapidly becoming a prime country where prostitutes can be easily recruited for international work.[43]

The *International Organization for Migration* estimated that over 10,000 Bulgarian women, many of them minors, were working as what they define as "sex slaves" in Western Europe.[44] These numbers are questionable, however, because the movement of these women and children is illegal and difficult to trace. What is sure is that young Bulgarian women are so eager to go abroad that they are often the victims of international crime syndicates that traffic in women. In some cases, young women apply to employment "agencies" which promise to arrange legal work in Western European countries as an *au pair*, nanny or nurse. In other cases, "talent scouts" approach teenage women and recruit them to become fashion models in Western Europe. The agencies or "talent scouts" arrange the visas and pay for the transportation and the women agree to pay the money back from their future salaries. The women's money and passports are then confiscated on arrival and they are forced to work as illegal prostitutes in order to pay back their debts. Few try to escape for fear of their own lives or the lives of their families back in Bulgaria. Because the girls leave the country of their own "free will", with valid visas and the appropriate documentation, it is very difficult to control this kind of activity.[45] Thus, the sudden collapse of communism has meant that many Bulgarian women are at risk of falling into poverty and sexual exploitation.

The economic transition, however, has not been able to completely wipe out the gains made by Bulgarian women under communism. On some measurements of women's "empowerment", Bulgarian women still outperform women in advanced capitalist countries. For example, in 1999, Bulgaria's adult literacy rate for women was 97.7 %, higher than that of Greece, Spain, and Portugal – all current members of the European Union.[46] Women in Bulgaria in 1998 also made 41 % of the earned income in their country – a figure higher than in the United States (40 %), Canada (38 %), France (39 %), and the Netherlands (34 %). 28.9 % of administrators and managers in Bulgaria were women (compared to only 9.4 % in France), as were an impressive 57 % of professional and

43 See Krasimira Tchoudomirova et al., Demographic Data on Prostitutes from Bulgaria – a Recruitment Country for International (Migratory) Prostitutes, in: International Journal of STD and AIDS, 8, 3 (1997), 187–191.

44 International Organization for Migration, News Release: IOM Launches Information Campaigns to Raise Awareness about Trafficking in Women in Bulgaria and Hungary, 842 (November 12th, 1999).

45 For an interesting and thorough examination of the problem of Trafficking in other Eastern European contexts, see: Foundation of Women's Forum, Trafficking in Women for the Purpose of Sexual Exploitation: Mapping the Situation and Existing Organizations Working in Belarus, Russia, the Baltic and Nordic States, Stockholm 1998. Available online at: http://www.qweb.kvinnoforum.se/papers/traffickingreport.html. In Bulgaria, the NGO Animus Association (http://www.animusassociation.org/) works to prevent the trafficking of women and children.

46 UNDP, Human Development Report 2001, New York 2001, 218–221.

technical workers in 1998 (compared to 52.6 % in the United States).[47] Bulgaria's female economic activity rate, at 56.8 % in 2000, was still higher than that of Germany (47.9), Austria (43.9), and the Netherlands (45.4).[48] In 1999, the combined primary, secondary, and tertiary enrolment ratio was 76 % for women compared to only 69 % for men, indicating that women in Bulgaria take more advantage of educational programmes. Female reproductive rights have not been threatened in Bulgaria as they have in other post-socialist countries despite the very low birth rate.[49] Women have retained free access to abortion, and alternative methods of birth control are increasingly being made available.

In 1994, Bulgaria briefly had a woman for Prime Minister, Reneta Indjova. Several women have held high ministerial positions in various Bulgarian governments, most notably Nadezhda Mihailova, Minister of Foreign Affairs under the Union of Democratic Forces, and Lydia Shuleva, Minister of Economy and Deputy Prime Minister under the *National Movement Simeon the Second* (NDSV). Under the NDSV, Bulgaria also earned the distinction of being the Central and Eastern European country with the greatest number of women elected to Parliament (26.2 %). Most significant, however, is that by the end of 2001 Bulgarian men made up the majority of the registered unemployed. In December 2001, men in Bulgaria had an unemployment rate of 20.4 % compared to an 18.5 % unemployment rate for women.[50] One year later, in December 2002, women still had a lower unemployment rate than men – 15.8 % compared to 17.6 %.[51] This demonstrates that some women have been able to adapt to the new system quite successfully despite discredited communist ideologies about the equality of the sexes. Bulgarian women's relatively favourable position may be the result of successful policies during the communist years, the effects of which were still felt in the post-1989 period. Certainly, Bulgarian women's attitude toward their own abilities and their place in society is still very much defined by socialist ideas about the equality of the sexes.

Conclusion

Bulgarian women's mixed experiences under both the communist and the post-communist periods illustrates that there is no perfect political or economic system for women. Instead, the "old system" had benefits and drawbacks just as the new system of free-markets and liberal democracy has its own set of pluses and minuses. Too often, however, politicians want to throw the proverbial baby out with the bath-water – in the 1990s the policies that supported "women's emancipation" were conflated with the evils of the command economy and the centralized state. They ultimately had to be dismantled in order for Bulgaria to "prove" its new democratic credentials to international financial institutions involved in restructuring the Bulgarian economy.

47 UNDP, Human Development Report 2000, New York 2000, 165–168.
48 UNDP 2002, see note 7, 234–237.
49 See Gal/Kligman, Politics, see note 15, 16.
50 NSI 2003a, Statistical Yearbook 2002, Sofia 2003, 98.
51 NSI 2003b, Employment and Unemployment, 4/2002, Sofia 2003, 29.

In many ways, Bulgarian women have been unable to resist the erosion in the social safety net that once supported their dual roles as workers and mothers. Politically, however, many Bulgarian women remain committed to a more socially oriented state akin to the Scandinavian welfare states – states that combine democracy with social security. In 2001, the demographic breakdown of support for Bulgaria's two opposing political parties was striking for its gender differences. The *Union of Democratic Forces*, a coalition of free market parties had a constituency that was 53.6 % male and 46.4 % female. In the *Bulgarian Socialist Party* (BSP), on the other hand, 63.3 % or almost two-thirds of all members were women. The BSP's large female constituency was partially responsible for the election of a socialist president in 2001. According to UNDP research, it also seems likely that the BSP will win a majority of seats in the next parliamentary elections.[52] I believe that this bias toward social democratic parties is at least partially a result of the real gains made by Bulgarian women under the communist system.

The situation in Bulgaria matches similar trends in other Central and Eastern European countries. Vlasta Jalusic and Milica Antic found that women in five post-socialist countries were more likely to be represented in centrist and leftist parties (i.e. Green, liberal, socialist, and communist) than in "right-wing parties (people's parties, Christian parties, and parties of free enterprise, etc.)".[53] Overall, this trend could point to a desire on the part of post-socialist women to combine the best parts of the "old system" with the new rather than embrace the overly-individualistic, savage capitalism of the United States and the United Kingdom. The very real gains that Bulgarian women experienced under communism may have given Bulgarian women certain advantages in the post-socialist period, and may be important factors in determining the social, political and economic future of the Bulgarian nation in years to come. Most importantly, scholars and women's activists should realize that women raised under socialist systems benefited from a wide variety of state-designed and implemented policies to support women's emancipation. It should not be surprising then that Bulgarian women may continue to look toward the state for solutions to their social ills and that socialist programs to support gender equality may, in the end, be more successful than free-market driven ones.

52 UNDP, Early Warning Report: Bulgaria, April 2003, Sofia 2003.

53 See Jalusic/Antic, Prospects, see note 31, 10.

Bridges across the Public-Private Divide: The Welfare-Rated Activism of Hungarian Women after 1989

Katalin Fábián

Women's activism worldwide, including a number of women's groups in countries of post-communist East and Central Europe, has historically involved welfare-related issues. In the triple transformation of the economic, political, and psychological spheres, many previous patterns of exchange shook and some shattered. As a result of massive privatization and market reorientation after 1989, the *Gross Domestic Product* (GDP) of each post-communist country contracted for many years. Welfare ceased to be a universal entitlement, and rampant unemployment fundamentally decreased people's economic safety.[1] These themes provided ample reason for emerging social movements, among them women's groups to call attention to the retrenchment of welfare and its particularly damaging effects on women.

With the onset of democratization, the significant decrease of state control over political activities allowed the post-communist populations' relationship to the state to change from being a monopoly to a (sometimes limited) space sharing with civil society.[2] The emergence of civil society created an environment of growing self-reliance that assisted the trend of slowly moving away, although not entirely cutting off from a politics that had nearly exclusively focused on the state. Freedom of association and freedom of speech allowed parties, social movements, and various non-governmental organizations (NGOs) to form. The emerging women's groups such as a women's party, caucuses in parties, and NGOs are significant representations of the process of democratization.

While democratization greatly expanded the means of citizens to articulate grievances through the ballot box in East and Central Europe, it could not immediately establish

1 See Branko Milanovic, Income, Inequality, and Poverty during the Transition from Planned to Market Economy, Washington DC 1998.

2 See Mikko Lagerspetz, From "Parallel Polis" to "The Times of the Tribes": Post-Socialism, Social Self-Organization and Post-Modernity, in: Communist Studies and Transition Politics, 17, 2 (2001), 1–18; Linda J. Cook et al. eds., Left Parties and Social Policy in Postcommunist Europe, Boulder 1999.

meaningful opportunities for collective action via non-electoral modes. Communism left in its wake societies bereft of robust, independent civil associations, meso-level institutions that, as idealized descriptions of mature Western democracies, perform the functions of buffering social demands and mediating between grass-roots agents and political parties.

Despite their widespread rejection of gender-related identification and tactics used in Western democracies, a minority of East and Central European women began to mobilize and lobby mostly around a series of welfare issues. Analysis of government reactions to their welfare-related activism reveals the limited scope which the political system allows for women's claims. The welfare state had been typically conceptualized as a state committed to modifying the play of social and market forces in order to achieve greater equity.[3] I use the term social welfare in a broader sense to include not only state social provisions aimed at income maintenance programs but also a state regulatory apparatus (deployed, for instance, around reproduction and workplace equality) and public services (e.g., day care). It is in this broader sense that welfare incited women's groups to lobby various state institutions.

Hungarian women's activism can be seen as a representative case study of the transformation experience of European post-communist countries. The activities of Hungarian women's groups do not only confirm the importance of welfare-related political activism that could be observed in other (mostly West European) contexts. In addition to showing that welfare is a pre-eminent way to enter politics in a post-communist scenario, this study shows that under rare conditions women's groups were successful in raising their voice in the newly democratic Hungary. A puzzling question remains: Why has democracy brought few such successes in women's organizing?

In post-communist Hungary, women's activism in welfare was stimulated by a precipitous economic decline between 1990 and 1995. With poverty increasing, welfare needs also grew, providing the push factor for establishing organizations. Simultaneously, the new democratic rights to association and free speech allowed a pull factor to develop. In this sense, welfare-issues provided women's groups in Hungary with a clear direction toward which they would orient their activities. In effect, the politicization of women's welfare rights evolved with the development of women's groups because of the reduced state provision of welfare. However, choosing welfare as the main target of activity limited the development of a broader spectrum of women's activism. When welfare issues waned from the transition agenda after 1995, political opportunities to influence decision-makers largely decreased also. Women's groups started to stagnate in number and by 2002 their impact had become less pronounced than in the beginning years of democratization. This downward trend is only partially offset by the pressure created by Hungary's candidacy to enter the *European Union* (EU) in 2004.

The Hungarian case of women's activism teaches the lesson that a weak civil society has long-term debilitating effects and cannot lead to meaningful democratization. At the same time the experiences of Hungarian women's groups also confirm that effective change can be accomplished by women's active political engagement. Comparative re-

3 See Mary Ruggie, The State and Working Women. A Comparative Study of Britain and Sweden, Princeton/New Jersey 1984, 11.

search points out that during the transition to democracy, women's traditional roles of motherhood and care-taking are often the most accessible vehicles to provide targets for their activities.[4] The post-communist Hungarian case provokes a change in understanding gender, welfare, and political activism by showing that when traditional gender-specific issues appear on the public agenda, they have a potential to creatively re-draw conventional boundaries and alliances of politics. Women's groups in Hungary were able to mobilize for their aims, and at best, such as in the retirement case, could avoid becoming captive to the state's interests and apparatus. These groups used traditional social roles, such as motherhood, as carriers to assert their claims regarding retirement. While motherhood normally is a traditional space that implies severe limitations for women's political action, in this special case it was used to promote women's engagement in politics. This traditional space for establishing organizations provided untraditional means for women's voices to be heard and allowed for the emergence of a new type of gender-sensitive awareness (i.e., proto-feminism).

Since 1989, women's activism has drastically changed in number and in content in post-communist Hungary. In this article, I place contemporary Hungary on the political map of democratization and paint the historical sequence of the stages in the development of women's groups. First, I shall provide a synopsis of the main actors engaged in the struggle to maintain and, in some cases, to expand welfare. In the section on *The Significance of Gender and Welfare*, I shall focus on the gendered nature of welfare, using the relevant literature specifically for a case study of Hungary. Then I shall explain the emergence of themes in women's welfare related activism in Hungary. In the concluding section, I bring together the lessons from Hungarian women who organized political activities and from women's struggles worldwide and attempt to fit these lessons into the complex patterns of the relationship between the state and women's activism.

I use data from various sources to compile a comprehensive picture of the activities of women's groups in Hungary. First, I conducted participant observations of a large number of activities of women's groups in 1995 and 2002. Second, I interviewed the group's principal member or president (many groups did not have formal leadership or presidency) and asked about the activities and the structure of the group. I asked the interviewees about which other groups they cooperated with or encountered in conferences and meetings. Third, I interviewed politicians and analysed Hungarian newspapers and international scholarly journals to trace the effects of the activities of women's groups between 1989 and 2003.

The Location and its Main Questions

Hungary is located in East Central Europe and is traditionally regarded as one of the meeting points between Western and Eastern cultures. Shortly after World War II, Hungary

4 See Amy B. Caiazza, Mothers and Soldiers: Gender, Citizenship, and Civil Society in Contemporary Russia, London/New York 2002; Jane S. Jaquette and Sharon L. Wolchik eds., Women and Democracy: Latin America and Central and Eastern Europe, Baltimore 1998.

became a socialist country under the influence of the Soviet Union. In 1989, a peaceful transition to a multi-party democracy took place and directed the country on its way to a market economy and to the *European Union* of which it wanted to become a member. In the first years of the transition, economic reforms aimed at establishing a market economy and at satisfying structural adjustment programs; a parallel political reform focused on how to become "an independent and democratic constitutional state" based on the rule of law.[5] Since the mid-1990s, most political discussions and activism have centred on the desire to join the EU and on legislative changes to harmonize Hungary's system with EU norms. In post-communist Hungary, while democratization was the buzzword, it did not go deep enough. The engagement of women's groups in welfare-related issues presents us with the quandary why it was so difficult for their claims to be heard and answered.

The communist example, with its seemingly liberating prescriptions for women (e.g., full-time employment, enforced participation in politics, and even extended welfare services) proves that in a non-democratic setting even the most emancipatory roles do not manifest themselves as liberation. However, such policies had still some undeniably positive impact on gender roles. Only post-communist countries showed a pattern similar to the Scandinavian industrialized welfare democracies where the UNDP-generated *gender-sensitive development index* (GDI) up until 1995 had been significantly higher than each respective country's *human development index* (HDI).[6] Based on this fact, one could assume that gender equality in post-communist Europe is higher than elsewhere, but the difficulties experienced by women's groups lead us the opposite way.

Social policy in Hungary is now shaped by the institutional structures of post-communist politics and policy legacies of the communist era. The policy process remains highly centralized, with basic decisions made by the government which also is the primary initiator of legislation. Leaders of a few non-profit organizations can, on occasion, participate as experts for Parliament and ministries in the allocation of funds.[7] Realizing the continuing trend of centralized power-relations, the non-profits increasingly moved from working with the legislature to cooperating with the executive branch. Only when fully fit-

5 The Constitution of the Republic of Hungary, Art. 2 (1). The Constitution has always acknowledged the representative system, though such a system did not function under state socialism.

6 The United Nations Development Program (UNDP) tracks human development and gender-related development worldwide. The Human Development Index (HDI) measures a country's achievements in three aspects of human development: longevity, knowledge, and a decent standard of living. Longevity is measured by life expectancy at birth; knowledge is measured by a combination of the adult literacy rate and the combined gross primary, secondary, and tertiary enrollment ratio; and the standard of living is measured by GDP per capita (PPP US$). The GDI measures the same variables as the HDI except that the GDI adjusts for gender inequalities in the three aspects of human development. The difference is that the GDI adjusts the average achievement of each country in life expectancy, literacy, gross enrolment, and income in accordance with the disparity in achievement between men and women. For a comparison of how HDI changed vis-à-vis GDI in the post-communist transition, see Charlotte Bretherton, Women and Governance in CEEC: Challenging the EU Women's Policy?, in: Mike Mannin ed., Pushing Back the Boundaries: The European Union and Central and East Europe, Manchester 1999, 132–154.

7 See Robert Jenkins, The Role of the Hungarian Nonprofit Sector in Postcommunist Social Policy, in: Cook, Parties, see note 2, 175–206.

ting into and supporting the respective government agendas, representatives of NGOs and among them, on occasion, women's groups were invited to participate.

The rupture in associations during communism from 1948 to 1989 created a nearly blank slate in women's organizing. The re-emergence of civic groups was one of the most fundamental developments in post-communist societies in the past ten years, and women's organizing was part of this significant force. The number of women's groups has increased from 1 (the officially sanctioned, quasi "lame-duck" *Hungarian Women's Federation* in 1988) to approximately 40 (by 2002). Very few of the new women's organizations in contemporary Hungary draw from women's organizing traditions that go back to the late 19th and early 20th centuries when women formed different organizations ranging from clearly feminist groups to conservative, often church-related or philanthropic women's associations.[8] There are more informal women's groups, but those who want to be involved in public affairs will register with the authorities because becoming an NGO carries some significant financial incentives. Only through the official registration process can a group give or get funds and apply for tax reductions. When and what kind of conditions propelled women's groups to register? Four waves of organizing provide the answer.[9]

The first wave of women's organizing took place in 1989 and consisted of two subcurrents: (1) new grass-roots organizations and (2) "phoenix" organizations that built on the "ashes" of previous, socialist-era associations. The new grass-roots organizations, such as the *Feminist Network* and *NaNE!*,[10] created themselves "from scratch", without an immediate institutional past. Although lacking institutional structure and infrastructure, they started to gain the attention of national politics in a Cinderella-like experience. The members of these grass-roots groups did not carry cards or pay membership fees and the groups themselves were mostly informal and focused on creating women's own (although usually small) space.

The "phoenix" (or survivor) organizations from the previous regime emerging in 1989 included, for example, the *Women's Electorate of the National Alliance of the Hungarian Trade Unions* and the *Association of Hungarian Women*.[11] They mainly focused on a more traditional political involvement, such as lobbying. These resurrected groups built themselves from the ashes of their socialist-era existence and carried (sometimes nothing

8 See Judit Acsády, Femninizmus és szociológia: A nökérdés konstukciója a századelön" (Feminism and Sociology: The Constuction of the Women's Question in the Beginning of the 20th Century), M.A. Thesis, Budapest 1994.

9 Nadezhda Azhgikhina proposed a similar historical periodization regarding the emergence of Russian women's groups; Nadezhda Azhgikhina, Empowering Russia's Women, in: Heyward Isham ed., Russia's Fate Through Russian Eyes, Boulder 2000, 10.

10 The names of organizations will appear in English except for a few exceptions, such as *NaNE!*. The translation of the latter would reduce its message and may lower its recognizability for readers of English. The name of this group is a play on words. While "nane" means "don't you/cannot you" in Hungarian slang, it also represents an acronym of the organization's name in Hungarian: Nök a nökért az eröszak ellen, which means: women with women against violence.

11 The Association of Hungarian Women re-created itself on the organizational and institutional basis of the Hungarian Women's Federation. It maintained its headquarters in the capital and tried to keep its previous network, but changed its logo; the old leadership was eventually replaced but institutional mecha-

more than) an image of political clout. They also revived their previous, even if badly damaged and fractured, organizational framework and some political networking capabilities.

The second wave of organizing groups took place a few years later, in the early 1990s. Political parties established their own women's groups in the form of party caucuses. The first party to consider women's issues actively was the *Social Democratic Party* (which eventually broke into factions in 1993). Over time, all Hungarian political parties created either an informal women's caucus (e.g., the liberal *Free Democrats*) or a separate intra-party division for female party members and sympathizers (e.g., the *Hungarian Socialist Party*, the communist-successor *Workers' Party*, and the since-fragmented, but not yet defunct nationalist-conservative *Hungarian Democratic Forum*). Even some seemingly long-forgotten pre-communist traditions of women's organizing were resuscitated, such as happened within the ranks of the conservative, right wing *Independent Smallholders' Party*.

Between 1995 and 1997, dozens of small groups decided to go through the formalization process by registering with the government (e.g., *Women for Lake Balaton*). Since 1995, most of the new groups have been forming outside the capital (e.g., in medium-sized cities like *Kecskemét*, *Veszprém* and *Balatonfüred*), with a focus on charity and social work. Their activities, though not focused on the traditional political process per se, have the potential to develop women's own voices and to become a springboard for increased, but not exclusively, "political" activities.

The fourth "wave" presented a counter-current of stagnation and decline which began in 1997. Many of the early grass-roots women's groups ceased to exist because they lacked the necessary infrastructure. By 2002, phoenix organizations such as the *Women's Alliance* and the *Women's Electorate of the National Alliance of the Hungarian Trade Unions* had lost much of their structures and connections to the effect that the whole left-wing women's organizing capacity severely decreased. In spite of considerable ideological support and financial assistance from two centre-right governments between 1990 and 1994 and between 1998 and 2002, the conservative women's groups could not develop a strong common platform. After an initially hopeful start, women's groups inside the political parties failed to take root. Many previously registered groups stopped functioning and only a few new ones have emerged. By 2002, the impact of women's groups had become less pronounced than in the beginning years of democratization. Joining the *European Union* may once more reverse this trend, as with EU membership gender and human rights issues will become better known and institutionalized. With this mixed experience of democratic development in the past twelve years, I shall now explore why women's activism has until now often focused on welfare and why it has been channelled through both novel and more traditional forms of self-expression to meaningfully express women's interests in an otherwise discouragingly difficult political environment.

---

nisms often remained the same. The trade unions have been fighting to survive over the past decade, but their women's sections have remained relatively strong and vocal.

The Significance of Gender in Welfare

Women's growing presence in politics does not necessarily change the power relations between women and men, but it is a precondition for such a change. For politics to be less male-dominated and male-focused, women need to be present in decision-making bodies where they have to be able to represent themselves and to provide a forum for a more woman-friendly (but still not essentialist) engagement of politics. Such an inclusion of women's voices necessitates action by at least a significant number of players in governance: men and women, local and state levels, linguistic and cultural practices and norms, etc. As Peterson and Runyan argue, "Gender hierarchy is not separate from but intersects with and sustains multiple other hierarchies each of which exacerbates injustice and sustains multiple other hierarchies."[12]

To present long-submerged issues, such as attention to welfare, women are raising their voices, both through formal government mechanisms and through alternative means outside the gates of "high" (electoral) politics. While acknowledging that these women's voices are far from unison, we need to investigate into who established welfare institutions; how were they maintained; why were they eliminated (under which conditions and by whose initiative); and who acquiesced to or fought against welfare reductions. Ironically, early feminist writers who clarified the patriarchal character of the welfare state have also often assumed women's role in the construction, maintenance, and destruction of welfare institutions to be marginal.[13] Recent historical and comparative studies have, however, discovered the importance of women's agency in social policy and the direction that welfare institutions take.[14] These authors argue that the welfare state under capitalism has been a product of forces as much from below as from above, pointing out that new social movements have been undervalued for their role in the origins and development of social policy. In particular, they maintain that feminist movements have been at the forefront in pressuring the state to provide opportunities for women to reduce their economic dependence on men.

12 V. Spike Peterson and Anne Sisson Runyan, Global Gender Issues, Boulder 1999, 62.

13 See Harriet Holter ed., Patriarchy in a Welfare Society, Oslo et al. 1984; Gillian Pascall, Social Policy: A Feminist Analysis, London et al. 1986; Elizabeth Wilson, Women and the Welfare State, London 1977.

14 E.g., Suzanne Mettler, Dividing Citizens: Gender and Feminism in New Deal Public Policy, Ithaca et al. 1998 and Suzanne Mettler, States' Rights, Women's Obligations: Contemporary Welfare Reform in Historical Perspective, in: Women and Politics, 21, 1 (2000), 1–28; Julia S. O'Connor et al., States, Markets, Families: Gender, Liberalism, and Social Policy in Australia, Canada, Great Britain and the United States, New York 1999; Faye Ginsburg, Contested Lives: The Abortion Debate in an American Community, Berkeley 1989; Theda Skocpol, Protecting Soldiers and Mothers. The Political Origins of Social Policy in the United States, Cambridge, MA 1992; Jane Jenson, Gender and Reproduction: Or, Babies and the State, in: Studies in Political Economy, 20 (1986), 9–45; Jane Jenson, Who Cares? Gender and Welfare Regimes, in: Social Politics, 4, 4 (1997), 182–187; Desley Deacon, Managing Gender: The State, the New Middle Class and Women Workers 1890–1930, Melbourne et al. 1989; Katherine Kish Sklar, The Historical Foundations of Women's Power in the Creation of the American Welfare State, 1830–1930, in: Seth Koven and Sonya Michel eds., Mothers of a New World. Maternalist Politics and the Origins of Welfare States, New York et al. 1993, 43–93.

For women struggling to gain a voice in the public arena, the question of gender equality based on the principle of either "sameness" or "fairness" (difference) is especially relevant and troublesome. In the field of the distribution of funds (and power) this issue most often becomes readily apparent and poses a difficult challenge regarding gender equality. The attitude of the state toward the welfare needs of women has been ambivalent, fluctuating between the reluctance to introduce gender-specific measures and the recognition that women may require specific allocations and services. The fundamental issue is the extent to which policy either ensures (and thus further entrenches) the difference between the needs of men and those of women or attempts to equilibrate them seeing that a balance between the two would be optimal.[15]

The state, at the junction of administrative and broader political processes, has been important in translating women's demands. Over the course of a century, many states have led markets in promoting an agenda for gender equity, even if employers' demands for women workers have been a key source of this social change.[16] The feminist approach to the welfare state is both critical of its patriarchal elements and supportive as far as the state can become an ally of gender equality. Most of the early feminist work

15 The issue of gender-related aspects of welfare has arisen acutely in post-communist Hungary. For example, homelessness increased dramatically with the regime transition. The number of homeless men usually surpasses the number of homeless women, mostly because a woman in need of shelter is more likely to arrange for at least a short-term stay at a friend's or relative's domicile in exchange for domestic services (Joanne Passaro, The Unequal Homeless: Men on the Streets, Women in Their Place, New York et al. 1996). Until the Supreme Court stressed non-discrimination in Directive no. 17 (On Guidelines on Child Custody), in Hungarian divorce procedures the mothers were routinely awarded the custody of the children and, consequently, the family home (mostly an apartment). She often faces serious financial problems to maintain the residence, but the father can become homeless if he does not have some form of tax-sheltered, lucrative additional income while child support is deducted from his wages (Hilda Scott, Does Socialism Liberate Women? Experiences from Eastern Europe, Boston 1974, 202). Under socialism, enterprises in constant need of labour (János Kornai, The Economics of Shortage, Amsterdam 1980) managed numerous temporary shelters for workers (munkás szálló), but nearly all of them had disappeared by 1990. As housing shortages and privatization steadily raise rents, many more men than women are living on the streets. But does this mean that there should be more homeless shelters for men, and if so, will women be able to find shelter if the need arises? To insist on equal facilities for both sexes when the demand is different makes little sense. Instead of one or the other solution, I would suggest a modified regime, which, ideally, would recognize gender differences and other social mobility factors as it tries to achieve a level playing field. In addition to equal opportunity, this version of liberal neutrality would also be sensitive to race, class, culture, and personal histories, thereby re-mediating the alleged misdeeds of positive discrimination. The rules then may be less uniform and more sensitive to individual needs.

16 Feminists unmoved by the Marxist and post-Marxist projects have not given the state theoretical or practical attention, because this approach has appeared too functional, general, and rigid to explain the nature of late-twentieth century power relations. Pringle and Watson quote Judith Allen "that not only feminists don't need a theory of the state but that the retention of that concept actually obscures many of the connections they want to make" (Rosemary Pringle and Sophie Watson, "Women's Interests" and the Post-Structuralist State, in: Michèle Barrett and Anne Phillips eds., Destabilizing Theory: Contemporary Feminist Debates, Stanford 1991, 53–73, 55). From a very different perspective, but similarly against a focus on the state, Michel Foucault and many of his followers also argue that local discursive, disciplinary, or cultural manifestations of power represent a better alternative (Michel Foucault, The History of Sexuality, New York 1980). Here, however, I work with the premise that local power is linked with centralized power and the state, and that gender relations cannot be understood apart from the state, while the capillary

criticized the welfare state because it contributed to the reproduction of inequality. This critical angle remains relevant today insofar as it underlines the symbiosis between the gendered division of reproduction work within the family and gendered aspects of the welfare state. The concept of women as dependent on men and as responsible for nurturing and rearing the children has been widely reproduced by social policies. Since the1980s, with the crisis of the welfare state, the debate on the gendered nature of welfare has moved to analyse the ways in which state institutions discriminate against women.[17] Lately, a more positive sense of welfare seems to be emerging which could, intentionally or not, ameliorate social and gender inequality.

Feminist social analysis has made it clear that the welfare state is not neutral: it is shaped by and is shaping gender and class relations. On the question of whether welfare states can have emancipatory effects, Yvonne Hirdman, for example, suggests that the development of welfare represents a "modernization of the gender system" that has served to reproduce segregation between men and women in a new form.[18] Quite the contrary, says Helga Maria Hernes, who argues that the Scandinavian welfare states are on their way to becoming "women-friendly".[19] The state, however, does not become women-friendly on its own. Democratic struggle, as Birte Siim calls this process referring to Denmark, may force it to incorporate women's demands.[20]

Women most often participate in political activism in gendered ways, focusing on such issues as child-rearing, caring for the sick, reproductive freedom, domestic violence, abuse, and the constitution of sexual identities, and their engagement can either fit or subvert gender expectations. Competing discourses of harmonizing with or undermining gender expectations lie at the heart of debates about the role of women in society. To clarify the direction and success of women's groups in Hungary, in the next section I describe their actions related to raising the retirement age. I argue that restructuring welfare has become a rallying cry for women's activities because it represents an active junction of citizenship rights (past and present) and the private and public spheres.

mechanisms can undermine or strengthen its hold. Contemporary challenges and contestations (social movements) overwhelmingly direct their attention to the state (see Sidney Tarrow, Power in Movement: Social Movements and Contentious Politics, New York 1994).

17 See Linda Gordon, Women, the State and Welfare, Madison 1990; Mimi Abramovitz, Regulating the Lives of Women: Social Welfare Policies from Colonial Times to the Present, Boston 1988; Ilona Kickbusch and Barbara Riedmüller eds., Die armen Frauen: Frauen und Sozialpolitik, Frankfurt a. M. 1984; Wilson, Women, see note 13.

18 See Yvonne Hirdman, The Swedish Welfare State and the Gender System: A Theoretical-Empirical Sketch, Uppsala 1987.

19 Helga Maria Hernes, Welfare State and Woman Power: Essays in State Feminism, Oslo 1987.

20 See Birte Siim, Gender and Citizenship: Politics and Agency in France, Britain and Denmark, New York 2000, 111.

Themes of Welfare Activism in Hungary

My analysis of the activities of Hungarian women's groups reveals that welfare is one of the common themes of women placing their issues on the political agenda in a new democracy.[21] Within the field of governmental policies, raising the retirement age has particularly incited women in Hungary to act and project their activities as a mode of alternative political appearance. I use this case to highlight the elements that helped women articulate their political interests in Hungary. I argue that group efforts focused on these issues redefine the divide between the public and private spheres, and consequently affect democracy. When gender-specific issues appear on the public agenda, they have a potential to resist the boundaries, conventions, and alliances of the usual politics. The issues and efforts to change them reflect a new conception of the relations between political (citizenship and partisanship), economic (labour market), domestic (family), and personal spheres. Women's groups ultimately may assist in and give voice to altering the gendered division of labour and power. The foci of women's groups on social welfare strengthen the links between democratic governance and civil society.[22]

The gender impact of the retirement reform should be analysed with reference to the labour market in which it occurred, since this larger context both creates pressures for change and influences the impact of these changes. The political and economic transformation led to the labour market loosing 1.1 million jobs, representing a fall of 21.4 % in total employment between 1989 and 1992. The decline continued with an additional

21 Numerous excellent case studies exist on the impact of capitalism and democratization on women in East and Central Europe. See, for example, Susan Gal and Gail Kligman eds., Reproducing Gender: Politics, Publics and Everyday Life after Socialism, Princeton/New Jersey 2000; Susan Gal and Gail Kligman, Politics of Gender after Socialism: A Comparative Historical Essay, Princeton/New Jersey 2000; Marilyn Rueschemeyer ed., Women in the Politics of Postcommunist Eastern Europe, New York 1998; Nahid Aslanbegui ed., Women in the Age of Economic Transformation: Gender Impact of Reforms in Post-Socialist and Developing Countries, New York 1994; Valentine M. Moghadam ed., Democratic Reform and the Position of Women in Transitional Economies, New York 1993; Chris Corrin, Gender and Identity in Central and Eastern Europe, Portland 1999; Barbara Einhorn, Cinderella Goes to Market, New York 1993; Nanette Funk and Magda Mueller eds., Gender Politics and Post-Communism: Reflections from Eastern Europe and the Former Soviet Union, New York 1993. Much attention has also been given to the changes of welfare policies; see, for instance, Zsuzsa Ferge, Social Policy Challenges and Dilemmas in Ex-Socialist Systems, in: Joan M. Nelson et al. eds., Transforming Post-Communist Political Economies, Washington D.C. 1998; Cook, Parties, see note 2. However, these two streams have hardly crossed paths, although there is a significant body of evidence to link them cross-nationally and historically.

22 Welfare state policies importantly shape the stratification that prevails in capitalist societies (Douglas. E. Ashford, The Emergence of the Welfare States, Oxford et al. 1986; Gøsta Esping-Andersen, The Three Worlds of Welfare Capitalism, Cambridge 1990; Peter Flora and Arnold J. Heidenheimer eds., The Development of Welfare States in Europe and America, New Brunswick/New Jersey 1981; Wolfgang Mommsen, The Emergence of the Welfare State in Britain and Germany. 1850–1950, London 1981). Public opinion and, even more explicitly, political action and interest representation in turn shape state policies (James Kluegel and Masaru Miyano, Justice Beliefs and Support for Welfare States in Advanced Capitalism, in: James L. Kluegel et al. eds., Social Justice and Political Change: Public Opinions in Capitalist and Post-Communist States, New York 1995, 81–108).

5 % between 1993–96, and did not become stable before 1997. Since then, employment has started to grow by one per cent a year and has been maintained on that level.[23] In addition to this major reconfiguration of available jobs, people's attitude to women's employment has radically changed as well. Both the policies and public opinion supporting women's full-time employment reversed courses. According to a 1988 survey of the *Central Statistical Office*, over 81% of the working-age women agreed with the idea that women should pursue paid activities. Repeating the survey in 1995, there was a 10 % decrease in this support of paid work with 30% of the women disapproving female labour participation.[24] In 1999, a differently designed survey reconfirmed the increasing disapproval of women's labour market activity.[25] Given the precipitous decline of jobs, women's negative attitude to paid work is only partially their own choice. While over 70 % of women aged 15–64 were employed full time during the later years of socialism, by 2000, this rate had dropped below 50 %.[26] The mass withdrawal of women from the labour force may have contributed to a slight decrease of the gender wage gap which slid from 27.2 % in 1989 to 21.2 % in 2000.[27] However, the fact that women's salaries are by more than 20 % lower than those of the men doing the same job in a market economy does make a difference and is, as such, a sign of discriminatory practice. Facing unaddressed and consistent gender discrimination in remuneration, job losses, increasingly disapproving public opinion, many women opted to resist these trends and they organized a trade union-led campaign, focusing on the legislation regarding women's retirement.

Retirement: Laundry-Baskets to the Rescue

In 1993, the Hungarian Parliament enacted a law to increase the retirement age to 62 (originally 55 for women and 60 for men). To halt the implementation of the law, women's groups called on the government to follow its own mandated rules requiring detailed impact studies before implementation, sent petitions to the Prime Minister, appealed to the Supreme Court, and lobbied the government and legislature.

Raising the retirement age had been on the political agenda in Hungary since the mid-1980s. At that time, the issue was not only politically unpopular but also highly controversial in a country where the general life expectancy was decreasing. In addition, by the early 1990s, unemployment grew rampantly, making it even more difficult to justify raising

23 See Erika Lukács and Mária Frey: The Gender Dimensions of Social Security Reform in Hungary, in: Elaine Fultz et al. eds., The Gender Dimensions of Social Security Reform in Central and Eastern Europe: Case Studies of the Czech Republic, Hungary and Poland, Budapest: ILO Subregional Office of Central and Eastern Europe 2003, 43–108.

24 See Mária Frey, A nôk munkaerôpiaci esélyegyenlôtlenségérôl (On the Inequality of Women's Labour Market Access), in: Közgazdasági Szemle (Journal of Economics), 5 (September 1996), 55–61. Also at: http://www.tarki.hu/adatbank-h/nok/szerepvalt/frey97.html.

25 See Lukács/Frey, Gender, see note 23, 51.

26 See Lukács/Frey, Gender, see note 23, 44.

27 See Lukács/Frey, Gender, see note 23, 49.

the retirement age. The social security budget increasingly faced insolvency, and the *International Monetary Fund* (IMF) and World Bank auditors demanded a reform of the social welfare system. In 1991, the issue of raising the retirement age became part of the Antall government's agenda. In 1993, however, when Parliament voted to raise the retirement age, the impact studies still had not been prepared.

One of the major players in the retirement debate among women's groups was the *Women's Electorate of the National Alliance of the Hungarian Trade Unions*. This organization became the central moving force behind the women's protests. The *Women's Electorate* created an alliance with partner trade unions and eventually included the *Women's Section of the Hungarian Socialist Party* and the *Association of Hungarian Women*. One of the trade union participants recounted the difficult work of building up coalitions:

> We really needed cooperation. We had regular meetings with the other women's sections of trade unions, which was a big thing at that time, given that we were mutually engaged in turf-wars.[28]

The *Women's Electorate* and its allies fought for a more staggered implementation of the retirement law, pointing at women's double burden (full-time work and nearly exclusive responsibility for the children and the household). Allowing women to retire earlier than men may look like preferential treatment only if they had an equal position to start out with. However, women's time-allocations demonstrate that they spend significantly more time working than men.[29] In addition to time-allocation data reflecting contemporary divisions of labour, there is a second, historical reason why the *Women's Electorate* fought to slow down the implementation of the law regarding the retirement age of women. The generations retiring in the 1990s worked full-time in a nearly compulsory manner.[30] Women in Central and East Europe had over four decades participated in the paid labour force in the largest numbers of all the countries in the developed world. In addition, socialist emancipation did not eliminate women's full responsibility for the household.

The allied women's groups around the *Women's Electorate* started to lobby members of Parliament by sending each of them letters and policy statements formulated at meetings of the various women's sections. Its policy suggestions did not question the need to raise the retirement age for both sexes, but found the sudden seven year increase for women unduly harmful. The *Women's Electorate* (supported by some policy specialists)[31] emphasized the need for a longer, more staggered implementation of the bill and also wanted such factors as the number of children and shift work to be included in the cal-

---

28 Interview, April 1995, Women's Section of the Ironworkers' Trade Union.

29 See Endre Sik and Katalin Szép, A háztartási terelés pénzértéke (The Monetary Value of Domestic Work), Budapest 2000.

30 To be without an official workplace was an illegal activity, but women were even less likely than men to be criminally prosecuted in this regard. The socialist regime created, however, many pressing economic and ideological reasons to coerce the population to join the labour force.

31 See Márta Kiss and János Schwertner, Eletre szóló ötletek: Elhalasztott nyugdíjkorhatár-emelés (Ideas for Life: The Postponed Raising of the Retirement Age), in: Héti Világgazdaság (Weekly World Economic Year), (November 28th, 1992), 77–79.

culations determining retirement age and retirement benefits. In 1994, the *Women's Electorate* with her allies initiated the first national campaign collecting signatures to force Parliament to vote again on raising the retirement age. Their most notorious act was to bring the signatures in laundry baskets to the confirmation committee:

> We collected and handed over 300,000 signatures [to the officials in charge]. According to the law on popular initiatives, Parliament cannot decide independently whether to discuss an issue or not, if they get more than 50,000 signatures. They saw the women carry the lists with signatures in laundry baskets to Parliament; they started to discuss the law, ostensibly by an MP's (Member of Parliament) initiative.[32]

The collection of signatures under the auspices of the *Women's Electorate* and its allies gained national attention, and this method of protest has become a standard tactic for other social movements in Hungary.

In spite of the innovative use of democratic procedures and the subsequent obstruction of the implementation of the bill, the *Women's Electorate* and her allies did not succeed in getting its policy demands included in the law on retirement. Between 1992 and 1996, the actions of women's groups did, however, stop the immediate implementation of raising the retirement age, and the 4-year delay allowed 60–70,000 women to retire under the previous laws.

> [Our action] forced Parliament to re-negotiate the issue. The interim solution offered by the previous Parliament was that until 1995 women can retire at the age of 55, which affected 60–70,000 women.[33]

In addition, women were less abruptly required to remain in the labour force for an additional seven years in order to receive retirement benefits, which reduced the disruption of women's lives. Women's sections of trade unions were among the main driving forces behind mobilizations related to the retirement issue. They called on a failing but time-tested mechanism of interest aggregation and articulation.

One could reasonably be puzzled at Hungarian women's groups to support preferential (and by definition, unequal) treatment in the legislation, even though comparative historical studies abound with similar cases. I argue that, in this context, favouritism is the only way to approximate equality, following the "sameness" interpretation of equality. From the perspective of Hungarian women's groups fighting against a law that would abruptly increase the retirement age, if they wanted to achieve equality they had first to get others to recognize women's vastly different political and social lot.

Beside the triangle of government, legislature, and allied women's groups, there were a few other actors who eventually entered the debate about raising the retirement age in Hungary. When Parliament passed a bill in 1993, stating the same retirement age for both sexes, the debate continued pulling into orbit a large set of actors. First, the international

32 Interview, April 1995, Women's Section of the Ironworkers' Trade Union.

33 Interview, February 1995, Women's Electorate of the National Alliance of the Hungarian Trade Unions.

context also influenced the strategy chosen by women's groups and the eventual outcome. Even if the Hungarian government had wanted to, it could not have held against the pressure of international financial institutions demanding tangible changes in the welfare system. Second, the Constitutional Court stepped in to settle the differences. Responding to one of the petitions of the *Women's Electorate*, the Constitutional Court ruled with regard to early retirement that women had to be 57, and men 60 years old. According to this 32/1997 decision, raising a child is in itself a basis for early retirement, but the decision also stated that men and women enjoy equal rights and have identical responsibilities with respect to raising children.[34] In recognizing at least the possibility of an earlier retirement age for women, and at the same time declaring that both sexes are equally responsible for child-rearing, the Court tried to balance, although it was not able to solve, the question of difference and sameness regarding gender equality.

Making an Impact: Hungarian Women's Groups in the Politics of Welfare

Women's groups in Hungary after 1989 have attempted to influence social policy during a time of rapid ideological change, reallocation of resources, and a decrease in the state's social welfare apparatus. They mounted national campaigns for collecting signatures to protest against the planned changes and went as far as the Supreme Court to demand a referendum. They lobbied through trade unions and parties, and worked until they were in a direct dialogue with the government. A few new social welfare policies and some practices favourable to women emerged as the result of broadened interaction between the women's groups and political institutions. Hungarian women's group made their impact in the form of social movement activism and non-electoral lobbying, which altogether amounted to an alternative public appearance.

Given the massive socio-economic changes and the welfare cutbacks in Hungary since 1989, women's groups have found opportune targets in welfare issues. They have been vital within this situation emerging participatory democracy, with all its attendant contradictions, problems, and promises. The situation provides excellent opportunities to analyse incentives and disincentives for the interaction of organized women and a state on its way to democracy, and for the relationship of new welfare structures and women's activism. The evident variations of the levels and fields of activism demonstrate the women's ability to overcome obstacles and form groups to represent their interests in the democratic arena, using, for example, protest actions, lobbying, and collecting signatures.

I found that most of the active 40 Hungarian women's groups have attempted to influence one or another area of welfare-related public policy. Only larger, better organized groups that could count on trusted cadres and knowledge of the political system, such as a broad alliance of the *Women's Electorate of the Hungarian Trade Unions*, were able to establish a complex and lengthy campaign such as the retirement age debate. With the larger, "phoenix" organizations falling on hard times since the late 1990s, no other women's group was able to fill their place and engage in multiple and complex policy

34 Constitutional Watch: Hungary, in: East Europe Constitutional Review, 6, 2&3 (1997), 20–22.

issues. An emerging strategy became even stronger: to focus resources and emphasize common interests within the groups by becoming more single issue-oriented.

Political opportunity most often presents itself as part of a larger political restructuring of reform or revolution. Then the new window of opportunity has to be used by groups to pursue their aims and to produce change. Change is about agency. Women's prospects of being accepted and of speaking up at various levels of politics differ in each system depending on the political culture and structure, and the (non-)existence of avenues to promote equality.[35] Strangely enough, women's agency has been stronger in the beginning years of democratization in Hungary compared with the later ones. Women's groups found more opportunities to raise their voices in the early years because the constellation of parties was not developed yet and the state was embroiled in an identity crisis. As political parties and state institutions became stronger, they made alliance formation among women's groups even more difficult and thwarted their attempts to fight for their own interests.

After the 1989 revolutions, the new democracies opened up the central apparatus and became sensitive to the needs and interests of its constituency. Under rare circumstances, this openness could be translated into meaningful opportunities for women. In a decade of activism, only the retirement age issue, through the unrelenting and creative mass campaign by the *Women's Electorate*, created enough political impetus for women's groups to manage to directly influence government policy.

In contrast to most modern Western welfare states,[36] in communist East and Central Europe, the entitlement of women as full-time workers has overshadowed their claims as mothers and wives.[37] This legacy became a liability regarding women's organizing after communism. East and Central European women during the communist era were the (even if reluctant) beneficiaries of strong welfare support, but became its circumstantial victims when the political system changed. There are three main reasons why women's organizing was adversely affected. One major obstacle is the discredited communist past which had extensively provided for mothers in the labour force even if this provision was mainly to satisfy the state's needs in a rapidly growing industrialization. The backlash to women's socialist emancipation is still, even a decade after the regime's collapse, very strong and prohibits raising policy issues for women's sake alone; instead, the issues

35 See Karen Beckwith, Comparative Research and Electoral Systems: Lessons from France and Italy, in: Women and Politics, 12 (1992), 1–33; Mary Fainsod Katzenstein and Carol McClurg Mueller, The Women's Movements of the United States and Western Europe – Consciousness, Political Opportunity, and Public Policy, Philadelphia 1987; Mim Kelber ed., Women and Government: New Ways to Political Power, Westport/Connecticut 1994; Joni Lovenduski and Pippa Norris, Gender and Party Politics, London 1993; Thomas Volgy and John E. Schwartz, Female Representation and the Quest for Resources: Feminist Activism and Electoral Success, in: Social Science Quarterly, 67 (1986), 156–168.

36 See Jane Lewis, Gender and the Development of Welfare Regimes, in: Journal of European Social Policy, 2 (1992), 159–171.

37 By concentrating social policies on children and working mothers, the German Democratic Republic (GDR), for example, was blamed for creating a "fatherless society"; Ilona Ostner, Slow Motion: Women, Work and Family in Germany, in: Jane Lewis ed., Women and Social Policies in Europe: Work, Family and the State, Brookfield 1993, 92–115, 99.

have to be wrapped in a nationalist and family-centred phraseology which many feminist or left-wing women's groups are reluctant to follow. The second major obstacle to women's organizing in Hungary is an almost exclusive reliance on the state whose bureaucratic apparatus has deeply permeated society. Third, the concrete gains in social service provisions had been granted by the communist state according to its own economic and political needs which did not allow women to develop a higher degree of political and bureaucratic expertise, self-reliance, and solidarity. Consequently, they still have trouble gaining footholds in the political process. For women's groups to get the attention of the political decision-makers, as in the case of the retirement age issue, an entire series of factors have to be present. Such factors are obviously rather rare. In addition, since "democracy's" triumph, women's claims have to fit the liberal framework and must not be seen as favouritism. These compound challenges have impeded even those Hungarian women's welfare-related movements that could gather momentum.

The post-communist Hungarian case joins the global phenomenon of women's activism arising in response to (re)structuring the welfare state because of women's structural location in the family and as care-takers. When women start to question the powerful and dominant separation between the private and public spheres, their degree of active involvement in each, and especially their transgressing the separation line, they can radicalize the practice (and eventually, the theory) of political participation and politics. Activities of women's groups can be compared to a Trojan horse: seemingly innocuous (especially when using traditional roles, such as maternity as a message carrier) they nevertheless contain important agents of change. Economic threats to the self and the family may be the basis for women's activism, but only when such economic concern transforms gender consciousness, can these activities be sustained and can eventually move in a progressive and feminist direction. The difficulties of Hungarian women's welfare-related activism demonstrate, however, that it is not the extensive welfare state that usurps women's activism. Much broader factors are at play here which point at the long-standing paternalist and state-centred political culture. While women in post-communist Hungary can question topics that hardly anyone else is aware of, such as their role in production, reproduction, and welfare, they cannot yet effectively represent themselves and their specific interests in the democratic arena.

L'Homme Extra

Opfersemantik und die Bedingungen der Kreativität: Schatten der Töchter, Schwestern, Mütter in den Erinnerungen von Käthe Kollwitz und Marianne Weber

Regina Schulte

In meiner Interpretation von Auszügen aus autobiographischen Schriften möchte ich die Semantik von Opfer, Schuld und Selbststilisierung unter Frauen aus dem kalvinistisch-protestantischen Milieu Deutschlands in der zweiten Hälfte des 19. Jahrhunderts, während des Ersten Weltkrieges und in der Nachkriegszeit beleuchten.

Meine Studien stützen sich auf die Kindheitserinnerungen und das Tagebuch der Malerin und Bildhauerin Käthe Kollwitz, die 1868 geboren wurde, und auf die Lebenserinnerungen der konservativen Frauenrechtlerin Marianne Weber, die zwei Jahre nach Kollwitz im Jahre 1870 geboren wurde und die die erste Standardbiographie ihres Mannes, des Soziologen Max Weber, schrieb, die ich ebenfalls als autobiographischen Text heranziehen werde. Beide Frauen waren wichtige Mitglieder der intellektuellen und künstlerischen Zirkel Heidelbergs und Berlins. Sie gehörten zu einer Generation von Frauen, die durch ihre künstlerische und schriftstellerische Arbeit versuchten, die Schranken zu durchbrechen, welche traditionell den Platz der Frauen eingehegt hatten. Sie waren politisch aktiv und suchten nach neuen Lebensformen.

Die autobiographischen Texte beider verweisen auf eine ähnlich frühe Sozialisation, in welcher eine Matrix von Schuld, Opfer, Verzicht und Tod im Kontext der Familie und deren religiösen Praktiken von überwältigender Bedeutung war. Zugleich liefern Kindheitserinnerungen und Lebensgeschichten früherer Generationen die Semantik und den Rahmen, in welchen diese Frauen ihre eigenen Porträts in einem kreativen Experiment zu fassen versuchten. Durch das Fenster, welches die Schriften von Kollwitz und Weber öffnen, wird – oft im Schatten übergroß gezeichneter Männer – eine Gruppe von Frauen sichtbar, Großmütter, Mütter, Schwestern, Ehefrauen, denen Kollwitz und Weber ihre Stimme leihen. Diese konstituieren aber auch das soziale und emotionale Netzwerk, in welchem sie selbst ihre Indentifikationen verorten, als Kinder und Mädchen und schließlich als Mutter und Ehefrau und als Malerin und Schriftstellerin.

Die Erinnerungstexte stammen aus der Hand von Frauen, die zum Zeitpunkt der Niederschrift über fünfzig Jahre alt waren, sie sind 1923, 1926 und 1948 erschienen.[1] Um einen Zugang zur psychischen Dynamik im Leben dieser Frauen zu finden, möchte ich die Texte als erinnernde Selbstinspektionen lesen. Statt einem psychoanalytisch abgeleiteten Modell zu folgen oder einen theoretischen Entwurf über dieses Material zu legen, möchte ich eher im Sinne psychoanalytischer Praxis durch dichtes Lesen den Sprechschichten der Texte näher kommen. Welche verbotenen Lebensentwürfe sind unter der Oberfläche gesellschaftlichen und auch familiären Konsenses verborgen?[2] Ich werde vor allem Bilder und Szenen zu interpretieren suchen, werde sie über die Schranken der Lebensalter und der individuellen Lebenswege zueinander in Beziehung setzen und auch unspektakuläre Wiederholungen und Ähnlichkeiten ernst nehmen. An welchem Ort und wie sprechen, schreiben diese Frauen, und wie imaginieren sie die Lebens- und Gefühlswelten ihrer Mütter und Großmütter? Welchen Ton schlagen sie in den Erinnerungen an, und wie kommen ihre Worte bei mir an, was lösen sie bei mir aus? Die Begegnung mit der Fremdheit eines um etwa siebzig Jahre zurückliegenden Habitus intellektueller Frauen, die lange Zeit auch Identifikationsfiguren waren, macht umso mehr ein bewusstes Umgehen mit der eigenen Abwehr und den eigenen Projektionen nötig.

Mütter

> Auf die Mutter besinne ich mich aus jener Zeit gar nicht. Sie war da, und das war gut. In ihrer Luft wuchsen wir Kinder auf. Die Mutter hatte zwei Kinder vor Konrad verloren. Es gibt ein Bild von ihr mit dem ersten Kind, das nach meinem Großvater Julius genannt war, auf dem Schoß. Es war das ‚Erstlings-Kind, das heil'ge'. Dies Kind verlor sie und das zweite danach. Wer das Bild ansieht, erkennt, daß sie als Rupps Tochter nie fassungslos im Schmerz gewesen ist. Aber das schwere Leid ihrer frühen Mutterzeit, dem sie sich nie hemmungslos hingegeben hat, hat wohl bewirkt, daß sie etwas von der Entferntheit der Madonna an sich gehabt hat. Vertraute, Kameradin, Genossin ist unsere Mutter uns nie gewesen. Aber wir liebten sie. Nie war der Respekt, den wir vor den Eltern hatten, so groß, daß er der Liebe Abbruch tat.[3]

Nicht nur die Mutter von Käthe Kollwitz hat in der Erinnerung der Tochter das Bild der Madonna evoziert, eine ferne Gestalt, auf die sie sich nicht besinnen kann, in deren „Luft" die Kinder aufwuchsen. Marianne Webers Mutter, die der gleichen Generation angehörte, „huschte ab und an im Morgenhäubchen durch meine Erinnerung; mehr bewahrte ich nicht von ihrer Gestalt … Was mir in meiner Kindheit erzählt wurde, bot mir einige Züge

1 Käthe Kollwitz schrieb 1923 ihre Erinnerungen nieder, Marianne Weber publizierte 1926 die Biographie ihres Mannes, 1948 erschienen ihre eigenen Lebenserinnerungen.

2 Vgl. Alfred Lorenzer, Tiefenhermeneutische Kulturanalyse, in: ders. u.a., Kulturanalysen, Frankfurt a. M. 1986, 11–98, 27; Jane Flax, Thinking Fragments. Psychoanalysis, Feminism & Postmodernism in the Contemporary West, Oxford 1990, 49f.

3 Käthe Kollwitz, Erinnerungen (1923), in: Die Tagebücher, hg. von Jutta Bohnke-Kollwitz, Berlin 1989, 721.

für ein in Duft und Rauch gehülltes Bild."[4] Diese opake Leinwand in den Lebenserinnerungen wird durch das Bild der Großmutter aufgefüllt, sie „hatte fünf Kindern das Leben geschenkt, nun kränkelte sie; sie war noch jung, aber viel leidend, trotzdem harmonisch und Mittelpunkt des Hauses, eine hohe Seele im anfälligen Körper. Sie tat viel Gutes, das Dorf verehrte sie als Heilige."[5]

Die Töchter schauten aus der Ferne, erinnerten und phantasierten sich nicht auf den Schoß dieser Mütter, blieben in der Sehnsucht nach deren Körper gefangen. Käthe Kollwitz traute sich nicht, ihre Mutter tröstend zu berühren, als ein totes Kind zum Friedhof gefahren wurde und sie sah, wie diese am Fenster stand und dem Wagen nachsah: „Ich hatte sie so schrecklich lieb, aber ich ging nicht zu ihr hin."[6]

Der Schoß der Mütter war der Platz der Erstgeborenen, der „heiligen" Söhne. Wie Kollwitz zelebrierte auch Marianne Weber diese Figur, wenn sie die Erinnerung ihres berühmten Mannes Max Weber zitiert, der sich seine Mutter als Madonna Sistina vorstellte, sich selber als „das Jesuskind" auf ihrem Arm und die anderen Geschwister als die Engel.[7] In diesen, für protestantische Haushalte ungewöhnlichen, Imagines erscheinen eher Madonnen mit Jesusknaben, kaum leibhaftige Mütter. Eifersuchtsgefühle der Schwestern, der Engel, waren offensichtlich von vornherein blockiert. Dem Beispiel der Mutter folgend, die ihre Gefühle nicht zeigte oder nicht zeigen konnte, die Beherrschung und Ergebenheit ausstrahlte, wie die von Kollwitz, die den Tod ihrer Kinder scheinbar passiv hinnahm, übte die Tochter sich im Verzicht.

> In diesem Haus bekam meine Mutter unter großen Schmerzen ihr letztes sehr geliebtes Kind, das auf Vaters Wunsch Benjamin genannt wurde. Auch dieses Kind wurde nur ein halbes Jahr alt und starb wie das älteste Kind an der Meningitis. Ganz starke Eindrücke habe ich aus dieser Zeit behalten. Es ist wohl kurz vor dem Tode gewesen, wir saßen um den Eßtisch, und die Mutter war gerade beim Suppeeinschöpfen, als die alte Kinderfrau die Tür aufriß und laut rief. ‚Er bricht wieder, er bricht wieder.' Die Mutter blieb still stehen und schöpfte weiter auf. Daß sie nicht vor uns weinte und aufgeregt war, empfand ich sehr, denn daß sie litt, fühlte ich deutlichst.[8]

Nicht einbezogen in Schmerz- und Trauergefühle um den Tod der Kinder, die die Mutter sie nur ahnen ließ, von denen sie sie in ihrer makellosen Heiligkeit aber ausschloss, suchte die Tochter und Schwester des toten Bruders nach einem Weg für ihre eigenen Gefühle der Angst, Hilflosigkeit und Trauer. Sie introjizierte die permanente Familienkatastrophe, den immer drohenden Tod und projizierte ihn auf die Mutter selbst. Ihre Liebe für die Mutter, so schreibt sie, sei in jenen Jahren besorgt und zärtlich gewesen und immer habe sie befürchtet, dass sie „verunglücken" könne.

4 Marianne Weber, Lebenserinnerungen, Bremen 1948, 5.
5 Weber, Lebenserinnerungen, wie Anm. 4, 10.
6 Kollwitz, Erinnerungen, wie Anm. 3, 722.
7 Vgl. Marianne Weber, Max Weber. Ein Lebensbild, Tübingen 1926, 520.
8 Kollwitz, Erinnerungen, wie Anm. 3, 21f.

> Badete sie, auch nur in der Wanne, so fürchtete ich, sie könne ertrinken. Einmal stand ich am Fenster, es war die Zeit, als die Mutter zurückkommen sollte, ich sah sie auf jener Seite der Straße kommen, aber ohne nach unserem Hause hinsehen, mit dem ferngerichteten Blick, den sie hatte, ruhig weitergehen auf die Königsstraße herunter. Wieder diese schwere Angst im Innern, sie könnte sich verirrt haben und nicht mehr zurückfinden! – Dann Angst davor, die Mutter könne wahnsinnig werden.[9]

Das Kind in Kollwitz' Erinnerungen erlebte die tiefe Melancholie und Bedrohtheit der Mutter, ließ aber auch eine mit Angst gepaarte abgründige Aggression erkennen, wenn es immer wieder den Wahnsinn und Tod der Mutter imaginierte. Es fürchtete und phantasierte, wünschte gar den baldigen Tod der Mutter, um den Schmerz darüber bald hinter sich zu haben.[10] In dieser furchtbaren Ambivalenz ihrer Gefühle glaubte die kleine Käthe zudem, dass sie schuld sei am Tod des kleinen Bruders und damit am Leid der Mutter. In ihrer Phantasie hatte sie durch ein kindliches Opferspiel, einen Venuspakt, den strafenden Zorn Gottes hervorgerufen:

> Für mich war Benjamins Tod noch mit besonderen drückenden Seelenumständen verbunden. Ich hatte von den Eltern sehr früh die Schwab'schen Sagen geschenkt bekommen, und ich glaubte an die griechischen Götter. Ich wußte wohl, es gibt einen christlichen ‚lieben Gott', aber ich liebte ihn nicht, er war mir ganz fremd. Lise und ich waren aus der Kinderstube geschickt; was Lise vorhatte, weiß ich nicht, ich saß auf dem Boden, hatte mir mit Klötzchen einen Tempel gebaut und war dabei, der Venus zu opfern. Da ging die Tür auf und der Vater und die Mutter kamen herein. Der Vater hatte mit dem Arm die Mutter umfaßt, sie kamen zu uns, und der Vater sagte, daß unser kleiner Bruder gestorben sei. (Wahrscheinlich sagte er, daß Gott ihn zu sich genommen hätte.) Sofort wußte ich: Dass ist die Strafe für meine Ungläubigkeit, jetzt rächt sich Gott dafür, daß ich der Venus opfere. So wie ich zu den Eltern stand, sagte ich kein Wort, aber welch ein Druck war auf meiner Seele, daß ich an des Bruders Tod schuldig sei.[11]

Die Tochter des Predigers

Ein eifersüchtiger, rächender Gott ließ in der Erinnerung der alternden Käthe Kollwitz den kleinen Venuskult zum mörderischen Geschehen werden – den Bruder zum Opfer des eigenmächtigen Gottesdienstes des kleinen Mädchens für die griechische Liebesgöttin. Wie kam diese Verknüpfung zustande? Hatte ein eifersüchtiges kleines Mädchen gar Venus gegen das Wesen aufrufen wollen, das ihm den Platz am Herzen der Mutter streitig machte? Spiel und Geheimnis konnten von nun an mit einem verbotenen, heidnischen Opfer verknüpft werden und verwandelten sich in Schuld und Tod. Im Text von Kollwitz

9 Kollwitz, Erinnerungen, wie Anm. 3, 722.
10 Vgl. Kollwitz, Erinnerungen, wie Anm. 3, 722.
11 Kollwitz, Erinnerungen, wie Anm. 3, 722.

wird unmittelbar deutlich, wer der Stellvertreter dieses zürnenden Gottes auf Erden war. Er war ganz nahe, denn das göttliche Strafgericht fand auf der Familienbühne statt.

> Da ging diese Tür auf und der Großvater Rupp trat heraus. Das ist das erste Besinnen, das ich bewußt an ihn habe. Er war drin bei Bennochen gewesen. Als er herauskam, stieß er auf Konrad und er sagte einige ernste Worte zu ihm, meiner Erinnerung nach solche wie ‚Siehst du nun, wie vergänglich alles ist?' oder ähnlich. Die Worte waren ernste Predigerworte, ... mir kamen sie grausam und lieblos vor.[12]

Großvater Julius Rupp – der Morallehrer und Begründer der freien protestantischen Gemeinde in Königsberg – erscheint in den Erinnerungen als eine Ehrfurcht und zuweilen Angst einflößende Gestalt. Er sollte sich später als mächtiges Über-Ich der Enkelin erweisen, idealisiert und maßgebend. Als zunächst statt des Großvaters der Vater den Religionsunterricht der Kinder übernahm, war die kleine Käthe erleichtert – jedoch klingt in diesen Erinnerungen schon das offenbar spätere Bedauern an, vielleicht nicht reif genug gewesen zu sein für die hohen Ansprüche. Der schlichte, nicht charismatische Vater habe sich mehr dem Durchschnitt der Kinder angepasst und eine schlichte Ethik gelehrt.[13] In der Mutter jedoch blieb der Großvater präsent: Kollwitz erkennt später in ihr die Tochter dieses Patriarchen „in Gestalt, geistiger Haltung, Temperamentsveranlagung dem Großvater ähnlich".[14] Die Scheu vor diesen Gestalten der Kindheit, vor Großvater und Mutter, wird im Erinnerungstext gepaart mit Gefühlen von Einsamkeit und Sprachlosigkeit.

> Dann lag der kleine Benjamin in der Vorderstube aufgebahrt und sah so weiß und schön aus, ich dachte mir: Nur die Augen aufmachen, dann lebt er vielleicht doch. Aber ich traute mich nicht, die Mutter aufzufordern, daß sie die Augen des Kindes aufmachen möge und daß dann alles gut sei. Ob ich gewagt habe, die kleine Leiche anzufassen, weiß ich nicht.[15]

Die Mutter sah und hörte nicht. Der Zirkel zwischen Todeswünschen und -ängsten und Schuldgefühlen schließt sich hier – denn niemand konnte ihn durchbrechen. Die Mutter blieb dem Tod, somit dem Opfer, der Schuld zugewandt – sie, die in der kindlichen Phantasie Macht über Leben und Tod hatte, mit magischer Kraft ausgestattet war, öffnete nicht die geschlossenen Augen des toten Bruders, erlöste die Tochter nicht aus ihren Schuldgefühlen. Sie schwieg schließlich auch wie eine Sphinx, als die pubertierende Käthe mit ihren Ängsten zu ihr kommen wollte. „Bei dem moralischen Grundton unserer Erziehung konnte es nicht anders sein, als daß ich meine Zustände als Schuld empfand. Ich hatte das Bedürfnis, mich der Mutter anzuvertrauen, zu beichten ... Aber sie schweigt, und so schwieg ich auch."[16]

---

12 Kollwitz, Erinnerungen, wie Anm. 3, 722.
13 Vgl. Kollwitz, Erinnerungen, wie Anm. 3, 732.
14 Kollwitz, Erinnerungen, wie Anm. 3, 732.
15 Kollwitz, Erinnerungen, wie Anm. 3, 722.
16 Kollwitz, Erinnerungen, wie Anm. 3, 725.

Die Gestalt des toten und vielleicht doch lebendigen Kindes barg im Text von Kollwitz das Geheimnis der Liebe der Mutter, die für das lebende Kind verschlossen schien. Die Mutter bleibt verschattet in den Erinnerungen – die profane Seite ihrer Alltage, ihre Überforderung angesichts der mit einem Übermaß an Anforderungen ausgestatteten Rolle der bürgerlichen Mutter und der permanenten Schuld- und Versagensgefühle angesichts der wiederkehrenden Kindestode kann nicht sichtbar werden. Da diese Katastrophen nicht betrauert, nur erlitten werden konnten, weil rigide Verhaltenskodices dem Schmerz die Ausdrucksformen, vor allem aber jegliche körperlichen, beschnitten, blieben Frauen zurück, die in der kindlichen Wahrnehmung eher mit den toten Kindern als mit den lebenden verbündet schienen.[17]

Töchter der Mütter

Die Körper der Mütter waren fragil, durchscheinend, anfällig – aber ihre Seelen suchten nach Höherem. Marianne Webers Großmutter „strebte nach Vollkommenheit, maß sich an hohen Maßstäben", sie war fromm und mit ungebrochener Selbstverständlichkeit im Christentum verankert, in das auch die Kinderseelen eingepflanzt wurden.

> Das laß unser gemeinsames Ringen sein, frei zu werden von den Fehlern, die uns täglich hindern am Fortschreiten, und laß es uns ja genau nehmen mit unserer Selbstprüfung, ... daß wir in strenger Selbstprüfung über unsere Gedanken und Taten wachen, und wenn wir uns auf unrechten Wegen ertappten, im Gebet um Reinigung und Vergebung rangen[18],

schrieb sie an ihre 14-jährige Tochter Anna. Helene Weber, Max Webers kalvinistische Mutter und ihre Schwester Ida Baumgarten, deren strenge Mutter wiederum dem hugenottischen Patrizierhaus in Frankfurt entstammte, hatten sich die Doktrin von William Ellery Channing zu Eigen gemacht. Die Nichte und Schwiegertochter Marianne Weber fasste diese so zusammen:

> Wir ergreifen Gott nicht in ekstatischer Gefühlsschwelgerei, sondern in der Erfüllung klarer und einfacher Pflichten: ‚Das Opfer einer Begierde an Gottes Willen ist wichtiger als alle Ent-

17 Vgl. dazu auch Helene Webers Umgang mit dem Tod der Kinder in: Weber, Max Weber, wie Anm. 7, 39: „Sie hatte schon in den ersten Ehejahren ein Kindchen verloren, die kleine Anna ... Die Stunden am Bett des ergeben sterbenden Lieblings (dem vierjährigen ‚Helenchen') gruben sich dem Gemüt der Mutter für immer ein. Sie rebellierte nicht, dazu war sie zu fromm; sie fügte sich ... Sie litt tief und sehnsüchtig, ja sie sehnte sich dem Kinde nach in die ewige Ruhe." Zum Zusammenspiel der Ideologien der „natürlichen Opferbereitschaft der Frau" und einer in den Mystizismus reichenden „mütterlichen Pathologie" angesichts der überwältigenden statistischen Wahrscheinlichkeit des Todes vgl. Michela De Giorgio, Das katholische Modell, in: Genevieve Fraisse u. Michelle Perrot Hg., Geschichte der Frauen, 4, Frankfurt a. M. 1994, 215f. Vgl. auch die Parallelen in der Familiengeschichte von Käthe Kollwitz und der französischen Mystikerin Thérèse de Lisieux in: Anne Juranville, Melancholie und Mystizismus. Madeleine, Janets „Fall" (1863–1918) und Thérèse de Lisieux (1873–1897), in: Fragmente, Schriftenreihe für Kultur-, Medien- und Psychoanalyse, 44/45 (1994), 115–146.

18 Weber, Lebenserinnerungen, wie Anm. 4, 10f.

zückungen.' Höchstes Gut ist die sittliche Energie eines heiligen Entschlusses, die geistige Freiheit. Ihr Wesen ist: Herr sein über die Sinne, Herr sein über die Materie, Herr sein über das Schicksal, über alle Furcht, über die Gewohnheit, unabhängig von jeder Autorität.[19]

Folgen wir Marianne Webers Erinnerungen, dann waren protestantische Tugenden, Opfer und Verzicht und Unterdrückung der Sinnlichkeit, Anerkennung der elterlichen Überlegenheit und der Rückzug in religiöse Innerlichkeit die Leitmotive in den Leben dieser Frauen und Mütter. In protestantisch-kalvinistischer Geschlechtsmoral verankert, wurden frühe Verliebtheiten und Leidenschaften von ihnen bekämpft und sie verfielen keiner verbotenen Liebe. „Was ist Leidenschaft?", fragt sich Anna Weber in einem Brief an ihre Schwester: „Etwas Allgewaltiges, Großes; sie entsteht in einem furchtbaren und wundervollen Augenblick, wie eine Pflanze des heißen Südens, die mit einem Mal ihren roten Kelch auftut, all ihren Duft ausatmet, aber nur für eine Nacht." Sie dankt Gott, dass sie der Gefahr entronnen sei; wie in einem Rausche sei sie gewesen. „Ich hatte mich betören lassen. Nun bin ich erwacht. Ich habe eine Zeit voller Schatten durchgemacht. Papa sagt, ich sei um Jahre reifer geworden." [20]

Der „dämonische" Bewerber wird abgewiesen, das Opfer vor dem Altar der Venus war erneut obsolet. Da die Liebessehnsüchte keine Objekte haben durften, wandelten sich die starken Gefühle oft schon in der Pubertät in Sehnsüchte nach Schmerz und Verhängnis, wie viele Briefe bürgerlicher deutscher Frauen im 19. Jahrhundert zeigen. Sinnlichkeit blieb ans Opfer, letztlich an den Tod gebunden. Schon die vierzehnjährige Anna verwob Bilder von Melancholie und Todessehnsucht, wenn sie in einem Gedicht an ihre Schwester schrieb:

der herbstliche Garten ist das menschliche Herz, und der gelbe Baum ist die allgewaltige Liebe, die Körper und Geist bis in die kleinste Faser durchdringt, eine beseligende, berauschende, aber auch niederschmetternde Gewalt, die unsäglich traurig machen kann. … ‚Heute nur, heut bin ich so schön – morgen, ach morgen muß ich vergehn. Nur diese Stunde bist du noch mein, sterben, ach sterben muß ich allein.'[21]

In ihrer sentimentalisch aufgeladenen Verlassenheit und ihren Bedürfnissen nach Identifikation idealisierten die Töchter den Verzicht und die Opfer der Mütter, die Lebenserinnerungen von Marianne Weber und Käthe Kollwitz zeigen dies exemplarisch. Und „man nahm sich in Zucht und vertiefte die eine, das Leben tragende Beziehung".[22] Marianne schrieb über ihre Schwiegermutter Helene, die Mutter Max Webers:

19 Weber, Max Weber, wie Anm. 7, 93; vgl. dazu auch Arthur Mitzman, The Iron Cage. An Historical Interpretation of Max Weber, New Brunswick 1985, 28ff. Zu den religiösen Konstellationen in der Familie Max Webers vgl. auch: Guenther Roth, Max Webers deutsch-englische Familiengeschichte 1800–1950, Tübingen 2001, Kap. VIII, 257ff.

20 Zit. nach Weber, Lebenserinnerungen, wie Anm. 4, 21f.

21 Weber, Lebenserinnerungen, wie Anm. 4, 14f.

22 Weber, Lebenserinnerungen, wie Anm. 4, 21.

> Sei es, daß ihre Natur, wie die ihrer Mutter, unsinnlich veranlagt war, sei es, daß ihr religiöses Gefühl sich dagegen aufbäumte, ... genug, die körperliche Seite der ehelichen Gemeinschaft war ihr keine Quelle der Freude, sondern ein schweres Opfer, und zugleich eine *Sünde*, gerechtfertigt nur durch die Zeugung der Kinder. Deshalb ersehnt sie mitten im Jugendglück öfter das Alter als die Zeit der Befreiung von diesem ‚Dienst'.[23]

Als Marianne Weber den berühmten Heiratsbrief des großen Sohnes dieser Mutter, ihres Cousins Max Weber, erhielt, ging „die Empfindung der Braut hoch":

> Aber ich glaube, ich weiß, wie Du entscheidest. Hoch geht die Sturmflut der Leidenschaften, und es ist dunkel um uns, – komm mit mir, mein hochherziger Kamerad, aus dem stillen Hafen der Resignation, hinaus auf die hohe See, wo im Ringen der Seelen die Menschen wachsen und das Vergängliche von ihnen fällt. Aber bedenke: im Kopf und Busen des Seemanns muß es klar sein, wenn es unter ihm brandet. Keine Hingabe an unklare und mystische Seelenstimmungen dürfen wir in uns dulden. Denn wenn die Empfindung Dir hoch geht, mußt Du sie bändigen, um mit nüchternem Sinn Dich steuern zu können ... . Und nun noch einmal: komm mit mir, ich weiß Du kommst.[24]

In ihrer autobiographischen Antwort auf diesen Liebesbrief stellt Marianne Weber sich in die Tradition der Frauen ihrer Familie: „Als das Mädchen diesen Brief las, erschütterte sie das Unnennbare, Ewige. Sie begehrte nichts weiter. Ihr Dasein sollte hinfort ein Dankopfer sein für das „Geschenk dieser Stunde".[25] Das „Dankopfer" ließ die Ehe zur mystischen Kommunion werden, wenn die Cousine-Schwester den genialen, christusgleichen Bruder (oder sein Äquivalent) heiratete.

Mütter und Söhne

Was blieb, war die Sehnsucht nach dem „Unnennbaren". Wo war es zu finden in den Leben, die dennoch und umso mehr mit dem ‚Profanen' zu kämpfen hatten, wo das Alltägliche weiblicher Arbeit seit hundert Jahren in den Schatten verbannt war, wo Kinder krank wurden und starben und eheliche Unterwerfung nach höherer Sinnstiftung verlangte?

Im Bild der Mutter von Käthe Kollwitz, aber auch von Helene und von Catharina Goethe hundert Jahre zuvor[26], erlangte das Kind elementare Bedeutung. Das Kind füllte die Mutter, es wurde zum Gefäß der überwältigenden Vollkommenheitsphantasien, die das Leben der Mütter mit Sinn und Fülle ausstatten sollten. Das ödipale Dreieck war die gran-

23 Weber, Max Weber, wie Anm. 7, 32, 20. Vgl. auch Adelheid Mommsen über ihre Mutter, die Frau des Historikers Theodor Mommsen: Adelheid Mommsen, Theodor Mommsen im Kreise der Seinen. Erinnerungen seiner Tochter, Berlin 1937.

24 Weber, Max Weber, wie Anm. 7, 190.

25 Weber, Max Weber, wie Anm. 7, 190.

26 Vgl. dazu Ulrike Prokop, Die Illusion vom Großen Paar, Weibliche Lebensentwürfe im deutschen Bildungsbürgertum 1750–1770, 1, Frankfurt a. M. 1991, 200ff.

diose Antwort des Zeitgenossen Sigmund Freud, zentral darin die Beziehung zwischen Mutter und Sohn, die „vollkommenste, am ehesten ambivalenzfreie aller menschlichen Beziehungen", und wo die Ehe nicht eher versichert sei, „als bis es der Frau gelungen ist, ihren Mann auch zu ihrem Kind zu machen und die Mutter gegen ihn zu agieren".[27] Wieder blieb die Schwester außen vor; aber sie sollte und würde Mutter eines Sohnes sein.

Wo wiederholen sich die biographischen Strukturen, ihre Zwänge? Am Anfang des Ersten Weltkrieges zelebrierte Marianne Weber die Mystik des Opfers der Söhne und Brüder:

> Sie stehen still beieinander und gehen still von dannen. Dennoch ist es eine Stunde höchster Feierlichkeit – die Stunde der *Entselbstung,* der gemeinsamen Entrückung in das Ganze. Heiße Liebe zur Gemeinschaft zerbricht die Schranken des Ichs. Sie werden eines Blutes, eines Leibes mit den anderen, zur Bruderschaft vereint, bereit, ihr Ich dienend zu vernichten. ... Die Abendsonne glüht als Feuerbrand in den Fenstern der am Berghang gelagerten Häuser, der hohe Himmel verleiht dem Fluß sein zartes Blau. Die Erde ruht selig in ihrer Schönheit. Aber bald wird sie das Blut von Tausenden trinken. Die Augensterne der Jugend, die sich an ihr entzücken, noch unkundig ihres vollen Reichtums, wird sie in Dunkel hüllen, ... Der Mensch steht nun schaudernd am Rande des Wirklichen.[28]

Wie Marianne Weber, feierten viele der unverheirateten Frauen aus ihrer Schicht, die als freiwillige Frontschwestern auszogen, den Ersten Weltkrieg als Erlösung zu Bedeutung und Schönheit in der Nähe der Auserwählten, als Schwestern und geistige und pflegende Mütter einer ganzen Generation von Helden, von Opfern für das Vaterland.

> Unsere Männer, Söhne und Brüder eilen zu den Fahnen, freudig bereit, mit Gott für König und Vaterland Blut und Leben einzusetzen. Von Deutschlands Frauen und Mädchen erwartet das Vaterland die gleiche Hingabe und die gleiche Opferfreudigkeit wie von seinen Söhnen.[29]

Auch Käthe Kollwitz war dabei, als in Berlin die Freiwilligen auszogen. Sie zelebriert diesen Auszug als Opferkult. „Die Jungen sind in ihren Herzen ungeteilt. Sie geben sich mit Jauchzen. Sie geben sich wie eine reine schlackenlose Flamme, die steil zum Himmel steigt, ... wunderschön."[30] Ihr eigener Sohn Peter war darunter, er erscheint als der Auserwählte. Vor zehn Jahren hatte sie ihn porträtiert – als totes Kind im Arm seiner Mutter, leuchtend weiß und schön im Arm der Pieta. Ihre Kreativität als Künstlerin hatte ihr erlaubt, sich dem Geheimnis des toten Sohnes zu nähern, ihres eigenen Sohnes, des Sohnes der Mutter, die nun sie selbst war. So hatte sie die Passivität ihrer eigenen Mutter

---

27 Sigmund Freud, Gesammelte Werke, XV, Frankfurt a. M. 1952, 143.

28 Weber, Max Weber, wie Anm. 7, 526.

29 Zit. nach Henrik Stahr, Liebesgaben für den Ernstfall. Das Rote Kreuz in Deutschland zu Beginn des Ersten Weltkrieges, in: Berliner Geschichtswerkstatt Hg., August 1914: Ein Volk zieht in den Krieg, Berlin 1989, 83.

30 Kollwitz, Erinnerungen, wie Anm. 3, 177f.

überschritten, gestaltend, kreativ. Sie war berühmt, ihr Peter ein begabter Maler, er würde ihren Spuren folgen, wie der begabte Frankfurter Sohn Johann Wolfgang von Goethe der Erzählkraft seiner Mutter. Sie vergleicht sich mit diesem einzigartigen Paar im Tagebuch, zitiert den anderen berühmten Sohn, um den Platz des eigenen zu bezeichnen: „Saatkorn". Der Sohn Peter fiel gleich am Anfang des Krieges. Aber Käthe Kollwitz wollte in ihrem Schmerz nicht die Wartende bleiben, nicht Schatten, sie wollte den göttergleichen toten Sohn gestalten.

> Das Denkmal soll Peters Gestalt haben, ausgestreckt liegend, den Vater zu Häupten, die Mutter zu Füßen, es soll dem Opfertod der jungen Kriegsfreiwilligen gelten. Es ist ein wundervolles Ziel, und kein Mensch hat ein solches Anrecht darauf dieses Denkmal zu machen wie ich ... Den Tod von Euch ganzen jungen Kriegsfreiwilligen will ich in *Deiner* Gestalt verkörpert sehen ...[31]

In Käthe Kollwitz' ersten Entwürfen des Gefallenendenkmals, das später in Roggenvelde auf dem Soldatenfriedhof in Belgien stehen würde, wird der Sohn als Heldenopfer auf dem Altar des Vaterlandes dargebracht. Und symbolisch besetzt sie den Platz der Mutter aller Kriegsfreiwilligen, denn „den Tod von Euch ganzen jungen Kriegsfreiwilligen will ich in *Deiner* Gestalt verkörpert sehen".[32]

Der Tod des Sohnes ist die Vorbedingung des Triumphes der Mutter als Künstlerin, dass sie ihn noch einmal neu erschaffen kann – wie Goethe seinen Prometheus. Nicht aus ihrem Leib, sondern aus ihrer kreativen Liebe, mit ihren Händen, die Stein gestalten, meißeln, formen. In ihrem Tagebuch und im Totenkult, den sie für ihren Sohn Peter zelebriert, wird er christusgleich, seinen Auszug in den Krieg und in seinen Tod begreift sie als Kreuzweg. Sie vertieft sich in seine Passion, bis sie in einer mystischen Vision die Verschmelzung mit dem toten Sohn imaginiert.

> ... daß wenn auch ich tot sein werde, wir vielleicht in neuer Form uns finden, wiederfinden. Daß wir zusammenströmen. Sei nicht Du für Dich und ich für mich. Laß mich Dir dienstbar sein. Vervollkommne Deine Form durch meine. Daß Dein kurzes Erdenleben einmal – vielleicht ganz woanders – in anderer Form – zur Vollendung kommt. Ich will mit dabei sein. Stoff von Deinem Stoff oder Geist von Deinem Geist. Ich will mit Dir zusammenfließen, wie ein Fluß in einen anderen fließt und dann *zusammen* weiter, vereinigt, stärker, tiefer, strömender. Liebster Liebster – mit Dir zusammen.[33]

Das Nachlassen ihres ekstatischen Schmerzes, tiefste Depression, Arbeitsunfähigkeit und schließlich tiefe Zweifel am Sinn des Krieges und am Opfertod des Sohnes setzten ihrem Vorhaben eines Heldendenkmals nach jahrelanger Mühe 1918 zunächst ein Ende.

Käthe Kollwitz blieb nicht wie ihre Mutter die Frau, die am Fenster stand, und als sie schließlich das Denkmal der trauernden Eltern für Roggenvelde schuf, hatte sie die Vision

---

31 Kollwitz, Erinnerungen, wie Anm. 3, 177f.

32 Kollwitz, Erinnerungen, wie Anm. 3, 177f.

33 Kollwitz, Erinnerungen, wie Anm. 3, 281f.

und Figur des Heldensohnes aufgegeben, aus der Pieta-Mutter war eine gebeugte Frau geworden. In einer langen Phase der Schuldgefühle und der Trauer, die sie in Stein gehauen hatte, hatte sie begriffen, dass ihr Sohn tot war.[34]

Lebensentwürfe

In dieser Phase der Trauer, 1923, hat Käthe Kollwitz die *Erinnerungen* geschrieben, die am Anfang zitiert wurden. In diesem autobiographischen Text sind in dichtester Form alle Elemente enthalten, die die Erfahrungen der Kriegsjahre mit Deutung ausstatten. Sie enthalten die Semantik ihrer eigenen Passion: die Mutter-Madonna-Pieta, den toten Sohn, seine schöne leuchtende Gestalt, das Mysterium des Todes, das Opfer, das pietistische Über-Ich im Großvater und auch die eigenwillige, subversive Art des Venus-Opfers an die Lust, das nur in Ekstase – in einer Ekstase des äußersten Schmerzes – erlebt werden kann.

Die Bildhauerin Käthe Kollwitz sucht die Gestalt des einzigartigen Sohnes in Stein zu meißeln, Marianne Weber schreibt die Biographie ihres im Juni 1920 gestorbenen berühmten Mannes, erschafft ihn noch einmal nach *ihrem* Bilde. Es/Er wird nun ihre einzige, einzigartige Lebensaufgabe, umrahmt von ihren *Lebenserinnerungen*, die wie ein pietistisches Monument anmuten.

> Als das Feuer seinen Leib verzehrt hat, schwindet die Ekstase. Alles um mich wird still und leer ... Ich fühlte mich ... nur noch als seine Dienerin ... Ich will leben für eine hohe Aufgabe, die ich sonst niemandem gönne. Max Webers Schreibtisch ist nun mein Altar, die von ihm geweihte Stätte. Ich arbeite daran, umgeben von seinem Handwerkszeug. Alles was er berührt hat, besitzt Reliquienwert. Die Dinge strömen die von ihnen eingesogenen Kräfte des Geschiedenen aus ... . Der Geschiedene hatte rastlos seinen Samen ausgestreut, aber nur einen kleinen Teil seiner Ernte eingebracht; nirgends ist Platz. ... Als des Geschiedenen Werke gerettet waren, durfte ich eigene Arbeit beginnen: das Lebensbild meines Mannes. Es war mir ein leidenschaftliches Anliegen, ihn in seiner menschlichen Größe und Fülle zur Anschauung zu bringen. Die Keime dafür regten sich schon in mir, als ich sofort nach seinem Tode in seinen Briefen versank. Die geistige Zeugung kam von ihm, aber ich mußte ihn nun aus eigener Kraft zu neuem Dasein gebären. ... – niemand war derart von seinem Wesen erfüllt wie seine Frau ... . Vier Jahre lebte ich darin und dadurch täglich in schmerzvoll-beseeligender Vereinigung mit dem Geschiedenen.[35]

Mit beklemmendem Pathos präsentiert Marianne Weber sich hier in ihren Memoiren als Dienerin am Altar ihres toten Mannes, den sie mit allen Zeichen der Heiligkeit ausstattet. Wie Kollwitz sich in einer erdrückenden Radierung, in welcher sie den toten Sohn in ihren Armen zu verschlingen droht, als Pieta verewigt hatte, überhöht Marianne Weber schließ-

34 Für eine ausführliche Darstellung des Trauerprozesses von Käthe Kollwitz vgl. Regina Schulte, Käthe Kollwitz' Opfer, in: dies., Die verkehrte Welt des Krieges. Studien zu Geschlecht, Religion und Tod, Frankfurt a. M./New York 1998, 117–151.

35 Weber, Lebenserinnerungen, wie Anm. 4, 113f, 115, 125f.

lich auch sich selbst, wenn sie in dieser Weise ihr Recht als Witwe dieses einzigartigen Mannes beschwört. Aber sie besetzt nicht nur diesen Platz an seiner Seite, sie zelebriert auch einen Akt spiritueller Befruchtung, aus welchem der Tote durch ihre Kraft nach einer Vereinigung von vier Jahren wiedergeboren sein wird, Sohn und Mann zugleich. Sie – „von seinem Wesen erfüllt" – hatte ihn inkorporieren und ihn nun als ihr eigenes Geschöpf hervorbringen können. In einem ekstatischen Akt, welcher an einen Geniekult erinnert, feiert sie sich als seine Schöpferin. Die Szene der Priesterin am Altar kann sowohl als Trauer als auch als Initiationserzählung in Marianne Webers eigene poetische Kreativität gelesen werden.[36]

Marianne Weber und Käthe Kollwitz beschwören das eherne Gehäuse ihrer protestantisch-kalvinistischen Familienherkunft und der madonnengleichen Mütter und Frauen, indem sie es in einem schriftstellerischen und künstlerischen Schöpfungsakt beschreiben, seine Strukturen aus Leiden, Opfer, Verzicht, Tod und Mystik sowie der Suche nach der Nähe zum Göttlichen in Mann und Sohn idealisieren und damit gleichzeitig seine Semantik erkennbar und bewusst werden lassen. Beide schaffen aus der Verzweiflung der Leere Monumente – das Denkmal für den Sohn und die Biographie des Mannes.

Bisher bin ich einem chronologischen Zugang gefolgt, habe Kindheit, Jugend, Ehe, Mutterschaft in der Riege mancher Frauen der Kollwitz- und Weberfamilie zum Ordnungsschema gewählt. Ich möchte zum Schluss noch einmal zu zentralen Szenen in den autobiographischen Zeugnissen zurückkommen, zur frühen Kindheitserinnerung von Käthe Kollwitz an den Tod des Bruders und zu jenem Moment, in welchem Marianne Weber den Hochzeitsbrief ihres Mannes erhält. Die Psychoanalyse konstruiert die Vergangenheit durch deren Wahrnehmung im Gegenwärtigen. Der eine dieser Augenblicke in meinem Text wäre irgendwann 1923, im Jahr der Niederschrift der *Erinnerungen* von Kollwitz, der andere Augenblick ist jener, als Marianne Weber das Bild der Frau entwirft, die am Schreibtisch ihres toten Mannes dessen Biographie beginnt.

Als Marianne Weber 1948 ihre *Lebenserinnerungen* veröffentlicht, war die Biographie von Max Weber bereits vor über 20 Jahren geschrieben und 1926 erschienen. Der Heros, an dessen Altar sie, die alte Frau, sich in ihren Erinnerungen platziert, hatte bereits die Gestalt angenommen, die für viele Jahre maßgebend sein sollte. Wer war jedoch dieser Mann, den Marianne Weber in einer intellektuellen Mutterschaft neu geboren hatte? War es jener „Gefährte", dessen Heiratsbrief, den sie in der Biographie als zentrales Dokument zitiert hat, dessen Postulat an den „hochherzigen Kamerad(en)", der seine „Empfindung", wenn sie ihm „hochgeht", „steuern" musste, sie so glühend und gläubig angenommen hatte? In jenem Moment des autobiographischen Schreibens, als sie sich als Priesterin imaginierte, war die traumatische Zeit der Trauer vorüber und die Apotheose geglückt. Sie hatte das Glaubensbekenntnis seines Heiratsbriefes verbindlich gemacht. In den letzten Sätzen der berühmten Biographie war Max Weber „zum Bild des verewigten Ritters" geworden, ruhte er „majestätisch in unzugänglichem Geheimnis".[37]

Aber hatte Max Weber nicht die im Heiratsbrief erhobenen Ideale aufgegeben gehabt? In Marianne Webers Biographie und Erinnerungen ist jener andere Max Weber, der wäh-

36 Vgl. Michel de Certeau, Theoretische Fiktionen. Geschichte und Psychoanalyse, Wien 1997, 131ff.

37 Weber, Max Weber, wie Anm. 7, 712.

rend der letzten Jahre vor seinem Tod noch eine leidenschaftliche und erfüllte Liebesbeziehung mit der langjährigen gemeinsamen Freundin Else Jaffe erlebt hatte, in den Schatten des idealen Gefährtenpaares gebannt.[38] Vielleicht ist das heroische Bild zu mächtig und der Verlust des Ideals zu groß, als dass es aufgegeben werden könnte? Nur unermüdliche Arbeit und Sorge für andere konnte daran reichen.

Else Jaffe hatte provokativ „Erotik" mit „Schönheit" gleichgesetzt.[39] Für Marianne Weber kann manchmal eher der Tod als das Leben eine Schönheit festhalten, in welcher die Sehnsucht vorherrschend bleibt und die idealen Entwürfe noch nicht verstört sind. Als in ihrer Umgebung ein Kind stirbt, schreibt sie: „Das tote Kind bot ein überaus liebliches Bild. Es war so schön im letzten Schlaf."[40]

1923 hatte Käthe Kollwitz nach einer tiefgehenden Phase der Depression und einer Rückkehr in die Profanität des Alltags eines schmählich verlorenen Krieges gelernt, den Tod ihres Sohnes Peter zu akzeptieren, zu gestalten und zu betrauern. Und jetzt taucht plötzlich als eine zentrale Figur in ihren Kindheitserinnerungen der tote kleine Bruder Benjamin auf, eingebettet in die Semantik einer Opferungs- und Schuldgeschichte und eine Serie dichter Szenen. „Da lag der kleine Benjamin in der Vorderstube aufgebahrt und sah so weiß und schön aus" – das ruft bei der Leserin der Tagebücher unmittelbar das Bild ihres Sohnes Peter hervor und die Radierungen zum Thema „Mutter mit totem Kind", die zehn Jahre vor seinem Tod entstanden waren. Warum erinnert sie den Bruder jetzt und warum in diesem Bild, mit dieser ganz spezifischen Familienchronik der Tode und des Opferns – mit dieser Geschichte der Mutter, die hoffnungslos von der Trauer um ihre toten Kinder verschattet und verschlungen wird? Gibt es nicht Spiegelungen, Wiederholungen, die auf Kollwitz' eigenes Leben als Mutter eines toten Kindes verweisen? Kommt noch eine andere Geschichte zum Vorschein? Wäre es möglich, dass das Bild des Sohnes Peter und des kleinen Bruders sich gegenseitig evozieren und dass unter dem von Peter immer schon jenes vom kleinen Benjamin verdeckt gewesen war? Als Kollwitz die Radierungen der Mutter mit totem Kind schuf, wer war da die Mutter, wer das Kind? Aber, etwas ist geschehen. Plötzlich ist wieder Raum für die Schwester, die kleine, die in der großen Käthe spricht, deren Erinnerungstext die dominante Narratio über das sakrale Paar von Mutter und Sohn[41] durchbricht und die der Erzählung von Geschwistertrauer und -schuld Raum schafft. Übrigens war es Kollwitz' zweitgeborener Sohn Hans gewe-

38 Vgl. dazu auch Roth, Familiengeschichte, wie Anm. 19, 598f; Christa Krüger, Max und Marianne Weber. Tag- und Nachtansichten einer Ehe, Zürich 2001, 215ff; zu Marianne Webers Lebensentwürfen vgl. auch Theresa Wobbe, Marianne Weber (1870–1954). Ein anderes Labor der Moderne, in: Claudia Honegger u. Theresa Wobbe, Frauen in der Soziologie, München 1998, 153–176; vgl. auch Ingrid Gilcher-Holtey, Max Weber und die Frauen, in: Christian Gneuss u. Jürgen Kocka Hg., Max Weber. Ein Symposion, München 1988, 142–154, 150.

39 Vgl. Krüger, Max und Marianne Weber, wie Anm. 38, 200.

40 Weber, Lebenserinnerungen, wie Anm. 4, 77.

41 Juliet Mitchell, Mad Men and Medusas. Reclaiming Hysteria and the Effects of Sibling Relations on the Human Condition, London 2000, 21f, hat darauf hingewiesen, dass in frühen psychoanalytischen Schriften der ödipalen Beziehungsstruktur der absolute Vorrang gebührt hatte, dass die inzestuösen Gefühle unter Geschwistern vollständig von dem Vater-Tochter-, Mutter-Sohn-Paar verdrängt und verdeckt worden seien. Spiegelt dies möglicherweise eine familiäre Beziehungsstruktur und -dynamik, in welcher wir auch die historische Erzählung lesen können?

sen, der im Schatten der Mutterliebe gebliebene depressive Bruder des toten Peter, der sie aufgefordert hatte, ihre Kindheitserinnerungen zu schreiben. Vielleicht konnte er sie auf der Ebene der erinnernden Geschwister eher erreichen als auf jener von Mutter und Sohn, denn hier hatten sie eine gemeinsame Erfahrung: den Verlust des Bruders und die Ferne der melancholischen Mutter. So konnte diesen „bisher in den Kulissen versteckten Helden wieder ein zentraler Platz in der Geschichte zugestanden werden".[42] Käthe Kollwitz sollte später aktiv angesichts eines neuen Krieges vehement für das Leben der Enkel kämpfen. Statt durch abwesende Melancholie kommunizierte sie mit den lebenden und toten Söhnen durch gestaltende Trauer.

Es scheint, als sei immer wieder der Tod die Sehnsucht der Lebenden in dieser Generation gewesen, mühselig versuchten sie, ihm ein Stück Leben abzutrotzen. In den kleinen beiläufigeren Äußerungen sind diese Versuche zu finden, wenn es nicht um das Ganze und um Bedeutsamkeit geht, wenn der Alltag der Frauen und Künstlerinnen herrscht: profan und kleinlich und manchmal traurig oder sogar schön. Eine andere Neugier ist vonnöten; sie erschließt der Historikerin vielleicht eine weitere Ebene von Käthe Kollwitz' und Marianne Webers Erinnerungen, und andere Schichten kommen zum Vorschein, mit denen wir diese Frauen in der historischen – auch feministischen – Erinnerung von ihren grandiosen Entwürfen entlasten können.

42 de Certeau, Fiktionen, wie Anm. 36, 95.

Historiographiegeschichte als Diskursanalyse und Analytik der Macht: eine Neubestimmung der Geschichtsschreibung unter den Bedingungen der Geschlechtergeschichte

Angelika Epple

Warum brauchen wir eine Neubestimmung der Gattung „Geschichtsschreibung"? Die Historiographiegeschichte des deutschsprachigen Raumes beschäftigt sich traditionellerweise mit dem überlieferten Kanon unseres Faches.[1] Texte von Frauen tauchen dabei nicht auf. Da Frauen der Zugang zur Universität bis ins 20. Jahrhundert hinein versagt war[2], es also keine Historikerinnen im akademischen Sinne geben konnte, scheint dieses Vorgehen auf den ersten Blick gerechtfertigt. Ist es das auch auf den zweiten Blick?

Meines Erachtens hinkt die in diesem Sinne der Tradition verhaftete Historiographiegeschichte[3] trotz ihres theoretischen Anspruchs der allgemeinen Entwicklung in der Geschichtswissenschaft hinterher. Dies trifft in doppelter Weise zu: Sie begibt sich auf die Suche nach ihren Ursprüngen und erliegt einem ungetrübten Positivismus. Wissen-

1 Die Einschränkung auf die deutschsprachige Historiographie ist wichtig. Zwar ist auch den meisten französischen Historiographiehistorikern der Vorwurf zu machen, sie bezögen sich nur auf die Vorgeschichte ihres Faches, die Gattungsgrenzen sind jedoch in französischen, wie auch in angelsächsisch geprägten Ländern weit weniger strikt. Die deutsche Geschichtswissenschaft hat sich bereits sehr früh und schnell professionalisiert – zumindest in dem Sinne, dass sie eindeutige Berufsgrenzen etablierte, vgl. zu diesem Prozess: Horst Walter Blanke, Historiographiegeschichte als Historik, Stuttgart 1991.

2 Dies trifft nicht für den gesamten deutschsprachigen Raum zu. In der Schweiz waren Frauen bereits Ende des 19. Jahrhunderts zur Universität zugelassen, in Zürich ab 1867, in Bern ab 1870, in Basel ab 1890. Ich danke Elisabeth Frysak sowie den anonymen Gutachterinnen für diesen Hinweis beziehungsweise ihr gründliches Lektorat.

3 Diese Art der Traditionsbindung trifft auf so unterschiedliche Historiographiehistoriker wie Hayden White, Ulrich Muhlack, Horst Walter Blanke, Daniel Fulda, Georg Iggers, Jörn Rüsen u. a. m. zu. Aber auch in der Historiographiegeschichte des 20. Jahrhunderts sehe ich keine Auflösung dieser Bindung an die Historiographie der „Väter" (vgl. zum Beispiel Barbara Stollberg-Rilinger, Väter in der Frauengeschichte? Das Geschlecht als historiographische Kategorie im 18. und 19. Jahrhundert, in: Historische Zeitschrift, 262 (1996), 39–71).

schaftsgeschichte wird ausschließlich als die Vorgeschichte unserer heutigen wissenschaftlichen Standards betrieben.[4]

Sie stützt sich dabei auf einen Kanon, dessen Untersuchung seine eigene Konstruktion immer wieder bestätigt. Geschichtsschreibung muss hier gar nicht erst definiert werden, sondern wird in den überlieferten Werken *gefunden*. Tatsächlich bedeutet eine solche Auffassung jedoch die Fokussierung auf eine Vorgeschichte, die dem eng eingegrenzten Kanon eine innere Notwendigkeit zu unterlegen versucht, die es möglicherweise gar nicht gibt.

Die eingangs gestellte Frage lässt sich nun mehrfach beantworten: Wir brauchen eine neue Definition von Historiographie, um Texte von Frauen in den Blick zu bekommen. Diese Antwort ist zutreffend, sie greift jedoch zu kurz. Wir brauchen eine Neubestimmung auch, um dem grundsätzlichen Anliegen der Geschlechtergeschichte gerecht zu werden. Zwar geht es (noch immer) darum, den Anteil von Frauen an unserem kulturellen Gedächtnis in unser Bewusstsein zurückzuschreiben. Natalie Zemon Davis, Bonnie Smith un andere haben erste Schritte unternommen, um Frauen speziell als Geschichtsschreibende[5] in Erinnerung zu rufen. Von Natalie Zemon Davis haben wir gelernt, dass es im Mittelalter und bis weit in die Neuzeit hinein durchaus üblich war, dass Frauen – sei es in Familienchroniken, sei es als Klosterchronistinnen – Vergangenheitsdeutungen verfassten.

Warum muss es der Geschlechtergeschichte jedoch um mehr gehen, als vergessene Historikerinnen wieder aufzufinden und ihre Schriften dem überlieferten Kanon hinzuzu-

4 Es gibt einige wichtige Arbeiten, die sich nicht in die traditionelle Historiographiegeschichte fügen und den Anstoß für meine eigenen Untersuchungen gaben. Hier werden Historikerinnen in das kulturelle Gedächtnis zurückgeschrieben. Der deutschsprachige Raum bleibt dabei aber auffallend unberücksichtigt. Natalie Zemon Davis verfasste bereits 1980 einen Aufsatz über geschichtsschreibende Frauen, vgl. dies., Gender and Genre: Women As Historical Writers, 1400–1820, in: Patricia H. Labalme Hg., Beyond their Sex. Learned Women of the European Past, New York/London, 153–182. Ihre Ausführungen zu den von britischen, amerikanischen und französischen Frauen verfassten „particular histories" (ebd. 174) und ihre Überlegungen, welche Bedingungen HistorikerInnen vorfinden müssen, um überhaupt Geschichte schreiben zu können, haben nichts an Aktualität verloren. Deutschsprachigen Frauen wendet sich Bonnie Smith zumindest teilweise zu. Sie untersucht jedoch vor allem die Mechanismen des Ausschlusses aus der historischen Praxis durch die homozentrierten Zirkel in den historischen Seminaren von Ranke u. a., vgl. Bonnie Smith, The Gender of History: Men, Women, and Historical Praxis, Cambridge 1998 oder bereits früher: dies., Gender and the Practices of Scientific History: The Seminar and Archival Research in the Nineteenth Century, in: American Historical Review, 100 (1995), 1150–1176. Die von ihr untersuchten Texte von Frauen entsprechen nicht den von mir im vorliegenden Aufsatz entwickelten Kriterien von Geschichtsschreibung.

5 Ich verwende den Begriff hier in einer engen Bedeutung. Es gibt in der Zwischenzeit einige Arbeiten, die sich mit geschichtsschreibenden Frauen beschäftigen. So widmet zum Beispiel Ulrike Weckel in ihrer Studie, Zwischen Häuslichkeit und Öffentlichkeit. Die ersten deutschen Frauenzeitschriften im späten 18. Jahrhundert und ihr Publikum, Tübingen 1998, weiblicher Geschichtsschreibung ein Kapitel. Meines Erachtens kommt sie in diesem Nebenzweig ihrer interessanten Arbeit zu falschen Schlüssen, wenn sie annimmt, die Grenzen zwischen Geschichtsschreibung und Literatur seien für diese Frauen und in dieser Zeit unwesentlich gewesen. Allein Natalie Zemon Davis bemüht sich darum, den eigenständigen Beitrag der nicht kanonisierten Geschichtsschreibung zu fassen. An diese vor über zwanzig Jahren angestrengten Überlegungen anzuknüpfen, ist es an der Zeit.

fügen? Geschlechtergeschichte hat – so verstehe ich ihr Anliegen – den Anspruch, die Vergangenheit in *systematischer* Hinsicht neu zu erzählen. Bezogen auf die Historiographiegeschichte heißt eine „geschlechtergeschichtliche Perspektivierung"[6], dass wir den Zusammenhang von Vergangenheitsdeutung – sei sie von Männern oder von Frauen verfasst – und Geschlechterkonstruktion erkennen. So lässt sich begründen, warum Geschlechtergeschichte eine qualitative Herausforderung der Geschichtswissenschaft darstellt: Sie fügt der allgemeinen Geschichtsschreibung keine neue Stimme hinzu, sondern die allgemeine Geschichtsschreibung wird grundsätzlich anders konstruiert. Eine in diesem Sinne qualitativ veränderte Historiographiegeschichte lässt nicht nur weibliche Geschichtsschreibende in den Blick geraten, sondern auch der von männlicher Hand verfasste Kanon erscheint in neuem Licht.

Um zu diesen neuen Narrativen zu gelangen, ist es notwendig, einige theoretische Überlegungen anzustrengen. Mein Vorgehen ist dabei Folgendes: Mit der Ablehnung einer klassischen Wissenschaftsgeschichte beziehungsweise der Suche nach zwingenden Gesetzmäßigkeiten im Entstehen modernen Wissens beziehe ich mich auf eine an Michel Foucault orientierte Diskursanalyse. Die Orientierung an Foucault hat allerdings Grenzen. Wie ich zeigen möchte, unterliegt ausgerechnet Foucault einem ähnlichen Fehler wie die klassische Wissenschaftsgeschichte. Auch er bezieht sich nur auf einen kanonisierten Wissenschaftsdiskurs und kann entscheidende Diskontinuitäten nicht erkennen. Mein Anliegen aus der Diskursanalyse abzuleiten, ist der erste Schritt in meiner Argumentation. Dass Foucault keine Texte von Frauen untersucht, führt zu einer Reformulierung des diskursanalytischen Programms unter den Bedingungen der Geschlechtergeschichte[7] (I). Neben die Überzeugung der Historizität aller Ordnungen tritt in einem zweiten Schritt eine erzähltheoretische Argumentation: Zeit wird stets narrativ gedeutet. Hier geht es mir zunächst um eine Reflexion auf die Gemeinsamkeiten literarischen und historischen Erzählens, die mit der Erzähltheorie von Paul Ricoeur[8] ausbuchstabiert werden. Diese Überlegungen führen zu dem Versuch, Kriterien einer möglichen Gattungsbestimmung zu benennen. Dies nenne ich den „historiographischen Pakt" (II). Die theoretischen Ausführungen möchte ich mit einem Einblick in die Konsequenzen der Neubestimmung von Geschichtsschreibung abrunden: Die Historiographiegeschichte führt zu einer Analytik der Macht (III).

6 „Für eine geschlechtergeschichtliche Perspektivierung der Historiographiegeschichte" lautete 1993 der Titel eines programmatischen Aufsatzes von Herta Nagl-Docekal. Ihre gut begründeten Forderungen sind bisher weitestgehend unerfüllt geblieben, vgl. dies., in: Wolfgang Küttler u.a. Hg., Geschichtsdiskurs in 5 Bänden, Grundlagen und Methoden der Historiographiegeschichte, 1, 1993, 233–256.

7 Auf anderem Weg kommt Philipp Sarasin zu einer ähnlichen Kritik an Foucault, leitet daraus aber kein eigenständiges Projekt ab, sondern betont, dass hier die Sprache der Herrschenden untersucht würde, ders., Foucault, Burckhardt, Nietzsche – und die Hygieniker, in: Jürgen Martschukat Hg., Geschichte schreiben mit Foucault, Frankfurt a. M./New York 2003, 195–218, 218.

8 Vgl. die drei Bände von Paul Ricoeur, Zeit und Erzählung: Zeit und historische Erzählung, 1, München 1988; Zeit und literarische Erzählung, 2, München 1989; Die erzählte Zeit, 3, München 1991.

I. Historiographiegeschichte als Diskursanalyse unter den Bedingungen der Geschlechtergeschichte

Mit *Die Ordnung der Dinge*[9] tritt Michel Foucault 1966 an, die Wissenschaftsgeschichte, wie sie bis dato betrieben wurde, durch eine *Archäologie des Wissens*[10] zu ersetzen. An die Stelle einer Fortschrittsgeschichte, die das spätere Denken als Zugewinn an Erkenntnis gegenüber dem früheren Denken begreift, rückt er eine Suche nach den Entstehensbedingungen. Das Programm liest sich als eine Verschiebung von den Inhalten zur Form, als eine Verschiebung von den Ursachen zu den Umständen. Foucault gibt ein einfaches Beispiel: Anstatt zu analysieren, was Linné warum, wann gesagt habe, fragt er: „[W]elche Bedingungen hatte Linné ... zu erfüllen, um seinen Diskurs nicht nur kohärent und im allgemeinen wahr zu machen, sondern ihm zu der Zeit, in der er geschrieben und aufgenommen wurde, Wert und praktische Anwendung als wissenschaftlichem ... Diskurs zu geben?“[11] Im Zentrum einer solchen Archäologie des Wissens steht eine Historisierung dessen, was den Diskurs zu einer bestimmten Zeit zu dem macht, was er ist. Es geht nicht um die inhaltliche Weiterentwicklung wissenschaftlicher Erkenntnisse, sondern es geht um die Bedingungen der Möglichkeit von wissenschaftlicher Erkenntnis *zu einer bestimmten Zeit*. Er untersucht die *Regeln* der Konstitution bestimmter Objektbereiche: „Was wir an den Tag bringen wollen, ist das epistemologische Feld, die *episteme*, in der die Erkenntnisse, außerhalb jedes auf ihren rationalen Wert oder ihre objektiven Formen bezogenen Kriteriums betrachtet, ihre Positivität eingraben und so eine Geschichte manifestieren, die nicht die ihrer wachsenden Perfektion, sondern eher die der Bedingungen ist, durch die sie möglich werden.“[12]

Dass sich ein solches Anliegen von einem traditionellen Subjektbegriff entfernen muss, liegt auf der Hand. Denn nicht das Subjekt ist Herr über Denken und Fühlen. Vielmehr sind im kulturellen Vorgegebensein der Sprache, der Interaktionsregeln, der Wahrnehmungsschemata etc. die „empirischen Ordnungen, mit denen er [der Mensch, A.E.] es zu tun haben und in denen er sich wieder finden wird“[13], bereits fixiert.

Die *Ordnung der Dinge* hat, wie das Gesamtwerk Foucaults, viel Kritik provoziert. Ich möchte mich an dieser Stelle darauf konzentrieren, was Foucaults Überlegungen in unserem Zusammenhang an Nutzen bringen. Wenn die Geschichte der Geschichtsschreibung nicht als Zugewinn an Erkenntnis betrachtet, wenn sie nicht beschrieben würde als Vorgeschichte und Anbahnung des heutigen wissenschaftlichen Denkens, wenn stattdessen untersucht würde, was Geschichtsschreibung zu dem macht, was sie ist, welchen Kriterien sie dabei unterworfen ist und wie sie funktioniert, dann würde sich die Teildisziplin unseres Faches grundlegend verändern. Von ihrem peripheren Dasein in

9 Michel Foucault, Die Ordnung der Dinge. Eine Archäologie der Humanwissenschaften, Frankfurt a. M. 1974 (franz. 1966).

10 Mit dem kurz darauf entstandenen Werk Archäologie des Wissens lieferte Foucault die Theorie der Ordnung der Dinge nach.

11 Foucault, Ordnung, wie Anm. 9, 15.

12 Foucault, Ordnung, wie Anm. 9, 24f.

13 Foucault, Ordnung, wie Anm. 9, 22.

der Geschichtswissenschaft rückte sie ins Zentrum einer Kulturwissenschaft. Viele der immer wieder diskutierten Probleme der Geschichtstheorie bekämen eine neue, nämlich eine *historische* Dimension. So zum Beispiel die Frage danach, was zu einer bestimmten Zeit in einer bestimmten Gesellschaft als *factum* ausgewiesen wird und wie sich aus dessen Verwendung Geschichten generieren. Aus der Diskursanalyse lässt sich das Programm einer Archäologie der Geschichtsschreibung ableiten, die davon ausgeht, dass die Geltungskriterien, die eine Erzählung zur Geschichtsschreibung machen, historisch zu betrachten sind.

Bevor ich mich der Frage zuwende, ob eine solche Archäologie der Geschichtsschreibung den Bedingungen der Geschlechtergeschichte gerecht wird, muss noch ein Aspekt der Diskursanalyse beleuchtet werden. Was die Diskursanalyse gerade in geschlechtergeschichtlichen Diskussionen so attraktiv macht, ist ihr Angebot, einen eleganten Ausweg aus wissenschaftstheoretischen Glaubenskriegen zu bieten. Können wir mit ihr die widrigen Diskussionen über den Gegensatz von Essentialisten und Konstruktivisten endlich zu einem Ende bringen? Die Antworten der Diskursanalyse klingen einfach: Anstatt zu fragen, was Wahrheit *ist*, fragen wir, was wann als Wahrheit *gilt.* Anstatt zu fragen, was ein Fakt *ist*, stellen wir die Frage, wie ein Fakt zu einem Fakt *wird*. Dies lässt sich im Prinzip auf alle Forschungsbereiche ausdehnen.

Wenn jedoch alle Diskussionen zu einem Ende kommen und stattdessen mit der „Unerbittlichkeit der Historizität"[14] argumentiert wird, dann wird unter der Hand ein Kriterium eingeführt, das seinem eigenen Anspruch – der Historizität – nicht unterliegt. Das Argument, dass alles historisch sei, lässt sich nicht widerspruchsfrei auf sich selbst anwenden. Wenn wir das Argument der Historizität in diesem radikalen Sinne verstehen, kann es dann überhaupt noch Kategorien geben, nach denen sich unsere historischen Analysen jenseits einer völligen Beliebigkeit richten sollen? Wie geht die Diskursanalyse mit diesem Problem um? Liest man die *Ordnung der Dinge* im Zusammenhang mit Foucaults später entwickelter Analytik der Macht beziehungsweise seinen Untersuchungen zum Subjekt in den drei Bänden von *Sexualität und Wahrheit*[15], dann stellt sich das Programm einer Diskursanalyse folgendermaßen dar: Was zu einer bestimmten Zeit als Wissen anerkannt werden kann, was Geltung erhält, was wahr ist und was angewandt werden kann, wird von Machtverhältnissen bestimmt. Diese Machtverhältnisse sind dem Subjekt jedoch nicht rein äußerlich. Es ist ihnen nicht so unterworfen, dass es deren Reflex (Produkt) wäre. Vielmehr ist es einbezogen in ein Verhältnis des sich gegenseitig Hervorbringens.[16] Hierin sehe ich die Möglichkeit, die Historiographiegeschichte zu einer Diskursanalyse werden zu lassen, die zugleich eine Analytik der Macht darstellt. Dafür bedarf es

14 So lautet der treffende Titel der Untersuchung von Ulrich Brieler, Von der Unerbittlichkeit der Historizität. Foucault als Historiker, Köln/Weimar/Wien 1998.

15 Michel Foucault, Sexualität und Wahrheit: Der Wille zum Wissen, 1, Frankfurt a. M. 1983; Der Gebrauch der Lüste, 2, Frankfurt a. M. 1989; Die Sorge um sich, 3, Frankfurt a. M. 1995.

16 Diese Argumentationsfigur findet sich an verschiedenen Stellen in Foucaults Werk. Die Geschichte der Sexualität ist von der Anlage her eine Gegendarstellung zur Repressionshypothese bisheriger Machtanalysen. Einfacher beziehungsweise schneller kann man sich den produktiven Machtbegriff auch an Foucaults Definition der Pastoralmacht verdeutlichen (vgl. ders., Das Subjekt und die Macht, in: Hubert L. Dreyfus u.a., Hg., Jenseits von Strukturalismus und Hermeneutik, Frankfurt a. M. 1987, 243–261, 248).

aber klarer Kriterien, was unter Geschichtsschreibung zu verstehen ist. Diese Kriterien müssen den Gegenstandsbereich zugleich festlegen und der Historizität dieser Festlegung Rechnung tragen. Aus Foucaults Arbeit lässt sich die Überzeugung ableiten, dass zwar die Ordnung der Dinge stets historisch ist, dass die Historizität allen Wissens aber nicht im Gegensatz zu historischen Kategorien steht, die sich dieser Historizität entziehen. Seine Arbeiten kreisen um die Themen Wahrheit, Macht und Subjekt.[17] Er entkleidet sie ihres ontologischen Status, sie kehren aber als historische Kategorien in seinen Untersuchungen wieder.[18] Und genau darin besteht die große Produktivität, die von der foucaultschen Diskursanalyse ausgeht. Die Kategorien Wahrheit, Macht, Subjekt werden *als Kategorien* nicht in die Geschichte gestellt. Die Historizität der Prozesse, in welchen Wahrheit, Macht, Subjekt hervorgebracht werden, wird dadurch allererst analysierbar.

Als Forderungen an eine Historiographiegeschichte möchte ich Folgendes festhalten: Foucault hat uns verdeutlicht, dass es historisch variabel ist, was zu einer bestimmten Zeit als wahr gilt. Das heißt nicht, dass Foucault notwendigerweise die Möglichkeit wahrer, also überzeitlich gültiger Erkenntnis ausschließt. Es heißt nur, dass nicht die Zunahme wissenschaftlicher Erkenntnis, sondern die Entstehensbedingungen dieser Erkenntnis untersucht werden sollen. Übertragen auf die Historiographiegeschichte bedeutet dies, dass nicht danach gefragt wird, wie sich die Geschichtsschreibung professionalisiert hat, wie sich wissenschaftliche Standards im Dienste der Annäherung an eine vorgegebene Wahrheit vervollkommnet haben. Stattdessen wird danach gefragt, was in einer bestimmten Gesellschaft als Geschichtsschreibung gilt und wie sie funktioniert. Was als Geschichtsschreibung zu einer bestimmten Zeit gilt, wird von den Machtverhältnissen hervorgebracht. Eine diskursanalytische Untersuchung der Geschichtsschreibung muss zugleich eine Analyse der Macht sein.

So faszinierend sich Foucaults Projekt in der *Ordnung der Dinge* darstellt, so weist es in unserem Zusammenhang zu enge Grenzen aus. Eine geschlechtergeschichtliche Perspektivierung der Historiographiegeschichte leistet weder die *Ordnung der Dinge* noch eine sonstige Arbeit Foucaults.

Das Problem der foucaultschen Diskursanalyse ist weniger, wie Diskursregeln sich selbst generieren – ein Vorwurf, der in Bezug auf seine frühen Arbeiten zu Recht erhoben wurde.[19] Man kann ihn, bei einer starken Lektüre, mit seinen späteren Untersuchungen zur Analytik der Macht auflösen. Das Problem ist eher, dass wir nichts über die Grenzen der Macht, über die Grenzen der Diskurse und ihrer Geltungsbereiche erfahren. Foucault

---

17 Vgl. hierzu den Selbstkommentar von Michel Foucault im Gespräch mit Rox Martin: dies., Wahrheit, Macht, Selbst, in: Martin H. Luther u.a. Hg., Technologien des Selbst, Frankfurt a. M. 1993 (frz. 1982), 22. Einschlägig ist in diesem Zusammenhang der Aufsatz von Hans-Herbert Kögler, Die fröhliche Subjektivität. Historische Ethik und dreifache Ontologie beim späten Foucault, in: Eva Erdmann u.a., Ethos der Moderne. Foucaults Kritik der Aufklärung, Frankfurt a. M./New York 1990, 202–226.

18 Vgl. Angelika Epple, Wahrheit Macht Subjekt. Historische Kategorien im Werk Michel Foucaults, in: Handbuch der Kulturwissenschaft, 2: Paradigmen und Disziplinen, hg. von Friedrich Jäger u. Jürgen Straub, Stuttgart, 2004, 416–429.

19 Jürgen Habermas äußerte ihn meines Wissens zuerst (vgl. ders., Der philosophische Diskurs der Moderne, Frankfurt a. M. 1988, 298). In der Folge haben sich viele dieser bequemen Sicht angeschlossen. Vgl. zum Beispiel Hans-Ulrich Wehler, Die Herausforderung der Kulturgeschichte, München 1998, 68–75.

lässt die *Ordnung der Dinge* mit dem berühmten Satz enden, der Mensch verschwinde wie ein Gesicht im Meeressand. Auf über 400 Seiten hat er verdeutlicht, dass es ihm darum geht, das Apriori unseres Denkens als *historisches* kenntlich zu machen. Was seit dem 18. Jahrhundert als überzeitliche Bedingung unseres Denkens gilt, wird von Foucault als einer bestimmten Epoche verhaftet dekonstruiert. Was Foucault dabei nicht beachtet, ist, dass dieses angeblich überzeitliche Apriori nicht nur einen historischen, sondern auch einen Gender-Index sowie andere Indices aufweist. Das heißt: In einer Gesellschaft können zu einem bestimmten Zeitpunkt unterschiedliche Menschen einem unterschiedlichen historischen Apriori unterliegen. Auch bezüglich der Bedingungen möglicher Erfahrungen gilt also die Gleichzeitigkeit des Ungleichzeitigen. Foucault dagegen spart das Ungleichzeitige aus. Dies ist eine verblüffende Beobachtung. Die Praxis der Geschlechtergeschichte macht nicht nur auf dieses theoretische Problem aufmerksam, sie eröffnet zugleich einen Weg, es zu lösen.

Ich möchte dies am Beispiel der Historiographiegeschichte verdeutlichen. Wird der Kanon wissenschaftlicher Geschichtsschreibung diskursanalytisch untersucht, kann man nur zu dem Ergebnis kommen, dass sie sich zwar in Brüchen, aber im Großen und Ganzen einheitlich entwickelte. Auf die Geschichtsschreibung in humanistischer Tradition folgte demnach die Aufklärungshistorie, auf die Aufklärungshistorie folgte der Historismus etc. Manche mögen sie wie Johann Gottfried Herder früher an einem neuen wissenschaftlichen Paradigma orientiert haben, andere später, grundsätzlich jedoch entwickelte sich – in dieser Sichtweise – die Historiographie einheitlich. Unter dem Stichwort „Paradigmenwechsel" wurde diese Entwicklung immer wieder untersucht.[20] Betrachten wir jedoch das Ausgeschlossene, in diesem Fall die nicht-akademische Geschichtsschreibung, wird das Epistem *Geschichtsschreibung* plötzlich höchst uneinheitlich. Allein die Epistemologie wissenschaftlichen Denkens bildete eine Einheit – auch in ihren Paradigmenwechseln oder, wie man sagen könnte, sie ist einheitlich in ihren Brüchen. So weit ist der *Ordnung der Dinge* zuzustimmen. Foucault wendet sich jedoch mit der *Ordnung der Dinge gegen* eine klassische Wissenschaftsgeschichte. Nicht nur das Funktionieren *wissenschaftlichen* Denkens möchte er untersuchen, sondern er möchte zeigen, welche Erfahrungen zu einer bestimmten Zeit überhaupt gemacht werden *können*. Die Bedingungen möglicher Erfahrungen, so Foucaults Vorgehensweise, erschließen sich über die Analyse der Denkweisen und damit sind eben nicht nur die Denkweisen der Wissenschaftler gemeint.

Als Probe aufs Exempel kann die Geschichtsschreibung von Frauen gelten. Sie musste bis weit ins 20. Jahrhundert hinein – in der Schweiz bis zum Ende des 19. Jahrhunderts – fern der Universitäten entstehen. Eine Untersuchung dieser Quellen zeigt, dass Frauen um 1800 an einer in Bezug auf die Wissenschaft anachronistischen Epistemologie festhielten.[21] In der Zeit der Spätaufklärung und bis weit ins 19. Jahrhundert – wenn nicht

20 Trotz der unterschiedlichen Beurteilung der Rolle der Aufklärungshistorie gehen Jörn Rüsen, Georg Iggers, Ulrich Muhlack, Daniel Fulda, Hans Walter Blanke u. a. m. in ihren einschlägigen Monographien zur Historiographiegeschichte davon aus, dass Ende des 18. Jahrhunderts im deutschsprachigen Raum ein Paradigmenwechsel in der Geschichtsschreibung zu einer Verwissenschaftlichung des Faches geführt habe.

21 Vgl. Angelika Epple, Empfindsame Geschichtsschreibung. Eine Geschlechtergeschichte der Historiographie zwischen Aufklärung und Historismus, Köln/Weimar/Wien 2003.

bis zur Gegenwart – waren die Erfahrungen von Frauen anderen Bedingungen unterworfen. Damit ist nicht eine gesellschaftliche Rollenteilung gemeint, die Frauen- und Männerräume im 19. Jahrhundert zunehmend unterschied und daher andere Erfahrungen vorgab. Es geht auch nicht um eine in der Medizin wissenschaftlich begründete und später naturalisierte Ordnung der Geschlechter, wie sie von Claudia Honegger so eindrücklich beschrieben wurde.[22] Hier geht es um eine grundsätzlichere Ebene, nämlich um die Bedingung der Möglichkeit von Erfahrungen überhaupt oder, um die oben eingeführte Bezeichnung aufzugreifen, um das historische Apriori, um die Episteme, denen die Menschen einer bestimmten Zeit an einem bestimmten Ort unterworfen sind.

Ich möchte die Ausführungen zu Diskursanalyse und Geschlechtergeschichte zusammenfassen. Aus der foucaultschen Diskursanalyse leite ich unter den Bedingungen der Geschlechtergeschichte folgende Forderungen an die Historiographiegeschichte ab: Das erste und wichtigste Anliegen einer Archäologie der Geschichtsschreibung muss es sein, die Historizität der Gültigkeitsregeln von Geschichtsschreibung zu untersuchen. Daraus ergibt sich das zweite Anliegen. Das Ungleichzeitige muss Eingang in die Untersuchung finden. Es muss dabei von einem Panorama unterschiedlicher Episteme (das heißt unterschiedlicher Bedingungen der Möglichkeit von Erfahrungen) ausgegangen werden. Daraus ergibt sich die Erkenntnis, dass historischer Wandel nicht ausschließlich in Brüchen verläuft. Vielmehr stehen verschiedene Formen möglicher Mischungsverhältnisse von Kontinuität und Brüchen nebeneinander.

Noch offen ist die Beantwortung des dritten Anliegens: Wenn die Gültigkeitsregeln von Geschichtsschreibung historisiert werden sollen, entsteht das logische Problem, wie etwas historisiert werden soll, wenn es gleichzeitig als historische Kategorie, hier mit dem Begriff *Geschichtsschreibung,* in die Untersuchung hineingetragen wird. Ich habe das Problem am Begriff des Kanons diskutiert und durch eine Untersuchung des Ungleichzeitigen ersetzt. Der theoretische Widerspruch ist damit jedoch nicht gelöst, sondern nur verschoben. Entweder wissen wir, was wir unter Geschichtsschreibung zu verstehen haben, dann können wir die Gültigkeitsregeln nicht historisieren, oder wir wissen es nicht, dann können wir nach nichts suchen. Ich möchte daher im Folgenden meinen Ansatz vorstellen, mit dem ich in Anschluss an Paul Ricoeur diesem Dilemma zu entkommen versuche.

II. Was ist Geschichtsschreibung?

Welche Vorgaben machen wir mit der Verwendung des Begriffs „Geschichtsschreibung"? Wie können wir Geschichtsschreibung so definieren, dass den Bedingungen der Geschlechtergeschichte Genüge getan und das Ungleichzeitige in die Untersuchung integriert wird? Versucht man den Begriff möglichst formal zu bestimmen, dann könnte man ihn als narrative Deutung der Vergangenheit definieren, deren schriftliche Fixierung über das individuelle Gedächtnis der Schreibenden hinausgreift. Eine solche Bestimmung be-

22 Claudia Honegger, Die Ordnung der Geschlechter. Die Wissenschaften vom Menschen und das Weib, 1750–1850, Frankfurt a. M./New York 1991.

freite uns von dem überlieferten Kanon vorwiegend männlicher Historiker. Aber diese Definition provoziert eine Reihe kritischer Einwände: Chroniken, über viele Jahrhunderte eine wichtige, auch von Frauen bediente Form[23] der Geschichtsschreibung, müssten demnach ausgeschlossen werden, weil sie keine *narrative* Deutung im gewöhnlichen Sinn bieten. Historische Romane, die zweifelsohne eine narrative Deutung der Vergangenheit darstellen, wären der Definition zu Folge eine historische Erzählung. Ebenso müssten Autobiographien aufgenommen werden, die bezüglich der erzählten Zeit häufig über das persönliche Gedächtnis ausgreifen. Die Grenze zwischen Dichtung und historischer Erzählung würde fallen und wissenschaftliche Standards obsolet.

Diese berechtigten Einwände verlangen nach einer genaueren Bestimmung, was unter Geschichtsschreibung zu verstehen ist. Dabei lassen sich die Einwände auf zwei Grundfragen zurückführen. Erstens auf die Frage, warum Geschichtsschreibung mit dem Begriff der Erzählung verbunden sein muss, und zweitens welche Modi des Erzählens es gibt. Diese zweite Frage umfasst die Frage nach dem Ort des historischen Erzählens im allgemeinen System narrativer Zeitdeutung und dem Ort wissenschaftlicher Geschichtsschreibung innerhalb des historischen Erzählens.

Wenden wir uns der ersten Frage zu. Hierbei stütze ich mich auf die Erzähltheorie des französischen Philosophen Paul Ricoeur. Da ich die Überlegungen Ricoeurs bereits an anderer Stelle ausführlich nachvollzogen habe, möchte ich mich hier nur auf die für das Verständnis der diskursanalytischen beziehungsweise geschlechtergeschichtlichen Argumentation unverzichtbaren Elemente konzentrieren.[24] Zu Beginn seines dreibändigen Werkes *Zeit und Erzählung* formuliert er seine Grundthese der Reziprozität von Narrativität und Zeitlichkeit: „[D]ie Zeit wird in dem Maße zur menschlichen, wie sie narrativ artikuliert wird; umgekehrt ist die Erzählung in dem Maße bedeutungsvoll, wie sie die Züge der Zeiterfahrung trägt."[25] Die Frage, warum Zeit nur durch Erzählen gedeutet werden kann, führt uns weit hinein in die Philosophie Paul Ricoeurs. Hier sei nur der Grundgedanke erläutert: Ricoeur konstatiert einen unüberwindlichen Gegensatz zwischen einer objektiven, physikalischen und einer subjektiven phänomenologischen Zeitform. Die Zeit in ihrer objektiven, physikalischen Form ist nur als abstrakte Abfolge von Jetztpunkten denkbar. Sie ist als solche aber nicht *erfahrbar.* Um *erfahrbar* zu sein, bedarf sie eines Bezugspunktes. Dieser Bezugspunkt ist stets kulturellen Ursprungs und damit an den Menschen gebunden. Als Beispiel mag die Geburt Christi gelten, die innerhalb eines Kulturkreises den Beginn der Zeitrechnung festschreibt. Aber auch die subjektive Zeit kann nicht als alleinige Bestimmung der Zeit genügen. Denn die Zeit des Subjekts bedarf eines objektiven Bezugspunktes außerhalb seiner selbst, ansonsten ist Zeit nicht messbar. Offensichtlich müssen diese beiden Zeitformen miteinander verbunden werden, sollen sie

23 Vgl. Heike Uffmann, Körper und Klosterreform. Leiblichkeit und Geschlecht in spätmittelalterlichen Frauenkonventen, in: Bielefelder Graduiertenkolleg Sozialgeschichte Hg., Körper Macht Geschichte – Geschichte Macht Körper. Körpergeschichte als Sozialgeschichte, o. O. 1999, 191–221.

24 Vgl. Epple, Geschichtsschreibung, wie Anm. 21, 12–19 und dies., Die Prosa der Geschichte und der Prozess der Faktisierung. Gattungstheoretische Überlegungen in Anschluss an Käte Hamburger und Paul Ricoeur, in: Johanna Bossinade u. Angelika Schaser Hg., Käte Hamburger. Zur Aktualität einer Klassikerin, Göttingen 2003, 156–168.

25 Ricoeur, Zeit, wie Anm. 8, 1, 13.

als menschliche Zeit erfahrbar sein. Auf einer abstrakten Ebene stellt sich also das Problem, wie die reine Abfolge einzelner Zeitpunkte der objektiven Zeit mit der phänomenologischen Zeit des Subjekts verbunden werden könnte. Um dieses *logische* Problem zu lösen, greift Ricoeur auf den Erzählbegriff der aristotelischen *Poetik* zurück. In der Erzählung sieht Ricoeur eine Lösung für das Problem, wie das Heterogene der reinen Chronologie zu einer Einheit gelangen könnte. In einer Erzählung wird, hier knüpft Ricoeur an den aristotelischen Mimesisbegriff[26] an, eine Handlung nachgeahmt. Damit ihr dies gelingt, muss sie heterogene Momente miteinander verbinden.[27] Die Einheit der Erzählung ist nur dann gegeben, wenn die Kontingenz einer reinen Chronologie, wenn das Mannigfaltige der Umstände in eine bedeutungsvolle Abfolge überführt wird. Ricoeur nennt diese Leistung der Erzählung „zeitliche Synthesis des Heterogenen".

Wie gelingt diese Synthese? Zum einen verfolgt die Erzählung die lineare Zeit der einzelnen Episoden. Dies ist das „und dann und dann" der Erzählung, das Nacheinander ihrer Teile. Die Episoden bilden dabei eine offene Reihe von Ereignissen und sind von der unumkehrbaren Ordnung der objektiven Zeit gezeichnet. Sie stehen in einer rein äußerlichen Beziehung zueinander. Dies ist das Nacheinander, wie wir es in der reinen Chronologie finden. Erst der zweite Aspekt macht aus der Wiedergabe der Chronologie – die in Reinform nur als Gedankenkonstrukt existiert – eine Erzählung: „Zunächst verwandelt die konfigurierende Anordnung die Abfolge der Ereignisse in eine bedeutungsvolle Totalität, die das Korrelat des Aktes der Zusammenstellung der Ereignisse und die Mitvollziehbarkeit der Geschichte bewirkt."[28] Was Ricoeur als zeitliche Synthesis des Heterogenen bezeichnet, ist genau dies: die Vermittlung von Episode (Chronologie) und Konfiguration (Deutung). Aus der Abfolge von Ereignissen wird so eine Deutung der Ereignisse. Die Abfolge der Ereignisse führt zu einem bestimmten Ende, das vielleicht nicht voraussehbar, aber durch die Konfiguration als nachvollziehbar gilt. Aus dem *Nach*einander der Ereignisse wird ein *Durch*einander – die Abfolge der Ereignisse gewinnt Bedeutung *durch* die anderen Ereignisse.

Mit Ricoeurs Argumentation konnte gezeigt werden, dass das Problem der Zeit ein strukturell identisches Problem aufwirft, wie es von der Erzählung gelöst wird. Ich übernehme die Überzeugung, dass Zeit in Erzählungen gedeutet und dass alle Erzählungen eine Deutung der Zeit sind.[29] Wie passt diese Überzeugung zu den unter der ersten Überschrift ausgeführten Gedanken zur Diskursanalyse? Wie verhält sich die Definition der Erzählung als zeitliche Synthesis des Heterogenen zu der Historizität aller Ordnungen? Und inwiefern können mit ihr die Forderungen nach einer geschlechtergeschichtlichen Perspektivierung eingelöst werden?

---

26 Aristoteles hat den Mimesisbegriff freilich an der Tragödie entwickelt. Bei Ricoeur wird er jedoch zur Grundlage einer allgemeinen Theorie der Fabel.

27 Ricoeur, Zeit, wie Anm. 8, 1, 8.

28 Ricoeur, Zeit, wie Anm. 8, 1, 108.

29 Freilich ist nicht nur Ricoeur dieser Auffassung. Die Heterogenität der Auffassungen der unter dem Begriff „Narrativisten" – von Arthur Danto zu Hayden White, von Hans Michael Baumgartner zu Jörn Rüsen – versammelten Theoretiker ist jedoch groß. Vgl. zum Beispiel einzelne Positionen in dem Sammelband und dem Einführungsaufsatz von Herta Nagl-Docekal Hg., Der Sinn des Historischen. Geschichtsphilosophische Debatten, Frankfurt a. M. 1996.

Das entscheidende Bindeglied zwischen den Theorien ist der Begriff der Nachvollziehbarkeit. Die Erzählung, so habe ich gesagt, erhält Bedeutung, indem sie die Heterogenität der Ereignisse konfiguriert und so nachvollziehbar wird. Die Nachvollziehbarkeit einer Erzählung ist historisch äußerst variabel. Und damit sind wir beim Gegenstand der Diskursanalyse. Was zu einer bestimmten Zeit als Erzählung und damit als Deutung der Zeit akzeptiert wird – und das heißt nicht, für richtig befunden wird – das ist einem beständigen Wandel unterworfen. Es lässt sich festhalten, dass alle Erzählungen Zeit deuten und dass sie dem Prinzip der historisch variablen Nachvollziehbarkeit unterworfen sind. Ergänzend sei hinzugefügt, dass ich im Begriff der Nachvollziehbarkeit die Verbindung zur Diskursanalyse einerseits in der erwähnten Historizität sehe, andererseits in der Abhängigkeit von Machtstrukturen. Was sich in einer Gesellschaft zu einer bestimmten Zeit als nachvollziehbar etabliert, ist eingebunden in Produktions- und Rezeptionsbedingungen und damit in den unhintergehbaren Zusammenhang von Wissen und Macht. Der Zusammenhang von Wissen und Macht, die Produktions- und Rezeptionsbedingungen sind in einer Gesellschaft nicht ohne die Kategorie *gender* aufzuschlüsseln. Welche Erzählmuster für wen erzählbar, akzeptabel oder auch schlicht nachvollziehbar sind, unterliegt geschlechtsspezifischen Konstruktionen.

Die Frage ist nun, wie verschiedene Formen des Erzählens voneinander unterschieden werden können. Carlo Ginzburg argumentiert etwas launisch, wenn er schreibt, „auf normaler Ebene" (was immer das sei) gebe es weder einen Unterschied zwischen falschen und wahren Aussagen noch zwischen fiktionaler und historischer Erzählung. Zu Recht fährt er fort, es sei spannender zu untersuchen, „weshalb wir die von einem historischen Text berichteten Fakten für wahr halten".[30] Ginzburg geht schlicht davon aus, dass wir, obwohl es angeblich keinen Unterschied *zwischen* den Erzählungen gebe, stets wüssten, was historische Erzählungen seien und dass wir sie für wahr zu halten hätten. Ricoeur, als Philosoph darum bemüht, alle Setzungen als solche kenntlich zu machen, führt daher eine anthropologische Konstante ein: Menschen unterscheiden zwischen historischem und literarischem Erzählen. Es gibt diese zwei – und nur zwei – Modi des Erzählens. In beiden Modi wird Zeit gedeutet, aber sie wird auf unterschiedliche Art und Weise gedeutet. Die beiden Modi haben andere Gültigkeitsregeln.

Diesen Gedanken möchte ich genauer ausführen: Damit eine Erzählung nachvollziehbar ist, muss sie bestimmten gesellschaftlich festgelegten Regeln folgen. Dies sind notwendige Bedingungen für eine jede Erzählung. Als hinreichende Bedingung für eine *historische Erzählung* muss jedoch noch hinzukommen, dass sie sich auf eine Deutung der tatsächlich erfahrenen Zeit festlegt. Mit Jörn Rüsen nenne ich dies die erfahrungsgestützte Richtigkeit.[31] Für die literarische Erzählung ist dies nicht von Bedeutung. Dass die erfahrungsgestützte Richtigkeit durchaus fiktional belegt werden kann, zeigt bereits Thukydides, indem er in seine Geschichtsschreibung fiktive Reden einfügt. Hervorgehoben

30 Carlo Ginzburg, Veranschaulichung und Zitat. Die Wahrheit der Geschichte, in: Fernand Braudel u.a., Der Historiker als Menschenfresser. Über den Beruf des Geschichtsschreibers, Frankfurt a. M., 85–102, 87.

31 Jörn Rüsen, Was heißt: Sinn der Geschichte?, in: Klaus E. Müller u. Jörn Rüsen Hg., Historische Sinnbildung. Problemstellungen, Zeitkonzepte, Wahrnehmungshorizonte, Darstellungsstrategien, Reinbek 1997, 17–47, 33.

sei an dieser Stelle, dass in beiden Modi Zeit gedeutet und tatsächliche Erfahrungen erzählt werden. Hier stellt sich nun die Frage, was in diesem Zusammenhang „tatsächliche Erfahrung" heißt? Versteht man unter einer Erfahrung die Verknüpfung von Einzelereignissen, so ist nach Foucault diese Verknüpfung von den Praxen des Wissens, der Macht und der Subjektivierung bestimmt. Die Verknüpfungsregeln sind das historische Apriori. Sie sind die Bedingungen dessen, was zu einer bestimmten Zeit eine Erfahrung sein kann.[32] Nach Ricoeur sind die Verknüpfungsregeln bestimmt von der Praxis des Erzählens. Um nicht missverstanden zu werden, sei betont, dass weder Foucault noch Ricoeur davon ausgehen, allein die Verknüpfungsregeln seien historisch variabel. Auch das, was zu einer bestimmten Zeit als Einzelereignis gilt – ich habe dies in Bezug auf die Konstruktion von Fakten bereits hervorgehoben –, unterliegt bestimmten Produktions- und Rezeptionsbedingungen. Der Begriff „tatsächliche Erfahrung" ist damit zugleich in die Geschichte gestellt. Tatsächlichkeit meint nicht eine überzeitliche Objektivität, sondern das Vorhandensein von Mechanismen, mit denen eine bestimmte Gesellschaft „tatsächliche" von „fiktiven" Erfahrungen unterscheidet. Die Grenzlinie zwischen fiktiven Erfahrungen und tatsächlichen Erfahrungen ist nicht mit der Grenzlinie von fiktiven und wahren Erzählungen identisch. Der Unterschied zwischen den beiden Erzählweisen besteht vielmehr darin, dass sich die historische Erzählung auf die Deutung der tatsächlichen Erfahrung *festlegt*, während die literarische Erzählung tatsächliche Erfahrungen aufnehmen *kann*, es aber nicht *muss*.

Theoretisch ist es möglich, auch literarische Erzählungen auf ihren geschichtsdeutenden Teil zu untersuchen. Wir erfahren häufig aus literarischen Bearbeitungen eines vergangenen Ereignisses mehr über das Geschichts(un-)bewusstsein der Zeit als aus einer historischen – man denke nur an die Gattung der historischen Romane.[33] Es verwundert nicht, dass die Erkenntnis der Dichtung über viele Jahrhunderte über die Erkenntnis der Geschichtsschreibung gestellt wurde. Allein, es ist außerordentlich schwierig, wenn nicht unmöglich, die *tatsächlichen Erfahrungen* in einer literarischen Erzählung zu isolieren. Die Schwierigkeit zeigt sich immer dann, wenn literarische Erzählungen auf ihren Wirklichkeitsgehalt hin bewertet werden – was zu heftigen Debatten im Feuilleton führt.[34] Literatur lebt nicht zuletzt von ihrer Vieldeutigkeit. Anders sieht es jedoch mit historischen Erzählungen aus. Hier verfügen wir über klare Kriterien, nach denen wir sie glauben, ablehnen oder gar widerlegen. Damit eine historische Erzählung als solche gilt, muss sie zweierlei erfüllen. Sie muss nachvollziehbar sein und sie muss die spezifischen Gültigkeitsregeln der Geschichtsschreibung erfüllen. Überzeugend ist an Paul Ricoeurs Theorie, dass es mit ihr gelingt, die naiven Unterscheidungen – hier Fiktion dort Fakten – aufzulösen, ohne Historiographie und Literatur ineinander aufgehen zu lassen. In der Geschichtsschreibung haben wir es immer auch mit Fiktion zu tun. Umgekehrt entsteht Dichtung nicht im luft-

---

32 Vgl. Foucault, Sexualität, wie Anm. 15, 2, 10.

33 Vgl. zum Beispiel Markus Reisenleitner, Die Produktion des historischen Sinnes: Mittelalterrezeption im deutschsprachigen Trivialroman von 1848, Frankfurt a. M u.a. 1992. Die Mehrzahl der von Reisenleitner untersuchten Romane wurde von Frauen verfasst. Er kann zeigen, dass sich die Romane weniger mit dem Mittelalter an sich als vielmehr mit der Gegenwart ihrer Verfasserinnen beschäftigen.

34 Vgl. zum Beispiel die Debatte in Deutschland über den Roman Martin Walsers (Tod eines Kritikers) und den Antisemitismus-Vorwurf.

leeren Raum und ist von den Erfahrungen ihrer Zeit durchdrungen, die sie auch deutet. Aber dennoch leisten die beiden Modi eine unterschiedliche Zeitdeutung. Während durch die Dichtung die Zeiterfahrung erweitert wird, wird sie durch die Geschichtsschreibung vertieft. In der Literatur werden wir in bisher unbekannte Räume geführt, sie bedient sich unserer Erfahrungen und erweitert sie hin zu *möglichen* Erfahrungen. In der Historiographie dagegen lernen wir das kennen, was uns immer schon geprägt hat: unsere Vergangenheit. Dass wir unsere Vergangenheit erst kennen lernen, obwohl sie uns geprägt hat, verweist auf das komplizierte Verhältnis der Geschichtsschreibung zu ihrem Gegenstand. Die Geschichtsschreibung konstruiert, was die Vergangenheit gewesen sein wird.

Es dürfte deutlich geworden sein, dass nicht nur das, was zu einer bestimmten Zeit überhaupt als Erzählung gilt, historisch variabel, sondern auch die Grenzlinie zwischen den beiden Modi einem ständigen Wandel unterworfen ist. Konstant ist nur die Tatsache, dass eine Erzählung, die Vergangenheit deutet, anders gelesen wird als eine Erzählung, die sich darauf nicht festlegen will. So lässt sich zusammenfassend festhalten: Mit dem Begriff der Nachvollziehbarkeit wird die Unterscheidung von literarischem und historischem Erzählen in eine konkrete historische Situation gestellt. Das aber heißt, die Nachvollziehbarkeit einer Geschichte wird in ein Beziehungsgeflecht von Macht-, Wissens- und Subjektbeziehungen gestellt, die auch auf das Ungleichzeitige hin untersucht werden müssen. In unserem Zusammenhang ist unter dem Ungleichzeitigen vorrangig die Kategorie Geschlecht zu verstehen.

Wie führen uns diese Gedanken zu einer neuen Gattungsbestimmung? Damit eine historische Erzählung nachvollziehbar ist, muss sie Strategien entwickeln, mit denen sie sich als eine Erzählung *tatsächlicher* Erfahrungen ausweist. Sie muss es verstehen, wie Carlo Ginzburg dies glücklich formuliert hat, einen „effet de vérité"[35] zu erzielen. Aber fallen wir mit dem Bezug auf Wahrheit – und sei es nur einer Wahrheitswirkung – nicht wieder in eine Unterscheidung der beiden Gattungen zurück, die auf der Trennung von Fakt und Fiktion beruht? Meines Erachtens tun wir das nicht. Ich habe bereits das bekannte Beispiel der fiktionalen Reden in den historischen Schriften von Thukydides erwähnt. Wäre der Bezug auf Fakten ein Unterscheidungskriterium, hätte er niemals als Historiker gelten können. Dass seine Methode gegenwärtig keine wissenschaftliche Norm mehr darstellt, hat dagegen andere Gründe. An Thukydides lässt sich verdeutlichen, dass es historisch variabel ist, wie Wahrheit verbürgt wird. Der Wahrheitswert wird hier in die „Angemessenheit" oder, wie Ginzburg hervorhebt, in die „enargeia"[36] (Veranschaulichung) der Rede verlegt und mit der *Person* des Rhetors verbürgt. Im Gegensatz zu einer literarischen Erzählung ist es dennoch möglich, Thukydides zu widerlegen. Und genau hierin liegt der gleich bleibende Unterschied: Historische Erzählungen können widerlegt werden, literarische nicht.

In sprachlicher Anlehnung an den französischen Literaturwissenschaftler Philippe Lejeune[37] und seinen Versuch der Gattungsbestimmung der Autobiographie möchte ich die Historiographie folgendermaßen bestimmen: Die historische Erzählung verpflichtet sich

35 Ginzburg, Veranschaulichung, wie Anm. 30, 87.
36 Ginzburg, Veranschaulichung, wie Anm. 30, 96.
37 Philippe Lejeune, Der autobiographische Pakt, Frankfurt a. M. 1994.

gegenüber den Rezipienten zu erfahrungsgestützter Richtigkeit. Dies nenne ich den historiographischen Pakt. Was zu einer bestimmten Zeit als erfahrungsgestützte Richtigkeit gilt, ist historisch äußerst variabel. Über den historiographischen Pakt als Bedingung ihrer Produktion und Reproduktion ist die Geschichtsschreibung in eine bestimmte Gesellschaft und deren spezifische Konstruktion der Geschlechter eingeschrieben.

Dies heißt, dass zwischen der Erzählung und dem Leser beziehungsweise der Leserin ein Pakt geschlossen wird, der darin besteht, die Erzählung als wahre Erzählung zu schreiben und zu lesen. Es leuchtet ein, dass eine Erzählung, durch die der Pakt geschlossen wird, die Aufnahme und die Konstruktion der Erzählung ändern wird. Es ist hier nicht der Ort, um auf den problematischen Begriff Autor beziehungsweise Autorin einzugehen. Nach den bisherigen Ausführungen dürfte klar sein, dass sich dahinter kein überkommener Subjektbegriff verbergen kann, sondern dass der Begriff Autor beziehungsweise Autorin ebenso wie die Erzählung und die tatsächlichen Erfahrungen, auf die sich die Erzählung beruft, einer narrativen Struktur unterliegen. Mit ihrer narrativen Struktur sind sie eingebunden in die erwähnten Machtstrukturen.

Hervorheben möchte ich jedoch, dass diese Definition zwar viele Probleme der Bestimmung eines geeigneten Quellencorpus löst, aber bei weitem nicht alle. Was ist zum Beispiel mit Chroniken oder mit anderen Werken, deren Produzenten nicht auf einen Eigennamen zu bringen sind? In solchen Fällen müssen methodische Überlegungen angestellt werden, wie in die *Erzählung* die Verpflichtung zur Wahrheit eingeschrieben wurde. Der Pakt zwischen Produzenten und Rezipienten ist nicht zu denken als eine Verpflichtung, die der Erzählung äußerlich ist. Sie ist nicht an ein konkretes, mit sich selbst identisches Subjekt gebunden. Vielmehr verändert die Verpflichtung den Prozess des Schreibens so, dass die *Erzählung* die erfahrungsgestützte Richtigkeit verbürgt. Im Normalfall gelingt dies mit dem Namen der AutorInnen: Mit deren Namen wird die Erzählung in die Zeit eingeschrieben. Sie gibt sich dadurch als wahre, überprüfbare Erzählung zu erkennen und schließt so den historiographischen Pakt. Dass Frauen häufig ihre Identität nicht auf die Konstanz eines Eigennamens gründen (konnten), verdeutlicht nur den temporalen Aspekt, den Eigennamen haben, und widerspricht nicht dem Konzept des historiographischen Paktes.[38] Häufig bleibt aufgrund der Gemeinsamkeiten von historischen und literarischen Erzählungen der Modus anonymer Werke ungewiss. Es ist zu vermuten, dass vor allem Frauen häufig dazu gezwungen waren, ihre(n) Eigennamen zu verheimlichen. Diese Quellen sind für eine Historiographiegeschichte im engeren Sinne verloren – allerdings nur, wenn sich in der Erzählung der Modus nicht ausfindig machen lässt!

In einem letzten Schritt möchte ich die Argumentation zusammenfassen und verdeutlichen, was sich verändert, wenn die neue Definition von Geschichtsschreibung an unsere Vergangenheit herangetragen wird.

38 Vgl. die Überlegungen von Elke Ramm zum autobiographischen Pakt in Bezug auf Schriften von Frauen, dies., Autobiographische Schriften deutschsprachiger Autorinnen um 1800, Hildesheim 1998, 57.

III. Von der Historiographiegeschichte zu einer Analytik der Macht

Durch die Neubestimmung der Geschichtsschreibung verändert sich das Quellencorpus, das einer historiographiegeschichtlichen Untersuchung in den Blick geraten kann. Damit verbunden ist eine weitere Veränderung: Der überlieferte Kanon männlicher Historiker erscheint nun in einem neuen Licht. Zu fragen ist, welche gesellschaftlichen Kräfte warum und wie darüber entscheiden, welche Texte sich zu einem Kanon zusammenfügen. Mit dieser Frage geht die Historiographiegeschichte über zu einer Untersuchung der Machtverhältnisse, die bestimmte Texte als erinnerungswürdige favorisieren, während andere dem kulturellen Vergessen übereignet werden beziehungsweise übereignet werden sollen. Von einer Archäologie der Geschichtsschreibung geht sie über zu einer Analytik der Macht.

Ich möchte meine Argumentation mit drei Punkten gleichzeitig zusammenfassen und an einem historischen Beispiel erläutern. Als Beispiel dient mir die Geschichtsschreibung der so genannten Sattelzeit um 1800, die sich aufgrund der dichten Forschungslage besonders eignet. Erstens möchte eine an Foucault orientierte Geschichte der Geschichtsschreibung nicht die Perfektionierung wissenschaftlicher Standards, sondern das historische Apriori des wissenschaftlichen Diskurses untersuchen. Zweitens sollen dabei geschlechtergeschichtliche Fragestellungen integriert werden. Soll die diskursanalytische Geschichtsschreibung drittens zu neuen Meta-Narrativen führen, muss sie sich auf einen neuen Gattungsbegriff stützen, der Geschichtsschreibung als einen historisch variablen Prozess des Aushandelns von Gültigkeitsregeln historischer Erzählungen versteht. Die Historiographiegeschichte geht dann über in eine Analytik der Macht.

Ich wende mich dem ersten Punkt zu: Die Erkenntnisse der Historiographiehistoriker und die Ergebnisse der foucaultschen Untersuchung *Die Ordnung der Dinge* stimmen in wesentlichen Punkten überein. Zwar untersuchen die Historiographiehistoriker die Professionalisierung der Geschichtswissenschaft – ein Unterfangen, das sich nicht mit der Diskursanalyse vereinen lässt. Der von ihnen diagnostizierte Paradigmenwechsel der Geschichtsschreibung um 1800 findet bei Foucault aber eine Entsprechung: der epistemologische Bruch, der die Klassik (Frankreichs) von der folgenden Zeit trennt. Für meine Argumentation ist es nicht von Belang, dass Foucault den Bruch früher verortet. Carlo Ginzburg vermutet ihn gar im Italien des 15. Jahrhunderts. Hier interessiert, was die Annahme eines Paradigmenwechsels am Beginn der Moderne für die deutschsprachige Geschichtsschreibung um 1800 bedeutet. Tatsächlich findet sich im Übergang von der Aufklärungshistorie zum Historismus ein Wechsel an Erzählmustern.[39] Während zu Zeiten des – der Einfachheit halber – als „vormodern" bezeichneten Paradigmas die Glaubwürdigkeit der Erzählung, die erfahrungsgestützte Richtigkeit, ihre Gültigkeit, ihre historische Wahrheit etc. vor allem durch die *Person* des Geschichtsschreibenden gewährleistet wurde, mussten nun andere Beweisführungen diesen Part übernehmen.

39 Einstimmigkeit herrscht über den Paradigmenwechsel in der Geschichtswissenschaft, Streit über den genauen Zeitpunkt. Die verschiedenen Positionen finden sich zum Beispiel im Sammelband von Otto Gerhard Oexle u. Jörn Rüsen Hg., Historismus in den Kulturwissenschaften, Köln/Weimar/Wien 1996.

Bei aller Skepsis gegenüber mancher seiner Befunde hat Koselleck doch gezeigt, dass die so genannte vormoderne Geschichtsschreibung die Vorstellung eines übergreifenden Erfahrungsraums von Vergangenheit und Gegenwart voraussetzt.[40] Nur wenn die Gegenwart keinen *Bruch* mit der Vergangenheit darstellt, kann die Geschichte Lehrmeisterin des Lebens sein. Mit der Erfahrung des *Bruchs* aber ist der Beginn der Moderne verbunden. Aufgewühlt von der Französischen Revolution, von der Erfahrung einer Beschleunigung der Zeit, wurden Gegenwart und Vergangenheit in keinen übergeordneten Erfahrungsraum mehr gestellt. Vielmehr klafften nun Erfahrungsraum und Erwartungshorizont auseinander. Die Geschichte konnte nicht mehr Lehrmeisterin sein – zumindest nicht in einem konkreten Sinne. Stattdessen wurde Geschichte nun nach anderen Erzählmustern geschrieben. Jörn Rüsen hat dies überzeugend als den Übergang vom exemplarischen zum genetischen Erzählen gefasst.[41] Im genetischen Erzählen wird zwar auch eine Verbindung der Gegenwart mit der Vergangenheit hergestellt. Aber es verbindet, indem die Erzählung Kontinuitäten mit Brüchen vereint. Wie ich mit der Theorie Ricoeurs gezeigt habe, verbindet *jedes Erzählen*, insofern es Zeit deutet, Heterogenes zu einer Einheit. Das ist aber mit dem genetischen Erzählen nicht gemeint. Genetisches Erzählen erhebt den Bruch zur wesentlichen Voraussetzung, um überhaupt zu einer (höher stehenden) Einheit gelangen zu können. Moderne Geschichte entsteht genau in diesem Zwischenraum zwischen Ursprung (Vergangenheit), Bruch (Gegenwart) und Gelangen zu einer (höher stehenden) Einheit (Zukunft). Die Gegenwart, die als Bruch zur Vergangenheit erfahren wird, erhält damit eine große Bedeutung: Sie eröffnet den Weg in eine anstrebenswerte Zukunft, die besser sein wird, als es die vertraute Vergangenheit war. In der Erzählung selbst spiegelt sich die Auffassung, dass Geschichte machbar und beherrschbar sei. Erfahrungsgestützte Richtigkeit muss hier mit Quellendokumenten bewiesen werden. Die Person des Geschichtsschreibenden nimmt sich einerseits zurück – Ranke formulierte die neue Bescheidenheit paradigmatisch: „Man hat der Historie das Amt, die Vergangenheit zu richten, die Mitwelt zum Nutzen zukünftiger Jahre zu belehren, beigemessen: so hoher Ämter unterwindet sich gegenwärtiger Versuch nicht … ."[42]

Andererseits kehrt er als auktorialer Erzähler, als derjenige, der die Erzählung komponiert, wieder. Es entsteht die moderne Objektivität, die in der Geschichtswissenschaft die Richtigkeit der Erzählung mit Quellenkritik belegt.

Die diskursanalytische Forderung nach der Untersuchung, *wie* eine Erzählung die Wahrheit verbürgte, erbringt bezüglich des überlieferten Kanons keine neuen Befunde gegenüber der bisherigen Historiographiegeschichte. Sie zieht allerdings in Zweifel, dass es sich dabei um einen Zugewinn an „wahrer Erkenntnis" handelt.

40 Vgl. zum Beispiel Reinhart Koselleck, Vergangene Zukunft. Zur Semantik geschichtlicher Zeiten, Frankfurt a. M. 1979, 354f. Skepsis gegenüber seinen Befunden ist insofern angebracht, als dieses angeblich vormoderne Merkmal triviale Geschichtsschreibung bis heute prägt. Diese Erkenntnis muss Kosellecks Begriff der Sattelzeit in Frage stellen, da nicht mehr unbedenklich von einer Epochenschwelle um 1800 gesprochen werden kann.

41 Vgl. Jörn Rüsen, Die vier Typen des historischen Erzählens, in: ders., Zeit und Sinn. Strategien historischen Denkens, Frankfurt a. M. 1990, 153–230.

42 Leopold von Ranke, Vorrede zu den „Geschichten der romanischen und germanischen Völker von 1494 bis 1535", in: Wolfgang Hardtwig Hg., Über das Studium der Geschichte, München 1990, 45.

Damit bin ich bei meinem zweiten Punkt, der Erweiterung um geschlechtergeschichtliche Fragestellungen. Interessant ist nämlich, dass sich die genetische Erzählweise mit der Ausbildung der so genannten Geschlechtscharaktere überkreuzt. Die männliche Identität, wie sie in der Sattelzeit entworfen wird, unterliegt denselben genetischen Erzählmustern wie die moderne Geschichtsschreibung. Dies deckt sich mit Foucaults Beobachtung, dass der Mensch und die Geschichte zugleich geboren und ins Zentrum der Epistemologie gerückt seien. Um ein richtiger Mann zu werden, muss das männliche Individuum von nun an die Familie verlassen und in die Welt hinaus. Erst dann kann er seinen Platz *in* der Gesellschaft finden. Entfremdung ist Voraussetzung der höheren Einheit, Kontinuität wird über Brüche gebildet. Ganz anders der weibliche Geschlechtscharakter. Frauen wird der Bereich innerhalb der Familie zugewiesen. Ihr Charakter wird auf eine unveränderliche (gute) Natur festgeschrieben. Ihr höchstes Ziel ist es, keine Veränderung zu erlauben, sondern ihr Selbst zu behaupten, *obwohl* sich die äußeren Umstände ändern. Ziel der Entwicklung (beziehungsweise des Widerstands gegen Entwicklung) ist nicht Individualisierung, sondern das Gegenteil: Die Frau wird zum Gattungswesen. Ihr herausragendes Wesensmerkmal ist ein Manko an Geschichte im genetischen Sinne. Die geschlechtergeschichtlichen Argumentationen, die sich auf diesen Befund stützen, verlassen ebenso wenig den Rahmen der bisherigen Historiographiegeschichte wie die im ersten Punkt ausgeführten Forderungen der Diskursanalyse. Sie fügen der allgemeinen, männerdominierten Geschichte und Geschichtsschreibung eine Stimme hinzu: die Auswirkungen des allgemeinen Verlaufs auf die besonderten Frauen. Dennoch darf der Nutzen einer solchen Fragestellung nicht unterschätzt werden. Sie wirft ein neues Licht auf den Kanon, auch wenn sie ihn nicht in systematischer Hinsicht modifiziert. Geschlechtergeschichte bedeutet hier eine *Erweiterung* des Blicks, aber keine Veränderung der Geschichtsschreibung.

Ist man mit dieser zweiten Forderung bereits bei einer Analyse der Machtverhältnisse angekommen? Wenn wir den überlieferten Kanon und den narrativen Entwurf des männlichen Subjektes, das erst durch die Entfremdung zu seiner Einheit findet, als herrschenden Diskurs bezeichnen, dann ließe sich das Ausgeschlossene, im Beispiel der weibliche Geschlechtscharakter, als unterdrückter Diskurs bezeichnen. Dass Frauen angeblich keine Geschichte geschrieben haben, ließe sich nun logisch ableiten – wenn man der Argumentation des herrschenden Diskurses folgte: Da neue Erfahrungen nur im genetischen Erzählen gedeutet werden können, diese Erzählweise aber nur Männern offen steht, können Frauen qua Geschlecht keine Geschichte schreiben. Der herrschende Diskurs führte dazu, dass „vormoderne" Zeitdeutungen sowohl in der Sichtung als auch in der Geschichtsschreibung abgewertet wurden. Sie gelten den „Meisterdenkern" als nicht mehr nachvollziehbar, da sie Zeit nicht adäquat deuten. Sie gelten auch nicht mehr als wahr, da sie nicht mit Dokumenten argumentieren und geforderte Beweisführungen unterlassen. Während ihnen in dem Betrieb der Dichtung die ästhetische Qualität abgesprochen wird, werden sie im Betrieb der Geschichtsschreibung von wissenschaftlicher Vergangenheitsdeutung ausgeschlossen. Es beginnt das ausgefeilte, sich stets professionalisierende Verfahren, mit dem wir HistorikerInnen Erfahrungen als richtig ausweisen. Um erfahrungsgestützte Richtigkeit zu belegen, genügt es nicht mehr, auf die Ehrhaftigkeit des Autors respektive der Autorin zu verweisen.

Aber muss es uns nicht misstrauisch stimmen, wie sich hier alles fügt? Und damit bin ich bei meinem dritten Punkt und der Forderung nach einer neuen Definition der Geschichtsschreibung. Was passiert, wenn wir die aus dem herrschenden Diskurs ausgeschlossenen Geschichtsschreibungen untersuchen? Was passiert, wenn wir das Terrain der bisherigen Wissenschaftsgeschichte verlassen?

Wenn wir beim Beispiel der so genannten Sattelzeit bleiben, dann zeigt sich, dass jenseits der entstehenden wissenschaftlichen Geschichtsschreibung eine Epistemologie bestand, die sich dem besagten Paradigmenwechsel entzog. Wie sich die wissenschaftliche Geschichtsschreibung an den Erzählmustern der Klassik orientiert – dies hat Daniel Fulda überzeugend nachgewiesen[43] –, so orientiert sich diese Form der Geschichtsschreibung an den Erzählmustern der Empfindsamkeit. Bemerkenswert ist an diesem Ergebnis nicht nur, dass es unterschiedliche Weisen gab, die Vergangenheit zu rekonstruieren, sondern vor allem deren unterschiedliche historische Apriori. Anders ausgedrückt: In diesen Erzählungen werden Erfahrungen beschrieben, die in den Erzählungen wissenschaftlicher Historiographie nicht ausgedrückt werden konnten und umgekehrt.

Illustrieren lässt sich die These mit einer Abhandlung von Elisa von der Recke aus dem Jahr 1787.[44] Dieser Text greift in eine lebendige Debatte der damaligen Gelehrtenwelt um den Grafen Cagliostro ein.[45] Die eigentliche Erzählung gliedert sich dabei in einen Wunderbericht, der als Selbstzeugnis der Autorin noch unter dem Eindruck der magischen Operationen des Betrügers um 1779 entstanden ist, und in einen acht Jahre später von der Autorin hinzugefügten Kommentar. Gemeinsam mit unzähligen Paratexten erzählen sie die Geschichte einer jungen Frau, die durch Cagliostro betört der Schwärmerei verfällt, Mitglied einer schwarzen Loge wird, schließlich aber den Betrug durchschaut, sich von ihrem Meister distanziert und den Weg zur Vernunft zurückfindet. Auffallend ist an dieser äußerst brüchigen Erzählung, dass es Recke zwar gelingt, die Verlockung der Schwärmerei plausibel zu machen – zumal ihr Cagliostro eine außerordentliche Machtposition als eine der Oberen der Loge in Aussicht stellt –, die Rückkehr zur Vernunft, genauer: zu einem vernünftigen Glauben, wird jedoch nur gesetzt, nicht aus der Erzählung abgeleitet. Recke stellt, so könnte man überspitzt sagen, nur Zustände nebeneinander, ohne die Rückkehr zur Vernunft einer *inneren* Entwicklung der Protagonistin zu unterlegen. Der Gang der Erzählung wird stattdessen mit einer göttlichen Fügung motiviert. So erhält man Einblicke, wie neue Erfahrungen (Schwärmerei) durch die historische Erzählung in überlieferte Deutungsmuster *zurückgeschrieben* werden. Im Gegensatz zum modernen Paradigma wird der Bruch (neue Erfahrung) nicht zur Voraussetzung einer Entwicklungsstufe, die sonst nie erreicht worden wäre. Im Gegenteil, wichtig für die Glaubwürdigkeit der Erzählung ist die Konstanz des moralischen (empfindsamen) Charakters

43 Daniel Fulda, Wissenschaft aus Kunst. Die Entstehung der modernen deutschen Geschichtsschreibung 1760–1860, Berlin 1996.

44 Elisa von der Recke, Nachricht von des berüchtigten Cagliostro Aufenthalte in Mitau, im Jahre 1779, und von dessen dortigen magischen Operationen, in: Klaus Kiefer Hg., Cagliostro. Dokumente zu Aufklärung und Okkultismus, Frankfurt a. M. 1991, 20–143.

45 Einen guten Überblick über die Schriften von Goethe über Schiller bis hin zu Katharina der Großen gibt Kiefer, Cagliostro, wie Anm. 44. Vgl. ebenfalls, Epple, Geschichtsschreibung, wie Anm. 21, 256–284.

der Protagonistin. Dieses *factum* wird durch den Wunderbericht ebenso belegt wie durch die Offenherzigkeit der kommentierenden Autorin.

Obwohl im Pragmatismus der Aufklärung die Integration einer göttlichen Fügung in die Erzählung verpönt war und alles Zufällige, Wunderbare ausgeschlossen werden sollte, bewegt sich auch die Lesart der Erzählung durch den Herausgeber Friedrich Nicolai innerhalb dieser „vormodernen" Epistemologie. Auch er zentriert in seiner Interpretation die Erzählung nicht um ein autonomes Subjekt. Für Nicolai steht jedoch nicht die göttliche Fügung im Vordergrund, sondern die Erzählung hat ihm zufolge exemplarische Bedeutung, weil die Vernunft im Kampf gegen die Täuschungen der Einbildungskraft den Sieg davongetragen habe. Beweise der Glaubwürdigkeit sind ihm die genauen Detailkenntnisse der Autorin über schwarze Magie und geheimbündlerische Kommunikation.

Die Argumentation Nicolais eröffnet gleichsam den Übergang zu einem ganz anderen Deutungsmuster, das mit der Klassik entstanden ist. Wenn er in der Abhandlung vor allem Reckes Scharfsinn bewundert, „mit welchem Sie nunmehr die Veränderung des Ganges Ihrer eignen Ideen zu entwickeln weiß ..."[46], klingt das schon beinahe so, als habe hier die Protagonistin selbst die Dynamik der Geschichte hervorgerufen. Bei genauer Lektüre wird jedoch deutlich, dass nach Nicolai in der „von Gott vorgeschriebenen Ordnung" die Gesetze der Vernunft walten. Es handelt sich um eine *entdeckte*, nicht um eine von der Protagonistin *erschaffene* Entwicklung der Ideen. An die Stelle der göttlichen Fügung tritt bei Nicolai die Notwendigkeit der Vernunft. Empfindsamkeit und Pragmatismus sind meines Erachtens derselben Epistemologie zuzuordnen, wenn es sich dabei auch, wie das Beispiel zeigt, um Extreme dieser Weltsicht handelt. Bereits innerhalb dieser Epistemologie unterscheiden sich die Erfahrungen, die gemacht werden können. Reckes göttliche Fügung und ihre Dankbarkeit gegenüber dem Schicksal, zweifelsfrei sehr tiefgehende Erfahrungen, lassen sich kaum in Nicolais Worten ausdrücken. Wirklich überschritten würde das Paradigma „Empfindsame Geschichtsschreibung", berichtete ein Vertreter der Weimarer Klassik die Entwicklung der Protagonistin. Hier würde die Entlarvung Cagliostros durch die Vernunft gemeinsam mit der Erfahrung der Schwärmerei zur notwendigen Voraussetzung einer höheren Einsicht in den Zusammenhang von Gefühl und Verstand. In der Protagonistin selbst würde sich eine Veränderung anbahnen, die der Entwicklung ihre innere Dynamik verliehe. Die Hauptperson wäre nur noch männlich denkbar und – das ist der gravierendste Unterschied – machte andere Erfahrungen als Elisa von der Recke. Es würde uns eine Bildungsgeschichte erzählt, innerhalb derer der Held seine gesamten Anlagen ausbildete. Wie sich ein Historist à la Ranke der Geschichte Cagliostros annehmen würde, lässt sich kaum ausmalen. Die Erfahrung einer Person, dazu noch einer weiblichen, um exemplarisch vor der Schwärmerei abzuschrecken, wäre weder sein Thema noch sein Mittel der Wahl. Im Historismus würde eine solche Erzählung nicht als Geschichtsschreibung gelten, da sie nur die Deutung einer Entwicklung im Individuum beschreiben und nicht auf die Deutung gesellschaftlicher Entwicklungen übertragen werden könnte.

46 Friedrich Nicolai, Vorrede des Herausgebers, in: Elisa von der Recke, Nachricht, wie Anm. 44, 24–28, 27.

Festhalten lässt sich mit dieser schlaglichtartigen Interpretation der Recke'schen Schrift und ihrer Interpretation durch Nicolai, dass die unterschiedliche Epistemologie nicht entlang der Geschlechtergrenze verläuft. Empfindsame Geschichtsschreibung wurde auch von Männern verfasst. Entscheidender als das Geschlecht erscheint die Grenze zwischen akademischem und nicht-professionalisiertem Erzählen. In den unterschiedlichen Erzählweisen werden andere Vergangenheits- und Zukunftsentwürfe gefasst, andere Subjektentwürfe favorisiert, andere Gültigkeitsregeln angestrengt, um andere Fakten zu belegen. Aus den Erzählungen lässt sich schließen, dass unterschiedliche Erfahrungen gemacht, erzählt und belegt wurden. Die Erfahrungen des einen Paradigmas konnten und können nicht verlustfrei in ein anderes übersetzt werden. Mit seiner spezifischen, überindividuellen Moral stellt das Paradigma „Empfindsame Geschichtsschreibung" meines Erachtens eine weit verbreitete Alternative im Umgang mit den Herausforderungen der Moderne dar. Der kanonisierte Diskurs kann durch eine Erweiterung des Gattungsbegriffs seiner repressiven Macht entkleidet werden. Ist er nicht vielmehr eine Reaktion auf ganz andere Geschichtsschreibungen?

Mit dieser Frage sind wir bei einer neu bestimmten Historiographie und einer Analytik der Macht unter den Bedingungen der Geschlechtergeschichte angekommen.

Forum

Zum Erb- und Ehegüterrecht in Schweden seit dem Hochmittelalter[1]

Maria Sjöberg

Heute wird vielfach vom Ende oder zumindest vom massiven Abbau des Wohlfahrtsstaates gesprochen. Trotz Krisen und Verschlechterungen gilt Schweden international immer noch als Paradebeispiel eines gut ausgebauten sozialen Fürsorgesystems. Besonders hervorgehoben werden dabei das dichte Netz an Kinderbetreuungsplätzen und die vergleichsweise gute Vereinbarkeit von Berufstätigkeit und Familie. Diese wie andere Indikatoren der Gleichberechtigung von Frauen und Männern attestieren dem Land eine erfolgreiche Gleichstellungspolitik.

In einer historischen Perspektive versucht man gerne, den erreichten Status an Gleichberechtigung auf auf rechtliche Traditionen zurückzuführen: Frauen hätten in Schweden über Jahrhunderte mehr rechtliche Befugnisse gehabt als in anderen Ländern. Tatsächlich konnten schwedische Frauen schon seit dem 13. Jahrhundert Grund und Boden erben, wenn auch die Verfügung darüber eingeschränkt war. Eigentumsfragen nehmen in der historischen Forschung Schwedens traditionell eine wichtige Position ein, vor allem im Kontext von Agrarentwicklung und Klassenverhältnissen.[2] Dem Zusammenhang von

1 Die Ergebnisse basieren auf den Forschungsarbeiten im Rahmen meiner Dissertation, Maria Sjöberg, Kvinnors jord, manlig rätt. Äktenskap, egendom och makt i äldre tid (Weiblicher Grundbesitz, männliches Recht. Ehe, Eigentum und Macht in älterer Zeit), Göteborg 2001.

2 Vgl. zum Beispiel Eli F. Heckscher, Sveriges ekonomiska historia från Gustav Vasa (Wirtschaftsgeschichte Schwedens ab Gustav Vasa), Del 1, 1, Stockholm 1935; Lars Herlitz, Jordegendom och ränta. Omfördelningen av jordbrukets merprodukt i Skaraborgs län under frihetstiden (Grundeigentum und Zinsen. Umverteilung der landwirtschaftlichen Überproduktion im Bezirk Skaraborg während der „Freiheitszeit"), Göteborg 1974. Die „Freiheitszeit" bezeichnet in der schwedischen Geschichte die Epoche zwischen 1720–1772, vom Ende des Großen Nordischen Krieges bis zur Rückeroberung der Macht im Parlament durch den Adel im Jahr 1772. Sie repräsentiert also eine Zeit verhältnismäßig großer Mitbestimmung des Rates. Maria Ågren, Att hävda sin rätt. Synen på jordägandet i 1600-talets Sverige, speglad i institutet

Eigentumsverhältnissen und Ehe hat sich vornehmlich die Geschlechtergeschichte gewidmet[3] und dabei auch Besonderheiten der nordeuropäischen Situation nachgespürt.[4]

Rechtstraditionen und Rechtsordnungen

In der Zeit vom Hochmittelalter bis ins 19. und beginnende 20. Jahrhundert, als Schweden Finnland an Russland verlor (1809) und in Personalunion auch über Norwegen regierte (1814–1905), veränderten sich die Grenzen des Reiches immer wieder. Neu hinzukommende Gebiete hatten vielfach eigene Rechtstraditionen und waren zum Teil nur lose integriert.[5] In Finnland und im Baltikum setzte sich das schwedische Rechtswesen durch. Dort etablierten sich ebenso Oberlandesgerichte (*hovrätter*) als oberste Instanz wie auch die niederen Gerichtshöfe – die Kreisgerichte (*häradrätter*) der Provinzen und die Amtsgerichte (*rådstugurätter*) der Städte.

Vor 1350 war die Gesetzgebung in unterschiedliche territoriale Partikularrechte aufgesplittert. *Upplandsrecht, Södermansrecht* und *Östgötarecht* sind die bekanntesten dieser Provinzialrechte für Ostschweden, das ältere und das jüngere *Västgötarecht* für Westschweden. Im Jahr 1350 kam dann ein reichsumfassendes Landrecht zustande, *Magnus Erikssons Landslag,* und etwa ein Jahrzehnt später – die genaue Jahreszahl ist nicht gesichert – erließ Magnus Eriksson auch eine Rechtsordnung für die Städte im Reich, *Magnus Erikssons Stadslag*. Im Jahr 1442 wurde Magnus Erikssons Landrecht formal durch *Kristoffers Landslag* ersetzt, während das Stadtrecht unverändert weiter bestand.[6]

Diese wie auch spätere Rechtsordnungen entstanden nicht in einem Vakuum. Sie bezogen sich teils aufeinander, teils auf das römische Recht, vor allem aber auf das mosaische Recht.[7] Die Bedeutung des mosaischen Weltbildes für Gesetzgebung und Rechtsanwendung erfuhr mit der Zeit – etwa wenn man die Provinzialrechte mit den Landrechten vergleicht – noch eine Verstärkung. Die erste gedruckte Ausgabe von *Kristoffers Landslag* aus dem Jahr 1608 war mit dem Gesetz Moses als Anhang ver-

---

urminnes hävd (Sein Recht behaupten. Blick auf das Grundeigentum im Schweden des 17. Jahrhunderts, im Spiegel des uralten Herkommens dieses Instituts), Stockholm 1997; Carl-Johan Gadd, Den agrara revolutionen 1700–1870 (Die Agrarrevolution 1700–1870), Stockholm 2000.

3 Vgl. zum Beispiel Britt Liljewall u.a. Hg., Kvinnor och jord. Arbete och ägande från medeltid till nutid (Frauen und Grundbesitz, Arbeit und Eigentum vom Spätmittelalter bis zur Gegenwart), Stockholm 2000; Kari Melby u.a. Hg., The Nordic Model of Marriage and the Welfare State, Kopenhagen 2000.

4 Vgl. zum Beispiel den Sammelband von Melby, Nordic Model, wie Anm. 3.

5 Schonen, Halland, Blekinge, Bohuslän, Gotland, Jämtland und Härjedalen kamen Mitte des 17. Jahrhunderts unter schwedische Oberhoheit. Sowohl Schonen als auch Gotland hatten eigene und ältere Rechtstraditionen, die neben den schwedischen weiter fortbestanden.

6 Von etwa 1350–1734 unterstanden die Städte einer anderen Jurisdiktion als das Land. Mit 1734 wurde das Recht dann zwar vereinheitlicht, doch schrieb es auch mehrere voneinander abweichende Bestimmungen fort. Insofern kann man auch vor dem 19. Jahrhundert schon von einem Reichsrecht sprechen.

7 Vgl. Elsa Sjöholm, Sveriges medeltidslagar. Europeisk rättstradition in politisk omwandling (Schwedische spätmittelalterliche Rechte. Europäische Rechtstradition im politischen Wandel), Stockholm 1988, 99.

sehen, auf welches in der Rechtssprechung vor allem in Zusammenhang mit Sittlichkeitsverbrechen rekurriert wurde.

Die Übergänge von den Provinzialrechten zu Landrecht und Stadtrecht und 1734 schließlich zum Reichsrecht waren von Konflikten begleitet. Bei der Ablöse der Provinzialrechte beispielsweise verliefen Konfliktlinien zwischen dem König und den Mächtigen des Reichs, aber auch zwischen dem König und der Kirche.[8]

Die spätmittelalterlichen Landrechte beinhalteten Bestimmungen zu Grundeigentum, Landwirtschaft, Bebauung, Handel, Erbe, Ehe und anderes mehr. Im Folgenden liegt der Fokus auf der Erbordnung und dem Ehegüterrecht, die in den einzelnen Gesetzessammlungen unterschiedlich gestaltet waren.

Das System der Grundherrschaft war gekennzeichnet von einem großen Anteil – etwa 50 % – an Erbzinsgütern. Deren Inhaber, *skatte* genannt, stellten insbesondere in Mittel- und Nordschweden die Mehrheit. Jene Bauern – etwa 25 % –, die königliches Kronland bewirtschafteten, hatten formal zwar kein Erbrecht, in der Praxis wurde dieses Land (*krono*) dennoch oft innerhalb der Familie weitergegeben. Weitere 25 % der bäuerlichen Bevölkerung fanden ihr Auskommen auf Adelsgütern, die sich zunächst im fruchtbaren Südwesten des Landes und später dann, im Laufe des 16. Jahrhunderts, um Stockholm und Uppsala konzentrierten. Sie lebten und arbeiteten unter feudalrechtlichen Bedingungen, waren aber nicht Leibeigene. Der schwedische Adel war eher klein und im europäischen Vergleich auch nicht sehr wohlhabend – in der Mitte des 16. Jahrhunderts etwa verliefen die Grenzen zwischen gut gestellten Erbzinsbauern und den Adeligen nicht unbedingt strikt und offensichtlich. In der Folgezeit verstärkten sich dann allerdings die Unterschiede zwischen diesen beiden Gruppen. Ab dem 17. Jahrhundert hatte der Adel auch ein größeres politisches Gewicht gegenüber dem König und den Bauern, das sich im 18. Jahrhundert tendenziell wieder auf Letztere verlagerte. Im 19. Jahrhundert verlor der Adel die meisten seiner Privilegien, bäuerliche Gruppen konnten hingegen eine gewisse politische Machtposition in der Gesellschaft halten.

Variationen der Erbordnung

Das Ältere *Västgötarecht* und das *Dalarecht* waren durch das Prinzip gekennzeichnet, dass durchgehend Männer Vorrang gegenüber Frauen hatten. Die eine Position schloss die geschlechtsspezifisch entsprechende andere aus: Gab es Söhne, erbten die Töchter nicht und so weiter:[9]

---

8 Darin lag die Ursache dafür, dass die spätmittelalterlichen Landrechte keine kirchlichen Bestimmungen enthielten, eine Rechtssituation, die sich 1686 mit dem formalen Einbeziehen der Kirche und deren breiterer Verankerung im Reichsrecht von 1734 änderte. Unter die kirchliche Autorität – auch durch das ganze 19. Jahrhundert hindurch – fiel in erster Linie die Jurisdiktion im Kontext von Ehe. Vgl. Sjöholm, Sveriges medeltidslagar, wie Anm. 7, 51. Lange Zeit wurden deshalb als Ergänzung zum Landrecht die kirchlichen Vorschriften der Provinzialrechte angewandt – am häufigsten die des Upplandes.

9 Vgl. Christer Winberg, Grenverket. Studier rörande jord, släktskapssystem och ståndsprivilegier (Studien über Grund, Verwandtschaftssystem und Standesprivilegien), Stockholm 1985, 22f.

1) Sohn
2) Tochter
3) Vater
4) Mutter
5) Bruder
6) Schwester
7) Kinder des Sohnes
8) Kinder der Tochter
9) Kinder des Bruders
10) Kinder der Schwester
11) Großvater väterlicherseits
12) Großvater mütterlicherseits (und Großmutter väterlicherseits)
13) Großmutter mütterlicherseits
14) Bruder des Vaters (Onkel väterlicherseits)

Diese Ordnung kannte auch kein Repräsentationsrecht. Ein Enkel in männlicher Linie erbte also nicht anstelle eines toten Sohns. Eine Tochter erbte nach einem Sohn und im Dalarecht sogar nach dem Sohn des Sohnes.

Andere Rechte – zum Beispiel das *Upplandsrecht* – folgten indessen dem Prinzip, dass sowohl Männer als auch Frauen erbten – Frauen aber nur die Hälfte dessen, was den Männern als Erbteil zufiel. Das *Östgötarecht* ging diesbezüglich einen Kompromiss ein:

> Då två jämna i arv och jämskylda i ätt, då går alltid hatt till och huva ifrån. ... Då båda är lika närskylda, man och kvinna, då tar mannen arvet och kvinnan går ifrån, utom då de är syskon.
> Wenn zwei im Erbe gleich und im Familienverband gleichgestellt sind, dann geht es immer an den Hut und die Haube weicht. ... Wenn beide gleich nahe verwandt sind, Mann und Frau, dann steht dem Mann das Erbe zu und die Frau weicht, außer wenn sie Geschwister sind.

Für Geschwister war bestimmt:

> Var helst som broder ärver, där ärver också syster, broder två tredjedelar och syster en tredjedel.
> Wann immer ein Bruder erbt, dann erbt auch die Schwester, der Bruder zwei Drittel und die Schwester ein Drittel.[10]

Auch wenn im *Östgötarecht* in den meisten Linien Männer vor Frauen erbten, kam eine stärker gleichberechtigte Ordnung zum Tragen, wenn es um Geschwister ging.

Die Erbbestimmungen der Provinzialrechte benachteiligten Frauen. Gleichzeitig erkannten sie ihnen jedoch das Erbrecht zu. Dieses Recht wird manchmal Birger Jarls

10 Sjöholm, Sveriges medeltidslagar, wie Anm. 7, 125.

Reformen Mitte des 13. Jahrhunderts zugeschrieben, aber auch vor dem 13. Jahrhundert ging Grundbesitz an Töchter über, unter anderem in Form von *hemföjld* oder *hemgift* (Heiratsgut), durch Transfers im Zusammenhang mit der Eheschließung also. In ihrer Untersuchung zum Einfluss von Rechtstraditionen auf das schwedische Recht des Spätmittelalters stellt die Historikerin Elsa Sjöholm fest, dass solche Heiratsgaben in der Praxis sogar zur Folge haben konnten, dass eine ältere Tochter mehr zugesprochen erhielt als ein jüngerer Sohn.[11] Der Grund dafür lag vor allem in den auf diese Weise steigenden Chancen auf eine prestigeträchtige Heirat.

Magnus Erikssons Landrecht von 1350 setzte eine Erbordnung fest, die in weiten Teilen mit dem *Upplandsrecht* vom Ende des 13. Jahrhunderts übereinstimmte. Als Reihung war hier vorgesehen:

1) Sohn, Tochter
2) Kinder des Sohnes, Kinder der Tochter
3) Vater, Mutter
4) Bruder, Schwester, Kinder des Bruders, Kinder der Schwester
5) Großvater und Großmutter väterlicherseits
6) Großvater und Großmutter mütterlicherseits
7) Brüder und Schwestern des Vaters
8) Brüder und Schwestern der Mutter
9) Kinder des Onkels in männlicher Linie, Kinder des Onkels in weiblicher Linie

Dem Mann fielen dabei jeweils zwei Erbteile und der Frau eines zu:

> Dör bonde eller husfru och leva barn efter dem, son och dotter, då ärve son två lotter och dotter tredjedelen.
> Stirbt der Bauer oder die Ehefrau und leben Kinder nach ihnen, ein Sohn und eine Tochter, dann erbt der Sohn zwei Teile und die Tochter ein Drittel.[12]

Der Bruder der Mutter beispielsweise bekam demnach doppelt so viel wie die Schwester der Mutter. Im Unterschied zu den Provinzialrechten wurde hier eine Art Repräsentationsrecht eingeführt. Im vierten Glied bekam das Kind eines Bruders den Teil, den der Bruder bekommen hätte, auch wenn die Schwester des ursprünglich Erbberechtigten noch lebte. Ein weiterer bedeutender Unterschied war, dass die Erbordnung die nachfolgende Generation auf Kosten der vorhergehenden eindeutig begünstigte. Kinder der Verstorbenen, die absteigende Linie also, erhielten den Vorrang vor Eltern und Geschwistern.

Knapp hundert Jahre später, im Jahr 1442, legte *Kristoffers Landrecht* eine neue Erbordnung fest, und zwar mit folgender Reihung:[13]

---

11 Vgl. Sjöholm, Sveriges medeltidslagar, wie Anm. 7, 127.

12 Åke Holmbäck u. Elias Wessén, Magnus Erikssons Landslag (Magnus Erikssons Landrecht), Stockholm 1962, Ärvdabalken I (Erbe, Abschnitt I).

13 Carl Johan Schlyter Hg., Konung Christoffers Landslag (König Christoffers Landrecht), Lund 1869, Ärvdabalken II, III (Erbe, Abschnitt II, III).

1) Sohn, Tochter
2) Kinder des Sohnes, Kinder der Tochter
3) Vater, Mutter, Bruder, Schwester, Kinder des Bruders, Kinder der Schwester
4) Großvater und Großmutter väterlicherseits, Großvater und Großmutter mütterlicherseits
5) Brüder und Schwestern des Vaters, Brüder und Schwestern der Mutter
6) Geschwisterkinder des Vaters, Geschwisterkinder der Mutter

Diese Ordnung war weitgehend am früheren Recht orientiert. Auch hier gab es das Repräsentationsrecht, wenn es um die Kinder oder Geschwisterkinder der Verstorbenen ging. Eine wesentliche Änderung lag jedoch darin, dass Eltern, Geschwister und Geschwisterkinder der Verstorbenen nun gemeinsam erbten, was die Absicht dokumentiert, die kommenden Generationen noch zusätzlich zu begünstigen.[14] Verglichen mit Magnus Erikssons Landrecht schloss jedes Glied ab dem dritten das nächstfolgende mit ein. Frauen waren durchgehend erbberechtigt, für sie war jeweils ein Teil vorgesehen, während Männer zwei Teile zugesprochen erhielten. Sowohl die ältere als auch die jüngere Erbordnung bevorzugten somit Männer, wenn auch auf unterschiedliche Weise – je nachdem, ob sie einen generell bevorzugten Anspruch auf das Erbe hatten oder auf einen größeren Anteil dessen.

Sieht man Erbordnungen auf einer allgemeinen Ebene als Instrument der Gestaltung von Machtverhältnissen zwischen den Generationen und über Generationen hinweg, finden Veränderungen hinsichtlich des Konzeptes von Familie und Verwandtschaft sowie der Geschlechterverhältnisse in den Modifikationen der Erbordnungen ihren Niederschlag: Kinder und Enkel der Verstorbenen wurden nun vor Eltern und Geschwistern begünstigt.

Magnus Erikssons Stadtrecht aus der Zeit um 1360 war auf alle Territorien mit städtischen Privilegien anzuwenden. Ein wichtiger Unterschied zur Erbordnung des Landrechts lag darin, dass Frauen und Männer hier zu gleichen Teilen erbten:

> Dör en byaman, eller hans husfru, och lever barn efter dem, son och dotter, då ärve son lika som dotter och dotter lika som son.
> Stirbt ein Städter oder seine Hausfrau und leben Kinder nach ihnen, dann erbt der Sohn gleich wie die Tochter, und die Tochter gleich wie der Sohn.[15]

Diese Bestimmung hatte bereits Vorläufer in den älteren Rechtstraditionen der Städte. Ein wichtiger Aspekt dabei ist, dass dieses Erbrecht nur für das Eigentum galt, das sich unter städtischer Jurisdiktion befand. Besaß der Erblasser auch Eigentum auf dem Land – was auf vermögendere Bürger im Allgemeinen zutraf –, fiel dieses Eigentum unter die Landrechtsbestimmungen, denen zufolge Männer gegenüber Frauen Anspruch auf ein

14 Vgl. Maria Sjöberg, Kvinnans sociala underordning – en problematisk historia. Om makt, arv och giftermål i det äldre samhället (Soziale Unterordnung der Frau – eine problematische Geschichte. Über Macht, Erbe und Heirat in der älteren Gesellschaft), in: Scandia, 2 (1997), 171.

15 Holmbäck/Wessén, Magnus Erikssons Landslag, wie Anm. 12, Ärvdabalken I (Erbe, Abschnitt I).

doppelt so hohes Erbteil hatten. Die Frage, warum Frauen in den Städten das gleiche Erbrecht zugestanden wurde wie Männern, konnte bislang noch nicht beantwortet werden. Eine Erklärung für den Unterschied zwischen Stadt- und Landrecht könnte darin zu sehen sein, dass Grund und Boden in der Zusammensetzung von Vermögen einen unterschiedlichen Stellenwert hatten und man insbesondere am Land versuchte, deren Eigentum in den Händen der Männer zu halten. In diesem Zusammenhang ist auch darauf hinzuweisen, dass Grundstücke innerhalb der Städte oft an administrative Funktionen gebunden waren. So wurden Amtsträger wie beispielsweise Bürgermeister mit entsprechenden Nutzungsrechten während ihrer Amtszeit belohnt. Diese Ämter konnten nur Männer ausüben. Dem gleichberechtigten Erbrecht in den Städten standen also Bestimmungen gegenüber, die wiederum auf eine geschlechtsspezifisch ungleiche Ressourcenverteilung hinausliefen.

Die Erbregelungen des Stadtrechtes und aus *Kristoffers Landrecht* blieben während des 16. und 17. Jahrhunderts in Kraft. Erst mit dem Reichsrecht von 1734, welches das Stadtrecht mit dem Landrecht zusammenführte, ohne jedoch alle bestehenden Divergenzen anzugleichen, kam eine neue und weitreichende Erbordnung zum Tragen. Nachstehend sind die ersten sechs Gruppen daraus angeführt:[16]

1) Sohn, Tochter
2) Kinder des Sohnes, Kinder der Tochter, Urenkel in männlicher Linie, Urenkel in weiblicher Linie
3) Vater, Mutter
4) Bruder, Schwester, Halbbruder, Halbschwester, Kinder des Bruders, Kinder der Schwester, Kinder des Halbbruders, Kinder der Halbschwester
5) Großvater und Großmutter väterlicherseits
6) Großvater und Großmutter mütterlicherseits

Auch diese Regelung war vom Bestreben gekennzeichnet, die absteigende Linie noch deutlicher als in den früheren Rechten zu begünstigen: Kinder und Enkel wurden an die zweite Stelle gesetzt, während die Eltern der Verstorbenen erst an dritter Stelle folgten. Obwohl das Recht von 1734 reichsumfassend war, blieb der Unterschied zwischen Stadt und Land in Hinblick auf die Frauen und Männern zugedachten Erbanteile weiter fortbestehen.[17] Dieser Punkt wurde im Jahr 1845 dahingehend geändert, dass das Erbrecht der Frauen – unabhängig davon, ob es sich um Eigentum in der Stadt oder auf dem Land handelte – dem der Männer gleichgestellt wurde. Diese Reform wurde jedoch von gegenläufigen Beschlüssen unterminiert. Gleichzeitig erhielt nämlich der älteste Sohn ein Vorrecht auf das Erbe eingeräumt, mit der Möglichkeit, seine Geschwister vom unbe-

16 Sveriges Riks Lag. Gillad och antagen på riksdagen år 1734 (Schwedisches Reichsrecht. Genehmigt und angenommen am Reichstag 1734), Stockholm 1984, Ärvdabalken I, II, III (Erbe, Abschnitt I, II, III).

17 Priester, die einen eigenen reichspolitischen Stand ausmachten, fielen seit Mitte des 17. Jahrhunderts unter die städtische Jurisdiktion. Für sie galt somit die gleichgestellte Erbordnung. Da ihr Eigentum an liegenden Gütern jedoch an das Priesteramt gebunden war und dieses für Frauen bis in die 1950er Jahre nicht in Frage kam, wurden auch die Pfarrhöfe ausschließlich an Männer weitervererbt.

weglichen Eigentum abzulösen. Damit war das Erbrecht nach wie vor ungleich. Wie zu verfahren sei, wenn kein Sohn in der Familie vorhanden war, ob auch die älteste Tochter auf dieses Vorrecht pochen oder über ihren Ehemann in dessen Genuss kommen konnte, darüber schweigen sich die Bestimmungen aus.

Festzuhalten ist auch, dass sich der Kreis der als ErbInnen in Frage kommenden Verwandten in direkter Linie und in den Seitenlinien sukzessive ausgeweitet hatte. Das Erbrecht sah auch durchgehend eine strikte Gütertrennung zwischen Ehegatten vor, die sich demzufolge nicht gegenseitig beerben konnten. Zu durchgreifenden Veränderungen in diesen beiden Punkten kam es erst mit dem Erbrecht von 1928. Darin wurde die Zahl der erbberechtigten Verwandten stark eingegrenzt und gleichzeitig der Rechtsschutz für den überlebenden Eheteil gesetzlich verankert. In Verbindung mit dem Testamentgesetz von 1930 und dem Nachlassgesetz von 1933 war damit das ältere Erbrecht zur Gänze durch neue Bestimmungen abgelöst. In der Erbordnung von 1928 waren die ErbInnen in drei Klassen eingeteilt und als letztmöglicher Begünstigter wurde an vierter Stelle ein staatlicher Fonds eingeführt:

1) Kinder
2) Ehemann/Ehefrau, Eltern, Geschwister und Geschwisterkinder
3) Weiter entfernte Verwandte in Übereinstimmung mit dem Recht von 1734
4) Allgemeiner Erbfonds

Überlebende Ehegatten waren der zweiten Erbklasse zugeordnet. Falls es keine Leiberben gab, ging die Verlassenschaft der beziehungsweise des Verstorbenen an den Ehemann oder die Ehefrau. Erst wenn der überlebende Eheteil gestorben war, konnten Eltern, Geschwister und weiter entfernte Verwandte der dritten Erbklasse Anspruch auf das Eigentum erheben. Neu war auch die Einführung des Allgemeinen Erbfonds, einer staatlichen Einrichtung, die als Begünstigte eintrat, falls es keine lebenden Anverwandten in den anderen drei Klassen gab.

Selbst wenn das Erbrecht von 1928 – vor allem durch das Ehegattenerbrecht – endgültig mit der garantierten Vormachtstellung für die Abstammungslinien brach, waren es doch nach wie vor die leiblichen Nachkommen, die vorrangig erbten. Vor diesem Hintergrund kann die Gesetzesänderung von 1987 gewissermaßen als Revolution angesehen werden. Mit dem 1. Januar 1988 trat ein Gesetz in Kraft, dem zufolge der überlebende Eheteil den verstorbenen beerbte, *auch wenn* Kinder vorhanden waren.[18] Damit wurde das alle vorangegangenen Erbordnungen bestimmende Prinzip ausgeschaltet, das die Kinder an die erste Stelle gesetzt und auch zu verhindern versucht hatte, dass das Erbe durch Ehegatten von einer Linie der Verwandtschaft zur anderen wechseln konnte. Darin kam ein Konzept von Familie zum Ausdruck, das sich stark von früheren Auffassungen unterschied, in denen legitimen Blutsbanden großes Gewicht zukam. Stattdessen wurde die Familie nun stärker als soziale Beziehung betont und der Ehe eine wichtigere Position zugewiesen.

18 Dies gilt nur für verheiratete Paare.

Heiratsgut, Morgengabe und Verfügungsgewalt

Das Erbrecht deckte nur einen – wenn auch grundlegenden – Teil an Eigentumsübertragungen zwischen den Generationen ab. Heiratsgut und Morgengabe gehörten ebenfalls zu den im thematischen Kontext wichtigen Transaktionen. Die einschlägigen rechtlichen Regelungen überließen es allerdings in relativ hohem Ausmaß den Eltern, wie sie ihr Eigentum verteilten. Wie viel einzelne Töchter und Söhne insgesamt erhielten, lässt sich deshalb nur schwer konkret feststellen. Bereits die Zeitgenossen haben die Gütertransfers rund um die Eheschließung als ein vorzeitiges Erbe betrachtet. Erbteil und Heiratsgut müssen daher in Beziehung zueinander gesetzt werden, wenn es um den Wert der Übertragungen an die einzelnen Kinder geht.[19] Wenn sowohl Söhne als auch Töchter erbberechtigt waren – wie im Landrecht –, wurde das Heiratsgut in den Erbteil mit eingerechnet.[20]

Detaillierte Regelungen zum Heiratsgut finden sich bei den Provinzialgesetzen nur im *Östgötarecht* aus der Mitte des 14. Jahrhunderts. Den dortigen Ausführungen zufolge sollte es hauptsächlich aus Bettwäsche sowie Grundbesitz samt Gold und Silber bestehen. Wenn sich das Heiratsgut auf einen gewissen Wert belief, sollte der Bräutigam auch seinerseits einen Anteil einbringen. Sieht man sich diese Regelungen zum Heiratsgut an, wird deutlich, dass sie sich vor allem auf bewegliches Eigentum bezogen. Die Vermutung, dass Töchter, die mit einem gut bemessenen Heiratsgut ausgestattet worden waren, zurückstehen mussten, wenn das unbewegliche Vermögen verteilt wurde, liegt nahe.[21] Das könnte bedeuten, dass den Eltern faktisch einiges an Spielraum innerhalb des rechtlichen Rahmens blieb, ihr Vermögen nach Gutdünken zu verteilen. Wenn bewegliches Eigentum vorzugsweise an Frauen fiel, könnte das aber auch bedeuten, dass der Grundbesitz dadurch in einem noch höheren Anteil von Männern monopolisiert wurde, als vom Gesetz her vorgesehen.

Zu den Punkten, die in einer Eheberedung beschlossen wurden, gehörte auch die Morgengabe, die der Mann seiner Ehefrau überreichte. Diese Möglichkeit bestand sowohl in den Provinzial- als auch in den Landrechten. Die Morgengabe war als eine Absicherung für die Frau im Falle ihrer Witwenschaft gedacht. Deren Höhe wurde erst mit der Zeit geregelt. In Magnus Erikssons Landrecht war der soziale Status des Mannes ausschlaggebend dafür: Ritter durften am meisten aufbieten, darauf folgten in Abstufungen Edelknaben und einfache Adelige; Bauern und nicht sesshafte, aber freie Männer waren als Letzte genannt.

19 Vgl. Sjöholm, Sveriges medeltidslagar, wie Anm. 7, 127.

20 Vgl. Sjöholm, Sveriges medeltidslagar, wie Anm. 7, 128.

21 Dies zu verifizieren gestaltet sich insofern schwierig, als erst mit dem Reichsrecht von 1734 Nachlassregelungen obligatorisch wurden. Diese fanden nur zum Teil Eingang in die Archive und verweisen lediglich in einzelnen Fällen auf die Vergabe von Heiratsgut. Frühe Testamente und Verträge, die darüber Auskunft geben könnten, beschränken sich auf den Adel; sie sind für die hier diskutierten Fragestellungen aber bislang noch nicht ausgewertet worden.

Om någon giver mera, än som nu er sagt, då har det ingen kraft, och det som var mera givet dömes tillbaka till arvingarna.
Wenn jemand mehr gibt, als hier gesagt wird, dann hat das keine Kraft, und das, was mehr gegeben wurde, muss den Erben zurückgegeben werden.[22]

Ein wesentlicher Hintergrund für die gesetzliche Regelung der Höhe war die Wahrung der Rechte der nachfolgenden Generation. In der Praxis wurde der für die Morgengabe vorgesehene Umfang jedoch immer öfter überschritten. Der Hintergrund war die Konkurrenz um vorteilhafte Eheschließungen und soziales Prestige.[23] Da die Morgengabe der Ehefrau und ihren Erben zufiel, wurden auf diesem Wege große Teile an Grundbesitz von der einen Linie zur anderen überführt, was gegen die im Erbrecht herrschende Auffassung verstieß: Es sollte eigentlich nicht möglich sein, sich ein Erbe zu erheiraten.

In der Folge gab es verschiedene Versuche, die Höhe der Morgengaben zu limitieren. Nach jahrzehntelangen Debatten und mehreren fehlgeschlagenen Versuchen setzte die Eheschließungsordnung von 1644 schließlich eine Obergrenze fest[24] und bestimmte auch, dass die Morgengabe nach dem Tod der Ehefrau an die Erben des Mannes zurückfallen sollte. Damit wurde zugleich das Besitzrecht der Witwe an der Morgengabe in ein Genussrecht umgewandelt. Die Witwe konnte die Morgengabe jedoch zeit ihres Lebens und sofern sie sich nicht wiederverehelichte einbehalten. Die Morgengabe durfte nunmehr höchstens ein Drittel des männlichen Eigentums ausmachen.[25]

Erst 1920 wurden die Regelungen der Morgengabe im Rahmen der neuen Ehegesetzgebung abgeschafft. Doch hatte diese bereits in dem Maß an Aktualität verloren, in dem das Recht der testamentarischen Verfügung ausgedehnt worden war. In der älteren Gesetzgebung war der erbliche Grundbesitz nämlich nicht unter die Testierfreiheit gefallen. In den unteren sozialen Schichten regelten Testamente daher meistens die Versorgung in Form eines Vertrages zwischen dem überlebenden Eheteil und den Verwandten des Verstorbenen. Die Testamente der höheren Schichten ähnelten demgegenüber mehr unserer heutigen Praxis. Da die Testierfreiheit stark eingeschränkt war, riefen Testamente oft Streitigkeiten zwischen den ErbInnen hervor, die bisweilen gerichtlich geschlichtet werden mussten.

Nicht nur das ererbte, sondern auch das von den Ehegatten gemeinsam erworbene Eigentum war im so genannten Ehegüterrecht (*giftorätt*) geregelt, das im Grunde dem Erbrecht folgte. Dem Mann stand im Fall der Verwitwung also im Vergleich zur Frau doppelt so viel vom gemeinsam Erworbenen zu.[26]

22 Holmbäck/Wessén, Magnus Erikssons Landslag, wie Anm. 12, Giftermålsbalken X (Eherecht, Abschnitt X).

23 Vgl. Winberg, Grenverket, wie Anm. 9, 43.

24 Vgl. Hans Petersson, Morgongåvoinstitutet i Sverige under tiden fram till omkring 1734 års lag (Das Institut der Morgengabe in Schweden im Laufe der Zeit bis zum Recht von 1734), Lund 1973, 61f, 81–87, 104–148.

25 Diese wie die Witwenbestimmungen blieben auch im Recht von 1734 bestehen. Vgl. Sveriges Rikes lag (Schwedisches Reichsrecht), 1734, Giftermålsbalken IX (Eherecht, Abschnitt IX).

26 Diese Bestimmung war bis 1915 nur im Todesfall aktuell, da es bis dahin in Schweden keine Ehescheidung gab.

Verheiratete Frauen konnten weder über ihr Eigentum verfügen noch bestimmen, wie das Vermögen verwaltet werden sollte. Sowohl in den spätmittelalterlichen Provinzialrechten als auch in den Landrechten war Gütertrennung vorgeschrieben.[27] Der Besitz selbst verblieb demnach jeweils getrennt bei der männlichen und bei der weiblichen Linie. Die eheliche Gemeinschaft, von der trotzdem gesprochen wurde, bezog sich nur auf dessen Verwaltung. Diese oblag den Männern – Vätern, Brüdern und Ehemännern – und fiel unter ihre Vormundschaft.

Daher wurden Höfe und Grundstücke von Männern an Männer übergeben: von Vätern an Söhne oder Schwiegersöhne. Auch wenn der Transfer von Ressourcen in der zuletzt genannten Konstellation nominell über Männer lief, waren Frauen hier das Bindeglied.[28]

Das männliche Verwaltungsmonopol wurde ebenfalls mit dem Ehegesetz von 1920 abgeschafft. Diese Reform fiel mit der Einführung des Frauen-Stimmrechts zusammen, ein Konnex, der sich – wenn auch nicht in dieser zeitlichen Unmittelbarkeit – auch in den anderen nordeuropäischen Ländern feststellen lässt.[29]

Als Fazit ist zu konstatieren: Auch wenn die hier skizzierten Regelungen rund um Erbe und Ehe Frauen faktisch nicht die Verfügungsgewalt über das ihnen zugesprochene Vermögen in die Hände gaben, kam ihrem Besitz dennoch entscheidende Bedeutung für die gesellschaftliche Machtposition ihrer Väter, Ehemänner und Söhne zu.

Aus dem Schwedischen von Ellinor Forster

---

27 Vgl. Sjöberg, Kvinnans sociala unterordning, wie Anm. 14, 172.

28 Vgl. Marja Taussi-Sjöberg, Rätten och kvinnorna. Från släktmakt till statsmakt i Sverige på 1500- och 1600-talen (Das Recht und die Frauen. Von der Geschlechtermacht zur Staatsmacht in Schweden im 16. und 17. Jahrhundert), Stockholm 1996.

29 Finnland, das von 1809 bis zur Revolution von 1905 ein Großfürstentum innerhalb Russlands war, führte das Frauenstimmrecht als erstes europäisches Land im Jahr 1906 ein. Das männliche Verwaltungsmonopol blieb jedoch weiter bestehen und wurde erst mit dem Ehegesetz von 1929 abgeschafft. In Norwegen durften 1907 bestimmte Gruppen von Frauen wählen, 1913 wurde das allgemeine Wahlrecht eingeführt. Das männliche Verwaltungsmonopol wurde erst 1927 abgeschafft. Dänemark führte das allgemeine Stimmrecht 1915 ein, die Ehereform erfolgte in den Jahren 1922 und 1925. Island folgte in diesen Punkten der dänischen Entwicklung.

Aktuelles und Kommentare

To "Write as a Woman" in Bulgaria in the 90s of the 20th Century

Milena Kirova

This paper presents the results of my studies of "Women and the Bulgarian Canon in Literature". During the last year, I've been trying to understand how women are writing in a very specific situation that is at a time when the national literary Canon, due to historically specific circumstances, has nearly vanished. By "Canon" I mean a "list" of writers and poets who are considered to constitute the "high tradition" of Bulgarian literature and whose works are, as "classical" and most important, studied at schools and universities.

A good example for a time in which the Canon appears to be vanishing, is the Bulgarian literature in the 90s of the 20th century. It is true that the word "vanished" is a hyperbole. The matter in question is more adequately called a "passive" Canon in a very specific situation, a situation of profound uncertainty in the hierarchy of traditional norms and regulations, especially with respect to their ability to regulate the current literary production.

Nowadays, there is no "great literature" in Bulgaria like in former times, especially in the communist past, when the "greatness" of texts was often decided by way of ideological considerations. Today, there are no names and no texts which can unite the expectations of the critics, the pleasures of the readers, or the standards of a "Bulgarian" tradition. Of course, this is not characteristic of the Bulgarian culture only, but has to do with the so called "post-totalitarian" situation, shared by other countries in Eastern Europe and connected with the general uncertainty and ambiguity of traditional, Western, patriarchal discourses at the very end of the 20th century.

For literary criticism this is a very specific, even unique and highly gratifying situation – not much unlike the chance offered to astronomers by a full sun eclipse. It is the chance to observe the mechanics of what is happening during a "Canon eclipse", in the twilight of tradition. Of course, it is a situation which affects Bulgarian literature in general, but here I am interested primarily in finding out what is happening with women's literature, and actually not with all of the literature written by women but only with the kind of literature written by women in a gender specific way, i.e. in a way which denies certain texts and writers that identify with male-constructed models of traditional ("feminine") experience in literature.

Women and the Literary Market

Before going further in this direction, let me try to present briefly the specific changes which happened on the literary market in Bulgaria after 1990. These changes constituted an appropriate socio-economic background of the new processes taking place in the sphere of "women's writing". What first disappeared was the ideologically constructed, politically directed control over the system of literary preferences or the literary "taste", as we say in Bulgarian. This "taste" broke down into "tastes", each of them going into a separate direction. As a result, the reading public also broke down into "publics" with the specific effect of totally changing the people's reading habits: people who liked to read (and their number was great) read everything they could find – from classical novels to science fiction, from James Joyce and Marcel Proust to Agatha Christie, not forgetting Mark Twain or Herman Melville who sold an enormous number of copies in a hard-cover, five-volume edition. Forbidden literature might have been read in other languages, but was not published. And if it was available from pre-communist editions, it was simply locked up in the National Library. All of Sigmund Freud, for instance, was in a special archive, and very, very few got personal permission from the Central Committee of the Party to have a look upon it. Samizdat literature also hardly existed in Bulgaria.[1]

The democratization of the literary "taste" appeared first of all as a break-down of the previous patterns of taste, which was (and continues to be) accompanied by a general reduction of the very desire to read. "The" market turned into "markets" according to the specific spheres of the desire to read which also developed in the course of this break-down. And this happened even in a literal sense. The old system of all-books stores disappeared, and new places, specialized in selling a certain type of book appeared instead: stands (mainly in the streets) for foreign bestsellers, together with stands and (poorly visited) small book stores for Bulgarian literature appeared, and the academic literature went to the universities, and so on. The very word "market" which was a symptom of the "degraded bourgeois" attitude towards culture, ceased to be understood as insulting when applied to literature. And what is more, the market started to work as an invisible mechanism regulating writers and their motivation to write. A great many of those who used to write and publish during the previous decades (especially elder writers, women included) simply stopped writing because of their inability to adapt to the new (idea of the) market. The development of "market consciousness" proved to be specifically related to the creative efforts of writing women. The patriarchal cultural tradition has always mythologized "the woman" as a more primitive, more spontaneous, and more "corporeal" human being. This tradition has always been very strong, though "invisible", and it has never been critically articulated in Bulgarian literature. In poetry, for example, women were supposed to write "as women", i.e. emotionally, "sincerely" (closely identifying them-

1 Samizdat literature are texts published by means of unprofessional methods (Xerox copies for example) and in small numbers.

selves with their lyrical subjects), romantically; and mainly about love (towards men, of course). Unfortunately, one of the most drastic changes which occurred in poetry after 1990 was the fact that pathetically romantic, "self-expressing", dramatic lyrics became perfectly unsaleable. Women (especially those over 35) who wrote poetry found themselves facing the difficult question of how to accept the idea that literature should be sold and one should "offer oneself" (one's "personal dramas") on the market and still be "a woman" (romantic and passionate according to tradition).

Writing Poetry

Now, I would like to present some of the tendencies which made the new women's writing slip away of the Canon. These tendencies also imply the solutions of the problem presented above.

Let me start by explaining that (according to a very long but rationally inexplicable tradition) poetry has always been the better part of Bulgarian literature[2] and usually the predominant field of experiments and modern strivings. The 90s are no exception in this respect, at least for the number of writers who were looking for a change. Since the middle of 19th century, when poetry emerged out of its close connection with the imagery of folk poetry, modern poetry in Bulgaria has preserved the tradition to express personal (lyrical) experience in symbolic images inherited from folk mythology. This is the point for women's writing, too. The first (nowadays accepted as "classical") woman poet, Elissaveta Bagryana, back in the 20s of the 20th century, expressed her desire for freedom from the patriarchal norms of femininity by identifying her lyrical heroine with the images of the *nestinarka* (a woman playing barefoot on hot embers, a relic of the female magician) and the cuckoo (a bird which doesn't make a nest or a "home"). The identifications of the "emancipatory" type have usually emerged in the sphere of traditional folk-mythological imagery.

The "new mythology" of the 90s seems to echo this tradition, while simultaneously breaking away from it. It deliberately rejects folk imagery as a mirror of traditional patriarchal identity. What comes to substitute it is a number of mythological figures which belong to the global cultural heritage: from Eurydice and Penthesilea via Dido and Phaedra to the Sleeping Beauty. There are two poets whose works are very characteristic in this respect – Miglena Nikolchina[3] and Amelia Licheva[4]. In their works it is especially Penthe-

2 Like in other less sophisticated societies, modern Bulgarian literature appeared very late, in the middle of the 19th century, with no tradition of education and even literacy in the country.

3 Miglena Nikolchina, born 1955, graduated in English literature from the University of Sofia with a Ph.D. in literature from the same university and from a Canadian university. In 1985, her doctoral thesis Mitu t za Promjetjej i pojetikata na anglijskija romantizum (The Myth of Prometheus and the Poetics of English Romanticism") was published and followed by Smisul i majtseubijstwo. Tschetjene na Wirdzinija Ulf prez Julia Krustewa (Meaning and Matricide Reading Virginia Wolf through Julia Kristeva), Sofia 2000. Currently she is associate professor in West-European Studies at the University of Sofia and author of four books of poetry, the last two explicitly feminist: Asimwolija (Asymbolia), Sofia 1995 and 13 raskasa sa ljubowta I pisanjeto (13 Stories about Love and Writing), Sofia 1999.

4 Amelia Licheva, born 1968, graduated in Bulgarian literature from the University of Sofia with a Ph.D. in

silea, queen of the Amazons, whose "royal" presence makes explicit the ambivalent situation of femininity throughout the patriarchal world (the woman-in-power against the power of the woman, or immanent femininity which is usually a lack of social power). Miglena Nikolchina is the first to introduce the theme of *sororicide*, together with the feeling of guilt accompanying it. I should add here that Bulgarian poetry until this moment hardly knew the themes and the problems arising out of the relations among women, with the exception of the attitudes (always gratitude) of the daughter towards her mother. Amelia Licheva deconstructs the image of Penthesilea keeping in place the traditional idea of the woman warrior while at the same time viewing her situation from behind, at a distance – as a situation inadequate to modern women, and at the same time as an occasion to understand the dramatic lack of female presence in modern culture.

What cannot but astonish us, is the complete lack of identification with figures of the Bible (or of Biblical origin), and also the unwillingness to make parody of and to play with biblically legitimized identities of the patriarchal world. An example for this is Virginia Zaharieva[5]. In the mid 90s, she was considered to be the most "emancipated" (even "feminist", a label not lacking insulting connotations even nowadays in Bulgaria), the most "scandalous" woman poet, personifying anti-romantic trends in lyrical writing. Parody of traditional feminine values was an important suggestion in her early-90s book *The Hen with the Sewn Eye*. Even she, when (bravely) identifying with (the suffering of) Jesus Christ, turned very serious, losing her usual sense of irony. Reasons for this may prove to be implied in the very idea of suffering which is still very important to the paradigm of female experience, often epitomizing "the woman's fate" in the context of traditional ideas of femininity.

Among the new phenomena of the decade we should mention also a tendency to write philosophically, with a lot of cultural erudition; a general tendency towards intellectualizing the position of the writing woman. In the tradition of Bulgarian culture, but also as a general phenomenon, the ability to write in an "impulsive", "sensitive", "cordial" way has always been among the greatest, "naturally born" advantages of women's writing. It seems symptomatic that the new women writers often have an academic career. Literature for them is not any more a kind of romantic escape from the kitchen of everyday life, but just part of their total professional and social self-realization. As a logical consequence, the audience that (wants to) read this new poetry has also changed. In the years before 1990, "women's poetry" did its best to be popular ("for the people", as the saying went), it should be read by "all women", and this populism was considered to be of very high value. Nowadays, the readers of the new women poets constitute a much smaller

theory of literature with her doctoral thesis Zhjenskijat glas w literaturata (The Female Voice in Literature), Sofia 2001; assistant professor at the University of Sofia and author of three books of poetry: Oko, wtrjencheno w ucho (An Eye, Staring at an Ear), Sofia 1992; Btorata Bawilonska biblioteka (The Second Library of Babylon), Sofia 1997 and Azbuki (Alphabet), Sofia 2002.

5 Virginia Zaharieva, born 1959, graduated in Bulgarian studies from the University of Sofia and works as a radio journalist and editor of the popular feminist magazine "Post Scriptum". She is the author of three books of poetry: Kamukut, kojto ne sluschasche rekata (The Stone Which Didn't Listen to the River), Sofia 1989; Kokoschkata sus zaschitoto oko (The Hen with the Sewn Eye), Sofia 1992 and Kadril kusno sljedobed (Quadrille late in the Afternoon), Sofia 1996.

group, mainly people with university education, in the age group between 20 and 45. As a rule, this poetry is published only in specialized cultural newspapers and magazines and never in the mass press. As for the previous popular consumers of women's poetry, they simply ceased to exist. "The people" don't seem to read poetry any more, or some of them still read the poets of the previous decades but cannot change their "lyrical taste" and adapt to the new phenomena.

Having in mind the predominantly philological academic education of the new women poets, it is no wonder that many concepts of literary theory and philosophy have entered their poetics, and that they frequently use paraphrases, quotations, and discursive commitments – a clear-cut cosmopolitan trend. The title of the last but one book of Amelia Licheva is *The Second Library of Babylon*. It is also the title of the first poem which is somewhat of a program to the book. The lyrical character declares herself as guardian of all the books that have ever been created, a librarian of Logos itself; she is the very necessity of Logos, the personification of its presence in human civilization.

Both Amelia Licheva and Miglena Nikolchina not just write in an intellectual way. There is a very important change. Sometimes it seems to me that they write in order to live, instead of: live in order to write.

If we now go back to the tradition of Bulgarian literature, we shall find there the great thematic importance of love. Love in fact is the very foundation of the ability to write in a feminine way. Even recently, in the year 2000, the only anthology of women's poetry that has been published in Bulgaria for the last ten years, was an anthology of love poetry under the symptomatic title *100 Years of Love*. It is no wonder then that the new poets have to "deal" with love in one way or another. Christine Dimitrova,[6] for example, simply "forgets" to write about love; Amelia Licheva codifies it in such a philosophic and intricate way that it is hard to guess whether there is any place for love in her poetry.

When speaking about love, women-poets "revolutionize" the point of view towards the traditional type of relations between men and women. They raise the priority of female experience and subvert the obligatory tradition of romantic sentimentality. Virginia Zaharieva, Sylvia Choleva, and Miglena Nikolchina literally "treat" love from the premises of sexual experience; love is anything but romantic in their poetry; it can be neurotic, depressive, also boring, and – what is most subversive from a male point of view – just one aspect of a life-consuming attitude, like food for example. Some details, unusual for women's poetry, appear: poses and circumstances of the sexual act, concrete details of body behaviour, and so on. Therefore we should say something more about the body, the male body in this case. Tradition lets woman write about the male body only from the premises of her romantic, loving attitude towards the man: she speaks pathetically about the look of his eyes, the power of his hands, and so on. The new women poets started segmenting the male body from the point of view of its sexual functionality; they started

6 Christine Dimitrova, born 1963, graduated in English Studies from the University of Sofia and is assistant professor in English at the same university. She writes poetry and short stories and works as a translator. She is the first translator of John Donne in Bulgarian, see Anagramata (The Anagram), Sofia 2001 and the author of four books of poetry: Trinadjesetoto dete na Jakov (The Thirteenth Child of Jacob), Sofia 1992; Obraz pod leda (An Image Under the Ice), Sofia 1997; Poprawka na talismani (Repair of Talismans) 2000 and Chorata s fjenerite (The People With the Lanterns), Sofia 2003.

calling the parts according to their physical and not psychically-metaphoric aspect of presence. I will mention an emblematic poem of Miglena Nikolchina which bears the title *18 Centimetres*. What puts even more fire to the scandal is the declaration of femininity as a point of view of the writing subject, as well as a meeting point of interest with the reader. The last of Virginia Zaharieva's books has a stamp – both on the cover and inside, in the pages – "For women only".

This is how we come to the most important feature of the new women's poetry of the 90s: it is a kind of writing which conveys the feeling of being possessed with itself; a self-oriented realization of lyrical subjectivity, we may also say – the productive sublimation of female primary narcissism. Definitely – I don't have in mind that kind of narcissism which Freud has always attributed to women and according to which they should ever stay chained to their situation of infantile dependence upon men. I rather think of the narcissism which has always been considered "normal" of men, even as a proof of their creative capacities. In this respect, the new women's poetry turns subversive to the very basis of patriarchal experience; it is perfectly new in Bulgarian literature which lacks any serious attempts to write explicitly as gay, or as belonging to a gender minority.

Prose Writing

At last, let's turn our attention from poetry to prose writing. As I already said, poetry has always been the "easier" part of the genre economy of Bulgarian literature; there are many more poets than prose writers in the Canon. Prose seems to be a more "difficult" genre; the novel especially has always held a privileged position. It won't be a surprise, therefore, to say that women have traditionally been expected to write poetry (this has also to do with the idea of their spontaneity, "naturalness", and so on). The Canon firmly localized women's writing in poetry, marginalized it in fiction, and never let it enter drama. This is a twofold process: there exists a general (socio-cultural) attitude towards women, and women (having internalized it) really do behave according to the rules of "their" femininity. For the last three decades before 1990, there was only one woman fiction writer, who came next to being accepted in the Canon – Vera Mutafchieva,[7] author of historical novels (among the greatest compliments to her works was the phrase that she writes "like a man", which was quite true). All this makes the changes in the 90s even more symptomatic and dramatic.

In the middle of the decade, the former tradition seemed to have been broken down. Women wrote some of the most interesting novels, the trend came to a peak in 2001, and still continues. Emblematic of the changes are two women writers, who made their

7 Vera Mutafchieva, born 1929, graduated in history from the University of Sofia and works as a historian of the Ottoman Empire with many scientific publications in Bulgaria and abroad. She is a very popular and prominent novel write, see Letopis na smutnoto wreme (Chronical of the Troubled Times), Sofia 1964; Sluchajat Dzhem (The Jhemme Case), Sofia 1966; Az, Anna Komnyna (Me, Anna of the Komnins), Sofia 1991.

appearance both during the 90s – Emilia Dvoryanova[8] and Maria Stankova[9]. I know that when they started writing, they had a very, very vague idea of feminism as social theory and philosophy, and especially – as a practice of post-modern writing. It seems that the Bulgarian "ecriture feminine" was born as a result of an immanent necessity, which is actually part of the all-European changes during the last decades of the 20th century. The Canon eclipse in our case allowed us to realize the insufficiency of the Canon itself, of the very idea of writing according to some Canon.

The first woman writer, who created strikingly post-feminist works during the 90s, is Emilia Dvoryanova. Until now she has published three novels and a long story. All of them depend upon her rich knowledge in philosophy and Christian theology; all of them demonstrate professional knowledge in art and music (she started her career as a piano player but then broke a finger). These are works which don't try to hide their desire to be intellectual, even elitist; there is nothing stranger to them than the desire to turn popular and get inscribed in the flow of mass literature which certainly did exist in the 90s (women are also among its producers; they write mainly science fiction, moralistic "psychological" novels, and some crime fiction). The works of Dvoryanova seem highly estranged from the traditions of Bulgarian national fiction-writing; they seem better inscribed in a tradition that would include Thomas Mann and Marcel Proust, James Joyce and Virginia Wolf, Georges Batailles and Marguerite Duras. Even if we try to be meticulously attentive, it will be hard to detect any traces of Bulgarian folk imagery and poetics in her works. At the same time, they are highly symbolic; their symbolism comes directly from the Bible, from Greek mythology, and from knowledge of West-European, as well as Russian literary traditions.

The second writer who managed to "discover" the poetics of post-feminist writing is Maria Stankova, mainly in her first novel, *A Guide of Self-Made Murders*, and in a cycle of seven stories. Both the novel and the stories are heavily focused on a female character that is highly untypical, extravagant, extra-normal compared to the standards of "feminine" experience. All the characters merge into a single idea of femininity as something which is "un-normal" with regard to "normal" behaviour. Madness and criminality are ever present features of this femininity though they seem to epitomize what can be defined as the normal madness of common sense. Maria Stankova's female characters are always marginal, autistic, ecstatic, and rationally inexplicable. They are never infantile or neurotic – two of the most typical obligations of patriarchal women. The greatest "madness"

8 Emilia Dvoryanova, born 1958, graduated in philosophy from the University of Sofia with a Ph.D. in philosophy titled Estetycheskata sustnost na christijanstwoto (The Aesthetic Essence of Christianity) 1994. After working as a high school teacher for many years, she teaches Creative Writing at the New Bulgarian University, Sofia. She is the author of three novels: Kuschtata (The House) 1992; Passion Passion ili smurtta na Alisa (Passion, or the Death of Alice) 1996; Gosposha G. (Mistress G.) 2001, and a long story, La Velata, 1998.

9 Maria Stankova, born 1956, graduated from the High Musical School at Sofia and works as free-lance fiction writer and dramatist. She is the author of three novels: Naruchnik po samoruchni ubijstwa (A Guide of Self-Made Murders), Sofia 1996; skam go m(-)rt(-)w (I Want Him Dead), Sofia 1998 and Katalog na duschite Po (Catalog of the Souls Called *Po*), Sofia 2001.

of their behaviour seems to be exactly their self-sufficiency, the psychic comfort of the ability to live according to one's own desires.

As a conclusion, I would like to recall a legend that is very popular in Bulgarian folk poetry and widely spread over the rest of the Balkan region. It tells of a group of men who are engaged in building a church (or a bridge, or a monastery). They build it during the day, but every night the church gets destroyed all by itself. In order to finish their work, they have to make a human sacrifice so they actually build in a human being alive in the basis of the building. No need to say that the victim has to be the youngest and the prettiest among the wives of the builders. This legend is symptomatic of the way patriarchal civilization makes use of woman in order to thrive and grow. Now, at the beginning of a new millennium, the buried or built-in female body starts to speak. It proves not to be dead, neither estranged nor neurotic. It simply wants to get out and to start building by itself and without the necessity to sacrifice any other, any otherness for the sake of human civilization.

Frauenbewegung(en), Feminismen und Genderkonzepte in Zentral-, Ost- und Südosteuropa

Internationale Vernetzung und Kommunikation: Projekt, Publikation, Konferenz

Elisabeth Frysak, Margareth Lanzinger, Edith Saurer

Ziel des Projektes,[1] das hier kurz vorgestellt werden soll, ist eine Intensivierung der Vernetzung und Kommunikation sowie des wissenschaftlichen Austausches mit HistorikerInnen und VertreterInnen benachbarter Disziplinen im Bereich der Frauen- und Geschlechterforschung in den postkommunistischen Ländern. Die Ausgangspunkte für die Idee zu diesem Unterfangen lassen sich im Wesentlichen in drei Richtungen hin zusammenfassen:

Zunächst war es das Interesse an der „Ersten Frauenbewegung" der zentral-, ost- und südosteuropäischen Länder. Die europäischen Frauenbewegungen sind bis heute von der Geschichtswissenschaft sehr unterschiedlich aufgearbeitet worden und es gibt große regionale Forschungslücken.[2] Der Nationalsozialismus, die europäischen Faschismen und der Zweite Weltkrieg haben dazu beigetragen, dass ein Bruch in der europäischen Frauenbewegungsgeschichte entstand. In den kommunistischen Ländern hat der „Staatsfeminismus" die Erinnerung daran und die Auseinandersetzung damit nicht gefördert, und größere Forschungsinteressen entwickelten sich erst nach 1989. Die österreichische „Erste Frauenbewegung" pflegte, historisch bedingt, enge Verbindungen zu

1 Das Projekt wurde über den Verein zur Förderung von L'Homme. Z.F.G. im Herbst 2002 beim Jubiläumsfonds der Österreichischen Nationalbank unter dem Titel „Netzwerkbildung zwischen Ost und West. Intensivierung wissenschaftlicher Kommunikation zwischen Österreich und Osteuropa im Bereich der Frauen- und Geschlechtergeschichte" eingereicht und bewilligt. Die Laufzeit beträgt zwei Jahre (2003–2004); Projektleiterin ist Edith Saurer, Projektkoordinatorin Margareth Lanzinger und wissenschaftliche Projektmitarbeiterin Elisabeth Frysak.

2 Auch im Buch von Karen Offen, European Feminism 1700–1950. A Political History, Stanford 2000, gilt die Blickrichtung hauptsächlich dem Westen und anglo-amerikanischen Netzwerken. Ebenso jenes von Giselal Bock, Frauen in der europäischen Geschichte. Vom Mittelalter bis zur Gegenwart, München 2000. Verwiesen sei hier auf Leila J. Rupp, Worlds of Women. The Making of an International Women's Movement, Princeton 1997. Sie arbeitet mit dem Konzept der Transnationalität von Frauen-Organisationen.

Teilen der zentral- und osteuropäischen Bewegungen, auch wenn sie nicht konfliktfrei waren.[3] Das Forschungsinteresse an ihnen ist daher im Kontext der österreichischen Frauen- und Geschlechtergeschichte besonders stark entwickelt wie auch der Wunsch nach Zusammenarbeit.

Weiters stellt sich aktuell und unter dem Blickwinkel der *travelling concepts* sehr zentral die Frage der Rezeption von Feminismustheorien und Gender-Konzepten: Diese ist zwischen Aneignung, kritischer Distanz und eigener Schwerpunktsetzung zu verorten – gegenüber dem „Westimport".[4] Die Frage nach der Beziehung zwischen *global knowledge* und *local knowledge* drängt sich in den Zeiten der „Globalisierung" und der „Glokalisierung" in den politischen und wissenschaftlichen Vordergrund.[5] Auch wissenschaftliche Beziehungen und Forschungsinteressen stehen in diesen Spannungen. Jedenfalls sind Konzepte und Texte ohne Rezeption stumm, ein platter und glatter Import nicht möglich. In den nunmehr verstrichenen 15 Jahren der so genannten Transformation hat die Frauen- und Geschlechtergeschichte in den zentral- und osteuropäischen Ländern verschiedene Phasen durchlaufen und den von Hana Havelková für die erste Zeit als prägend bezeichneten „Küchenfeminismus"[6] abgelöst und vielfältig ausdifferenziert. Aktualitätsbezogene Themenbereiche haben sich im Projektkontext auch als solche erwiesen: so die geschlechtsspezifischen Implikationen der Sozialpolitik im Zeichen des Rückzugs des Staates aus diversen Verantwortungen, die Verknüpfung von ökologischen Problemstellungen und feministischen Anliegen, theoretische Debatten um die Bestimmung des sex-gender-Verhältnisses im Gefolge der Butler-Rezeption oder die Positionierung von Themen wie „Körper" und „Sexualität" im Kontext der eigenen wissenschaftlich-philosophisch-literarischen Traditionen.[7]

Ein dritter Entstehungszusammenhang der Projektidee ist in der eigenen Geschichte und im Konzept von *L'Homme* als Zeitschrift für Feministische Wissenschaft begründet, deren erstes Heft 1990 erschien. Ein Schwerpunkt sollte die wissenschaftliche Kommunikation mit allen Nachbarländern sein. Das war schwierig einzuhalten und erst 2001 mit der Gründung der *L'Homme*-Rubrik „Forum" nahm er deutlich sichtbare Konturen an.[8] Hier wird die Situation der Frauen- und Geschlechtergeschichte, des Feminismus, der

---

3 Vgl. Susan Zimmermann, Die bessere Hälfte. Frauenbewegungen und Frauenbestrebungen im Ungarn der Habsburgermonarchie 1848 bis 1918, Budapest 1999.

4 Vgl. dazu Galina Zvereva, „Das Fremde, das Eigene, das Andere ...". Feministische Kritik und Genderforschung im postsowjetischen intellektuellen Diskurs, in: Elisabeth Cheauré u. Carolin Heyder Hg., Russische Kultur und Gender Studies, Berlin 2002, 71–98.

5 Vgl. das Thema der Berkshire Konferenz vom 6. bis 9. Juni 2002 „Global Knowledge <—>Local Knowledge".

6 Hana Havelková, Referat auf dem L'Homme-Workshop „Leben texten. Die Frage nach dem Biografischen aus geschlechtergeschichtlicher Perspektive" vom 31. Mai bis 1. Juni 2003 in Wien.

7 In diesem Zusammenhang ist auf die Feststellung von Regina Becker Schmidt und Gudrun-Axeli Knapp zu verweisen, dass eine intensivierte Kommunikation mit Wissenschaftlerinnen aus Zentral-, Ost- und Südosteuropa zusammen mit einer erhöhten Aufmerksamkeit gegenüber „Kontextbindungen und der Vielfältigkeit der Problemlagen", die Frauen angesichts markanter Veränderungen in Gesellschaft und Wissenschaft betreffen, generell einen „erweiterten politischen Horizont bekommen" hat. Regina Becker Schmidt u. Gudrun-Axeli Knapp, Feministische Theorien. Eine Einführung, Hamburg 2001^{2}, 10.

8 Zuvor gab es jedoch auch schon Beiträge: vgl. den Beitrag von Jiřina Šiklová, Frauen und Politik. Konfrontation mit dem westlichen Feminismus, in: L'Homme. Z.F.G., 3, 2 (1992), 81–87.

Gender-Debatten und *Gender*-Studies in verschiedenen Ländern Europas vorgestellt. Die Einladung ging in den ersten Runden dabei gezielt an Wissenschaftlerinnen in der Türkei, in Bulgarien, in der Tschechischen Republik, in Kroatien und in Russland. Einen nächsten wichtigen Schritt stellte die Erweiterung des *L'Homme*-Herausgeberinnenteams mit dem Jahr 2003 dar: Krassimira Daskalova aus Sofia und Hana Havelková aus Prag traten unter anderen bei – und auch unser Projekt war zu diesem Zeitpunkt bereits im Laufen.

Das Projekt: Planung, Ablauf und Ergebnisse

Zufall nimmt in der Wissenschaft einen Platz ein, auch wenn es eine Neigung der ForscherInnen gibt, seine Bedeutung in Erklärungszusammenhänge zu versenken. Im Fall unseres Projektes kommt ihm bei der Aussendung des *Call for Papers* ein Stellenwert zu. Der *Call* sollte Geistes- und KulturwissenschaftlerInnen in Zentral-, Ost- und Südosteuropa erreichen, die zu den Themen „Feminism, Gender and Women's Movement from 19th to 20th Century within post-communist Countries" forschten. Ein erster Arbeitsschritt bestand darin, eine möglichst breite Palette an Adressen, sowohl von wissenschaftlichen und außerwissenschaftlichen Einrichtungen im Bereich der Frauen- und Geschlechterforschung als auch von Personen, die in diesem Feld tätig sind, für die einzelnen postkommunistischen Länder zu recherchieren. An diese ging der in der Zwischenzeit ausgearbeitete *Call for Papers* mit der Bitte, ihn an weitere einschlägige Institutionen und potenziell interessierte WissenschaftlerInnen weiterzuleiten. De facto war es ein Schneeballsystem, das unseren *Call for Papers* weitertrug.

Auf den *Call for Papers* hin langten mehr als 50 *Abstracts* ein. Nahezu sämtliche Länder waren vertreten mit Ausnahme der zentralasiatischen Republiken und Aserbaidschans.[9] Nicht alle AutorInnen konnten die angekündigten Themen auch ausarbeiten und sagten ihre Teilnahme – zumeist aus zeitlichen Gründen – ab. Zwischen November 2003 und Januar 2004 kamen dann insgesamt 35 Artikel in die Redaktion. Sie werden für eine Publikation vorbereitet und in der Reihe der *L'Homme-Schriften* veröffentlicht. Die drei Hauptbeiträge des aktuellen *L'Homme*-Heftes sind ebenfalls in diesem Kontext entstanden – sie sollen, nicht zuletzt, neugierig machen auf den hier angekündigten Band.

Aufgrund der Ausschreibungsmodalitäten, aber auch aufgrund der produktiven Aneignung und Wendung des Ausschreibungstextes, sind die thematischen Schwerpunkte der AutorInnen relativ breit gestreut. Auch die eine oder andere Überraschung ist darunter, wenn etwa von vielfältigen Kulturtransfers berichtet wird, von Männerfantasien ukrainischer Romanhelden oder vom emanzipatorischen Aufbruch kosovarischer Folk-Sängerinnen. Die Häufigkeitsverteilung scheint uns in einigen formalen wie inhaltlichen Punkten interessant, die hier kurz angemerkt werden sollen: Dem *Call for Papers* zufolge

9 Auf Anraten unseres wissenschaftlichen Beirates (Johanna Gehmacher, Christa Hämmerle, Waltraud Heindl und Herta Nagl) haben wir in der Folge auch die zentralasiatischen Länder (Afghanistan, Kasachstan, Kirgistan, Tadschikistan, Turkmenistan, Usbekistan) ausdrücklich kontaktiert. Wir haben den Call for Papers in dankenswerter Vermittlung durch Paul Geiss über die Central-Eurasia-List (http://cesww.fas.harvard.edu/CESWW_Central-Eurasia-L.html) veröffentlichen können. Zehn Beiträge sind daraufhin eingelangt, für die wir eine gesonderte Präsentation und Publikation planen.

stand die Abfassung auf Deutsch oder Englisch zur Auswahl; vier deutschsprachige Beiträge sind eingelangt, darunter nur einer von einer nicht muttersprachlichen Autorin aus Bulgarien. Unter den EinsenderInnen der *Abstracts* waren auch drei Männer – aus Kharkov, Minsk und Rijeka; Text hat uns nur einer erreicht. Dem zahlenmäßigen Verhältnis nach sind AutorInnen aus dem engeren universitären Bereich gegenüber VertreterInnen anderer Institutionen wie Projektzentren, soziale und politische Einrichtungen sehr viel stärker vertreten.

Nach inhaltlichen Gesichtspunkten lassen sich ebenfalls Streuungen und Konzentrationen feststellen. Unter den verschiedenen historischen Phasen, die bearbeitet wurden, dominiert die Zeit des Postkommunismus – vielfach und nahe liegend in Relation zur kommunistischen Ära gesetzt. An zweiter Stelle rangieren Arbeiten zur Frauenbewegung im 19. und beginnenden 20. Jahrhundert. Einige Beiträge spannen den Bogen auch von diesen Anfängen bis in die Gegenwart. Gesamt gesehen fällt auf, dass die Zwischenkriegszeit kaum und wenn, tendenziell nur knapp zur Sprache kommt – dies gilt sowohl für zeitlich weiter ausholende Beiträge als auch für thematische Schwerpunktsetzungen.

Kontinuitäten und Diskontinuitäten: die Konferenz

Eine Auswahl von zwölf Beiträgen, welche die Bandbreite der interessanten Themen sowie deren zeitliche und geographische Streuung repräsentieren soll, soll im Rahmen der am 3. und 4. Juni 2004 in Wien stattfindenden internationalen Konferenz „Continuities and Discontinuities. Women's Movement and Feminism(s) in Central-, Eastern and Southeastern Europe (19th and 20th Centuries)" vorgestellt werden.[10] Unter dem Gesichtspunkt der Vernetzung und Kommunikation fungiert die Konferenz – neben der in Vorbereitung befindlichen Publikation – als das zweite wichtige Forum des Austausches.

Die einzelnen Beiträge sind nach thematischen Schwerpunkten in zwei Sektionen gruppiert: „Politics and Society" steht am ersten, „Culture, Rights and Practice" am zweiten Konferenztag im Mittelpunkt der Diskussion. Das Themenspektrum umfasst einen Überblick über die Geschichte der russischen Frauenbewegung im 19. und 20. Jahrhundert (Natalia Pushkareva, Moskau), Identitätskonstruktionen von Frauen im Sozialismus am Beispiel Sloweniens (Milica G. Antić und Ksenija H. Vidmar, Ljubljana), die Situation von Frauen an ostdeutschen Hochschulen in den gleichstellungspolitischen Koordinaten vor und nach der Wende (Anke Burkhardt und Uta Schlegel, Halle-Wittenberg), Bereiche des sozialpolitischen Aktivismus von Frauen nach 1989 in Ungarn (Katalin Fábián, Easton), das *Board of Trustees-Program* in Georgien und Fragen der Gender-Balance (Khatuna Javakhadze, Tiflis), Feministischen Aktivismus in der Tschechischen Republik im beginnenden 21. Jahrhundert (Marta Kolářová, Prag), Ambiguitäten des Fa-

10 Die Konferenz wurde finanziell unterstützt vom Bundesministerium für Bildung, Wissenschaft und Kultur, vom Frauenbüro der Stadt Wien, der Österreichischen Forschungsgemeinschaft, dem Referat Frauenförderung und Gleichstellung der Universität Wien sowie dem Ungarischen Kulturinstitut in Wien – im kleinere Rahmen auch von einer Reihe weiterer Einrichtungen und Institutionen. Für das detaillierte Programm siehe unter www.univie.ac.at/geschichte/LHOMME/conference_2004.

milienrechts in Ungarn Ende des 19. Anfang des 20. Jahrhunderts (Anna Loutfi, Budapest), die polnische Frauenbewegung im Kontext von Bildungsaufgaben (Jadwiga Suchmiel, Warschau), Sängerinnen im ländlichen Kosovo – als Grenzüberschreitung vom häuslichen in den öffentlichen Bereich (Alma Bejtullahu, Ljubljana), Gender und Sex aus der Perspektive der literarischen und philosophischen Tradition Russlands (Anastasia Mitrofanova, Moskau), Feminismus und sprachliche Diskriminierung in der post-kommunistischen Realität der Ukraine (Alissa Tolstokorova, Kiew).

Die gesamten 35 Beiträge werden im Band 11 der *L'Homme*-Schriften veröffentlicht – erstmals ein Band der Schriften, der fast zur Gänze auf Englisch erscheint. Darin bildet sich auch ein Stück neuerer europäischer Geschichte ab. Die Herausgeberinnen hoffen jedoch, dass es gelingt, neben einer *lingua franca* die sprachliche Vielfalt Europas zu erhalten.

"Women and Conflict: Historical Perspectives"

Interdisciplinary Graduate Student Conference at the University of California, St. Barbara, 10. bis 12. Oktober 2003

Claudia Brunner

Weit, weiter, Weitwinkelobjektiv

Weit war der Weg von der Universität Wien an den Campus der *University of California, St. Barbara* (UCSB), weit reichte der Blick vom Panel im Mc Cune-Konferenzraum über die Lagune bis an den nahen Strand, an dem das Universitätsgelände liegt. Und weit war auch das Feld der Inhalte der Graduiertenkonferenz, die am dortigen *Interdisciplinary Humanities Center* Mitte Oktober 2003 stattgefunden hatte. Durchaus nicht unübersichtlich, aber aufgrund der inhaltlichen Weite doch schwer überschaubar war die Vielfalt an Vorträgen, die in jeweils zwei parallelen Panels angeboten wurden. Zum Titel „Women and Conflict: Historical Perspectives" präsentierten 25 Frauen und drei Männer ihre Forschungsarbeiten in insgesamt zehn Panels. Der Begriff *Conflict* umfasste dabei Bedeutungen von nationalem Befreiungskampf bis zur Historiografie über die weitgehend psychologisierte Sexualität von „viktorianischen" Frauen; die untersuchten geografischen Räume erstreckten sich von Südostasien bis Kanada, die Zeitspannen vom frühen sechsten bis zum Beginn des 21. Jahrhunderts. „Latin American Social and Political Movements", „Politics, Economics, and the Law", „Feminist Approaches to Asian Studies", „Identity and Cultural Production", „Rethinking Victorian Sexuality, Psychology, and Social Movement", „Ritual, Religion, and Resistance", „Responses to War", „Claiming Political and Cultural Identity", „Feminism, Sexuality, and Religion" sowie „Media, Censorship, and Representation" lauteten die Überschriften über den Panels. Das im Titel der Konferenz enthaltene Versprechen der Interdisziplinarität wurde in dieser Themenfülle jedoch nur ansatzweise erfüllt.

Interdisziplinarität: Zielvorgabe, Zusatznutzen oder Zufallsprodukt?

Zwei Vertreterinnen der *Religious Studies* sowie eine Theaterwissenschaftlerin und eine Politikwissenschaftlerin lieferten die wenigen nicht primär historischen Diskussionsbeiträge und nahmen somit nicht unbedingt jene „historical perspectives" ein, die der Titel der Konferenz vermuten ließ. Alle anderen Arbeiten repräsentierten aktuelle Teilbereiche US-amerikanischer historischer *Women's Studies.* Von „feminist" oder „gender" war dabei selten die Rede – sowohl in den Bezeichnungen der Institute, von denen die TeilnehmerInnen kamen, als auch in deren Forschungsansätzen. Angesichts des Konferenztitels und der dahinter zum Vorschein kommenden Themenvielfalt war auch nicht immer auszumachen, ob der Schwerpunkt nun auf den historischen Perspektiven oder auf dem interdisziplinären Zugang liegen sollte. Bei näherer Betrachtung der vorgestellten Arbeiten ging dieser Punkt jedoch eindeutig an die Geschichtswissenschaft. Zum Teil mag das am akademischen Hintergrund der einzelnen Teilnehmenden liegen, denn die VeranstalterInnen hatten schon in der Vorbereitung und Bewerbung der Konferenz stärkeren und leichteren Zugang zu HistorikerInnen als zu VertreterInnen anderer wissenschaftlicher Disziplinen oder zu explizit inter- und transdisziplinär arbeitenden angehenden WissenschaftlerInnen. Diese auf persönlichen Beziehungen basierenden Kooperationen mögen insbesondere für jene Frauen gelten, die seit Jahren beziehungsweise Jahrzehnten in den *Women's Studies* des *History Departments of St. Barbara* verankert sind. Zu einem weiteren Teil ist es aber wohl auch die viel gepriesene und doch so schwer einlösbare Interdisziplinarität selbst, die die Lage verkompliziert. Zumindest schien während der Konferenz niemand grundlegende Fragen nach ihrem Wesen zu stellen. Was ist sie, was will sie, was kann und soll sie? Und schließlich auch die Frage: Wer will sie wirklich so weit ans eigene Fach heranlassen, dass sich daraus womöglich irritierende bis im übertragenen Sinne existenzbedrohende In-Frage-Stellungen ergeben? Genau für jene immer wieder anstehenden und fruchtbaren Diskussionen war, ob beabsichtigt oder nicht, wenig Platz im dichten Programm. Auch methodische und methodologische Grundsatzdebatten kamen zu kurz. Doch wer sorgfältig aus Panels und Einzelbeiträgen wählte, konnte durchaus zu einem individuell Sinn machenden Mix aus verschiedenen Zugängen bei gleichzeitiger inhaltlicher Kohärenz gelangen, und den Rest versuchte man mitunter in den Pausengesprächen anzuschneiden, die sich erfrischend unkompliziert und offen gestalteten. Und das nicht nur unter lange gepflegten Interessensgrüppchen, wie man es mitunter aus Wien/Österreich kennt, sondern auch zwischen ProfessorInnen und Studierenden sowie zwischen AmerikanerInnen und den vier aus Großbritannien, Österreich, Australien und Japan angereisten Gästen. Schon in diesen Zwischenräumen wurde erlebbar, was die Differenzen zwischen einer akademischen Laufbahn in Österreich und in den USA ausmachen könnte. Beeindruckend war auch die Liste an bekannten Namen, insbesondere für jene, die noch nie US-amerikanische Uni-Campus-Luft geschnuppert hatten und das akademische Leben jenseits des Atlantiks nur aus dem Konsum von Fachliteratur und über deren Nutzbarmachung für die eigene, im österreichischen beziehungsweise europäischen Kontext verortete Arbeit kannten. Doch was macht den Unterschied zwischen hüben und drüben tatsächlich aus?

Frauen in …, Frauen und … – und was dann?

Die US-amerikanische Frauen- und Geschlechterforschung nicht im Detail kennend, kann ich nach einem Wochenende an einer kalifornischen Universität nicht unbedingt behaupten, nun darüber valide Aussagen treffen zu können, auch wenn die dort anwesenden Frauen (und einige Männer) aus fast allen Teilen der USA kamen. Eines war für die dreifache „Exotin" (ich war die einzige Politikwissenschaftlerin unter den ohnehin nur vier nicht-HistorikerInnen, eine der vier nicht-AmerikanerInnen und schließlich die einzige Teilnehmerin, deren Muttersprache nicht Englisch ist) schon beim *Welcome Dinner* am Vorabend der Konferenz erkennbar. Bei der Vorstellungsrunde wurde nach Name und Universität auch das dort betriebene Studium genannt, und bei der weitaus überwiegenden Zahl der Gäste war von *Women's Studies* die Rede. Insofern war die Exotik vielleicht sogar eine vierfache, weil an der Universität Wien explizit „Frauen- und Geschlechterforschung" betrieben wird, und manche sogar nur mehr von *Gender Studies* sprechen. Die Standpunkte über Benennungen und dahinter stehende Inhalte gehen bekanntlich und zu Recht auseinander, doch es scheint bemerkenswert, dass die auf der Konferenz präsenten US-amerikanischen HistorikerInnen großteils *Women's Studies* betreiben – oder ihre Arbeiten aus strategischen Gründen zumindest so benennen – und dieses Thema während der gesamten Konferenz nicht angeschnitten wurde. Zu homogen waren auch die Zugänge der einzelnen Vortragenden, ging es doch bei den meisten Fragestellungen um „Frauen in …" oder „Frauen und …". Die so gewählten Zugänge der NachwuchswissenschaftlerInnen entsprachen somit nicht zufällig dem Profil vieler anwesender Alumnae und ProfessorInnen, die als *Chairs* und *Commentators* fungierten – unter ihnen auch große Namen wie zum Beispiel Patricia Cline Cohen, Angela Woollacott, Nancy Gallagher oder Barbara Lindemann. Letztere kämpft seit den Anfängen der historischen Frauenforschung an der UCSB als aktive feministische Wissenschaftlerin für Etablierung, Erhalt und Entwicklung der *Women's Studies*. Aus Wiener Perspektive ist anzumerken, dass mit der Zunahme der Entfernung nicht unbedingt auch die der Qualität verbunden sein muss. Oder besser umgekehrt: Dass auch innerhalb der heimischen vier Wände vieles passiert, was andernorts noch gar nicht selbstverständlich ist. Für eine feministische und genderinteressierte Dissertantin kann es der Frauen- und Geschlechterforschung an der Universität Wien natürlich nie genug sein, doch aus der Distanz betrachtet wird wieder erkennbar, wie groß das Angebot hierzulande eigentlich ist – quantitativ und qualitativ. Eine Selbstverständlichkeit ist feministische Wissenschaft jedoch dort wie hier nicht, weshalb Veranstaltungen wie diese Graduiertenkonferenz auf beiden Seiten des Atlantiks wichtige und notwendige Gelegenheiten sind, um Frauen- und Geschlechterforschung weiterhin sichtbar, greifbar und langfristig unvermeidbar zu machen.

Studentische Selbstverständlichkeiten

Wer in Österreich ein geistes- oder sozialwissenschaftliches Dissertationsstudium betreibt, tut dies meist zum Privatvergnügen, soll heißen, von einigen mit Stipendien bedachten Glücksfällen abgesehen, ohne nennenswerte institutionelle Rückenstärkung. Da die wissenschaftliche Zukunft im Sinne der ebensolchen Berufsausübung äußerst unsicher ist und zum Teil auch die gesellschaftliche Anerkennung von sozusagen nicht direkt marktfähigem Wissen fehlt, ist auch das Selbstverständnis österreichischer DoktorandInnen ein anderes als etwa jenes, das mir innerhalb weniger Tage auf dem Campus der UCSB begegnet ist. Graduierende bezeichnen sich noch vor ihrem Master-Abschluss ohne Vorbehalt als *future scholars*, ein *PhD* scheint für alle der logische direkte Weg in die Welt der Wissenschaft zu sein, und auch die Lehrenden sehen das offenbar so. In einem historisch völlig anders als in Europa beziehungsweise insbesondere in Österreich gewachsenen Bildungssystem, in dem Universitäten großteils privatwirtschaftlich geführte Unternehmen sind und auch staatliche Hochschulen anderen sozialen, ökonomischen und politischen Gesetzen folgen als hierzulande, mag das logisch und sinnvoll sein, doch die Differenz zum hier gelebten Selbstbild angehender WissenschaftlerInnen ist markant. Die damit einhergehenden Selbstverständlichkeiten setzen sich nach oben hin fort. Viele ehemalige StudentInnen der UCSB sind heute ProfessorInnen an anderen Universitäten und waren als Gäste bei der *Graduate Student Conference* – nicht nur aus Höflichkeit, sondern als aktiv am intergenerationellen akademischen Dialog Beteiligte. Als *Chairs, Commentators* oder *Keynote Speakers* waren sie anwesend, um die ihnen nachfolgende Generation an ihren Erfahrungen teilhaben zu lassen. Und das alles in einer auf Austausch und wechselseitigem Lernen basierenden Atmosphäre, ohne die hierzulande oft so mühsamen Rücksichtnahmen auf Status und markierte Positionen. An dieser Stelle sei allerdings die Warnung vor dem Vergleich von Äpfeln mit Birnen angebracht: Auch in Österreich werden innerhalb der Frauen- und Geschlechterforschung glücklicherweise tendenziell andere, förderlichere Umgangsformen gepflogen als in den Gängen des *Mainstream*. Und das Fremdsein anderswo verführt nur allzu leicht zu einem allzu egalisierenden Blick auf die Vielfältigkeit des/der Anderen.

Der Luxus des höchstpersönlichen Kommentars und andere Annehmlichkeiten

Als definitiv gelungen erwies sich die Gestaltung der Panels: je drei Präsentationen in einem Panel plus jeweils ein/e KommentatorIn pro Präsentation. Alle KommentatorInnen waren sorgfältig nach Wissensgebiet zu den jeweils zu kommentierenden Vorträgen ausgewählt, hatten bereits Wochen vorher die entsprechenden Papers erhalten und waren auch dementsprechend gut darauf vorbereitet, hilfreiches Feedback zu geben, Kritik anzubringen und weitere Ausblicke zu eröffnen. Durch die zeitliche Diszipliniertheit der meisten Vortragenden und der aufmerksamen *Chairs* konnte auch die anschließende Zeit für Fragen und Diskussionen genutzt werden. Die solcherart gestaltete intensive Auseinandersetzung mit ganz spezifischen Fragestellungen war wohl für alle eingeladenen Vortragenden sehr hilfreich. Für jene aus weniger debattierfreudigen wissenschaftlichen Traditionen stellten sie einen Moment von wahrem Luxus dar, den man sich auch für so manche studentische Phase an einer europäischen Massenuniversität ersehnt. Zu den weiteren angenehmen Nebeneffekten zählt insbesondere eine wohl durchdachte und im Detail höchst aufmerksam durchgeführte Gesamtorganisation.

Vienna Calling?

Die Praxis der Graduiertenkonferenz wäre es wert, importiert, kopiert und den hiesigen Gegebenheiten entsprechend adaptiert zu werden – insbesondere im Sinne einer intensiveren Vernetzung feministischer Wissenschaftlerinnen und pro-feministischer Wissenschaftler und deren Sichtbarmachung an den Universitäten. Vorbilder gäbe es mit dem *Historikerinnentreffen* und der *Wissenschaftlerinnentagung* ja durchaus auch hierzulande, doch erscheint mir am erlebten Beispiel reizvoll, verstärkt auch junge, noch nicht etablierte Wissenschaftlerinnen in diese Aktivitäten mit einzubeziehen. Das ist vermutlich nicht nur eine Frage der Selbstorganisation, sondern auch eine der Finanzierbarkeit, die sich angesichts der massiven Umbauten in der österreichischen Universitätslandschaft in nächster Zeit verstärkt stellen wird. Insofern verweist der Titel der Konferenz weit über seine ursprüngliche Intention hinaus auf eine ganz grundsätzliche Problematik von Frauen- und Geschlechterforschung und auf ein notwendigerweise weites Verständnis von Konflikt: *Women and conflict* ist überall.

Die Website der Veranstaltung wird auf unbestimmte Zeit unter *past events* online sein: http://www.ihc.ucsb.edu/conflict/. Die Papers zu den einzelnen Vorträgen sind online mit Password und Username zugänglich. Letztere können über Sandra Dawson (Kontaktperson Organisationskomitee) angefragt werden: Sandra Dawson, sdrn@umail.ucsb.edu

„Wissen – Geschlecht – Wissenschaft"

9. Fachtagung des *Arbeitskreises Geschlechtergeschichte* der Frühen Neuzeit von 6. bis 8. November 2003 in Stuttgart Hohenheim Tagungsbericht

Daniela Hacke

Die diesjährige Tagung des *Arbeitskreises Geschlechtergeschichte* (AKGG) Frühe Neuzeit[1] hatte es sich zum Ziel gesetzt, die Kategorie Geschlecht im „Spannungsfeld von Wissen und Wissenschaft zu verorten", unterschiedlichen Wissensdefinitionen nachzugehen und die spezifischen Formen der Aneignung, aber auch der Vermittlung von Wissensbeständen durch Männer und Frauen, zu beleuchten. In drei Sektionen und zehn Vorträgen wurde das Anliegen, unterschiedliche Formen weiblicher Wissensbestände zu rekonstruieren und der Wissenschaftsgeschichte die Kategorie Geschlecht einzuschreiben, verfolgt. Damit konnte ein beeindruckend breites Spektrum an (weiblichen) Wissensformen zur Diskussion gestellt werden, wobei allerdings – so sei kritisch angemerkt – das konzeptionelle und theoretische Niveau durchaus unterschiedlich war.

Die Ausgrenzungsstrategien und das männliche Definitionsmonopol verdeutlichte unter anderem die Theologin Elisabeth Gössmann (München/Tokyo) in ihrem Abendvortrag zum „frühneuzeitliche(n) Streit um die Päpstin Johanna und die männliche Angst vor weiblicher Wissenschaft und Amtsergreifung". Die Referentin rekonstruierte die Tradition des Kirchenrechts und der theologischen Anthropologie der Frau im 12. und 13. Jahrhundert, die dominikanische und die franziskanische Tradition zur Päpstinnenfrage, die literarischen Äußerungen zu diesem Thema sowie den reformatorischen und den gegenreformatorischen Standpunkt. Während die Argumente vielfach von der moralisch-intellektuellen Inferiorität der Frau erzählten, sie als „defectus naturae" begreifen oder die Päpstin schlicht zur Legende erklärten, erhielt der Päpstinnenstoff im 17. und 18. Jahrhundert ein konfessionelles Gewand. Aus der Perspektive der Geschlechtergeschichte attestierte Gössmann dem Streit um die Päpstinnenfrage eine „traurige Ökumene im Negativen".

1 An der Tagung, die in Kooperation mit der Akademie der Diözese Stuttgart-Rottenburg und unter der Leitung von Maren Lorenz (Hamburg), Monika Mommertz (Berlin), Claudia Opitz (Basel) und Dieter R. Bauer (Stuttgart) stattfand, nahmen fast 40 Wissenschaftlerinnen und Wissenschaftler teil.

In der folgenden Morgensektion „Vermittlung und Aneignung von Wissen(-schaft)“ ging die Philosophin Elisabeth Strauss (Berlin) mit ihrem Vortrag über „Science for the Ladies: Strategien der Wissensvermittlung in den populärwissenschaftlichen englischen Zeitschriften zwischen 1690 und 1760“ den kontextabhängigen Formen des Wissens im 17. und 18. Jahrhundert anhand englischer (Frauen-)Zeitschriften nach. In diesem Medium präsentierte sich das „neue Wissen“, vermittelt durch die (neue) Wissenschaft des 17. Jahrhunderts, als ein Wissen, welches mit dem klassischen Bildungskanon und damit auch mit der biblisch fundierten Unterordnung des weiblichen unter das männliche Geschlecht gebrochen hatte – was allerdings nicht bedeutete, dass das neue Wissen nun kontextunabhängig zu verstehen gewesen wäre. Gerade weil die Teilnahme von Frauen an der Wissensvermittlung nun ausdrücklich erwünscht war, hatten die Autorinnen und Autoren der (Frauen-)Zeitschriften sich zunächst mit der theologisch-moralischen „Altlast“ zu plagen, die die moralisch-intellektuelle Inferiorität über Jahrhunderte begründet hatte. Des Weiteren konnte die Referentin zeigen, wie die Autorinnen und Autoren der Zeitschriften die „baconianische Methode“ des Lernens mit Blick auf ein weibliches Lesepublikum modifizierten und das Interesse von Frauen an den Naturwissenschaften mit der Nützlichkeit der Wissenschaft für die Entwicklung der Menschheit legitimierten.

Die Literaturwissenschaftlerin Christine Künzel (Hamburg) gab Einblick in den (männlich) literarisch-sexuellen Diskurs des 18. Jahrhunderts. Unter dem Motto „Machen wir‘s den Tauben nach: Die Liebeslyrik des 18. Jahrhunderts als Medium der Sexualerziehung und Geschlechtersozialisation“ führte sie literarische Szenarien vor, die in der erotischen Dichtung und der Liebeslyrik entwickelt wurden: Die Liebes-Modelle, die von männlichen Erzählern fernab von kulturellen und sozialen Konventionen entworfen wurden, orientieren sich dabei zumeist an der Natur, das heißt an dem Verhalten von Tieren, deren Sexualverhalten sich gerade dadurch auszeichnete, dass diese Tiere (unter anderem Tauben und Spatzen) dem Paarungsakt mit hoher Frequenz und mit wechselnden Partnerinnen zusprechen – mangelnde Einwilligung des Weibchens stellte dabei eher keinen Hinderungsgrund dar. Im Hinblick auf die Übertragung des Modells auf den Menschen erscheint gerade dieser Aspekt problematisch, da der Topos der sexuellen Gewalt (ein rechtlich-moralischer Begriff) hier unter dem Deckmantel einer freien, natürlichen Liebe/Sexualität unterschwellig in das Liebeskonzept überführt wurde. Dieser grundsätzlichen Ambivalenz in der Darstellung sexueller Gewalt in der Literaturwissenschaft ging die Referentin an ausgesuchten Beispielen nach und problematisierte, inwieweit ein Konzept von Liebe und Sexualität, das unter dem Deckmantel der „Natürlichkeit“ figurierte, durch einen androzentrischen Blick geprägt war (und ist), der die Grenzen zwischen konsensuellen sexuellen Handlungen und sexueller Gewalt verwischte und Geschlechterstereotype entwarf, die diesen Code bedienten.

Die Historikerin Eva Labouvie (Magdeburg) zeigte in ihrem Vortrag über „Mehr gifft dann hülffe. Über Zwänge zu neuem Wissen, Kompetenzen und Konkurrenzen beim Unterricht von Hebammen im 18. Jahrhundert“ die unterschiedlichen Wissensbestände, die konfligierenden Wissensdefinitionen und die neu entstandenen Wissenshierarchien auf, welche im Zuge der Professionalisierung des ländlichen Hebammenwesens zwischen der städtischen Obrigkeit und der dörflichen Gemeinschaft, aber auch zwischen den approbierten Hebammen und den Dorfgemeinschaften, virulent wurden. Bei dieser

Revision der Geburtshilfe wurde mangels handwerklich geschulter Chirurgen, Bader oder studierter Geburtshelfer größter Wert auf den theoretischen Unterricht (auf anatomische und physiologische Kenntnisse) und den Umgang mit Instrumenten gelegt. Diese Form der „Entkörperlichung" der Wissensaneignung und die oft misslungene Anwendung des so erlangten Wissens schufen vielfältige Distanzen und Diskrepanzen – nicht alle Hebammen lehnten die dreimonatige Schulung ab – und begründeten somit neue Wissenshierarchien und neue Formen der sozialen Kontrolle (uneheliche Schwangerschaften). Von einer ‚Professionalisierung' des Wissens um die Geburtshilfe oder einer qualitativen Verbesserung der ländlichen Geburtshilfe konnte noch lange nicht gesprochen werden – dies beweisen nicht nur zahlreiche Klagen aus Ärzteschaft und Bevölkerung, sondern auch die ansteigenden Zahlen der Säuglings- und Müttersterblichkeit im ausgehenden 18. Jahrhundert. Wohl aber war durch die Verschiebung von Kompetenzen und Qualitäten ein grundlegender Wandel in Gang gesetzt worden.

Das Wissen um und die Erfahrung mit dem eigenen Körper standen im Zentrum des Vortrags der Historikerin Bettina Brockmeyer (Kassel/Frankfurt a. M.). Unter dem Titel „Eine ‚genaue Relation von dem physischen Zustande' geben: Wissen und Wissenschaft in Briefen von Patientinnen und Patienten an Samuel Hahnemann" diskutierte sie anhand des umfangreichen Bestandes der Patientenbriefe an Samuel Hahnemann (von 1831 bis 1835) das Verhältnis zwischen Arzt und Patient/Patientin als einen – geschlechtsspezifisch markierten – Aushandlungsprozess, in dem das homöopathische medizinische Wissen zusammen mit dem Erleben des eigenen Körpers zur ‚Verhandlung' stand. Erfahrenes und erlebtes Wissen über das körperliche Selbst waren neben den in den Briefen reflektierten humoralpathologischen Vorstellungen, der zeitgenössischen Onanie- oder Nervendiskurse sowie den Bemühungen, homöopathische Anweisungen anhand der Fachliteratur aufzuarbeiten, ein wesentlicher Verhandlungsgegenstand. Damit verstand die Referentin den Körper als einen ‚Erfahrungsort' (Barbara Duden), der über subjektives Erleben auch Erfahrung und Wissen über die eigene Leiblichkeit und seine Krankheitszustände generierte. Diese Erfahrung wurde von der Referentin als ein diskursiver Effekt beschrieben, den sie in der Trias Wissen, Geschlecht und Wissenschaft ansiedelte.

Die zweite Sektion „Glauben und/oder Wissen" wurde mit einem Vortrag der Historikerin Xenia von Tippelskirch (Florenz) eröffnet, die dem „mystischen Modell: Der Rückzug des Intellekts im Italien des 17. Jahrhunderts" auf der Spur war. Anhand der zu Beginn des 17. Jahrhunderts anonym verfassten *Dialoghi interiori* sowie der didaktischen Schrift *Della giovane christiana* von Cesare Franciotti analysierte sie, inwieweit in Modellen, die im frühen 17. Jahrhundert einem breiten Publikum das Funktionieren des menschlichen Verstandes erklären sollten, Geschlecht als Kategorie auftauchte. Dies war insbesondere dann der Fall, so die Referentin, wenn sich die Schriften ausdrücklich an ein weibliches Publikum wandten. Obwohl im nachtridentinischen Italien demnach weiterhin Texte entstanden, die der Wissensvermittlung dienten und die theoretische Modelle, wie Wissen erworben werden könne, propagierten, hinterließ doch die rigide katholische Kirchenpolitik deutliche Spuren in den Texten, denn viele Autoren warben bei ihren Leserinnen nun gerade für eine bewusste Einschränkung ihrer intellektuellen Ambitionen.

Erika Hebeisen (Basel), ebenfalls Historikerin, referierte zum Thema „Die wahre Begierde nach wahren Zeichen. Zur pietistischen Tradition moderner Wissensweisen". Anliegen ihres Vortrages war es, prinzipiell vergleichbare Strukturprinzipien der Wissensorganisation zwischen modernen und pietistischen Wissensweisen aufzuzeigen und damit den Anteil einer pietistischen Tradition für die modernen Wissensweisen wieder sichtbar zu machen. Ausgehend von der Ausgrenzung pietistischer Wissensbestände aus dem Kanon der an der Aufklärung orientierten Historiographie des 19. Jahrhunderts verwies die Referentin darauf, daß gerade die dichotome Denkweise der christlichen Tradition aufgrund pietistischer Übersetzungsleistungen die Ausbildung moderner Wissensweisen geprägt hatte. Die pietistische Erneuerungsbewegung hat eine dichotome Denkweise zwar nicht erfunden, sie allerdings tradiert und durch ihre spezifischen Kulturtechniken – wie etwa durch Introspektion u. a. m. – modernisiert. An ausgesuchten Beispielen und Quellen (Rats- und Verhörprotokollen, Lebensläufen und Korrespondenzen) wurde diese Logik der Religiosität und der Frömmigkeitspraxis Baseler Pietistinnen und Pietisten exemplifiziert, die sich als eine Suche nach Wissenschaft darstellte – eben in dem Verlangen nach „wahren Zeichen".

Der Historiker Pavel Himl (Prag) wandte sich in seinem Vortrag „Wissen weckt Ver-/Misstrauen. ‚Husar' und ‚Schatzgräberin' Christina Horn im Brennpunkt des öffentlichen Interesses einer südböhmischen Kleinstadt" einer Frau zu, die am Anfang des 18. Jahrhunderts in Cesky Krumlov/Krumau wegen ihrer schatzgräberischen Tätigkeit als Betrügerin vor Gericht stand und dem Referenten die Quellen für seine *case study* lieferte. Himl entwarf ein sehr dichtes Bild: Horn stammte ursprünglich aus einer protestantischen Regensburger Familie, konvertierte aber später zum Katholizismus, diente während der Türkenkriege in Männerkleidern als Husar, wurde später Soldatenwitwe und verdankte ihre Erfahrungen und Wissensbestände somit ungewöhnlich breit gefächerten geographischen, sozialen und religiösen Kontexten. Das Interesse in- und außerhalb des Gerichtssaales galt nur punktuell ihrem magischen Wissen, nämlich ihren Kenntnissen als Schatzgräberin. Christina Horns lebensweltlich erworbenes Wissen hatte sich vielmehr im Kontext eines anderen normativ limitierten lokalen Wissenshorizontes und angesichts der unterschiedlichen Erwartungen der Krumauer Frauen und Männer zu legitimieren. Himl konnte verdeutlichen, wie „Erfahrung" und „Wissen" neue Handlungsweisen generierten, indem Christina vor Gericht neue Strategien des „self-fashioning" (Stephen Greenblatt) abverlangt wurden.

Die dritte Sektion „Männer-Mythos-Wissenschaft" wurde von Bea Lundt (Flensburg) eröffnet. In ihrem Vortrag „Konstruktion der Männlichkeit des Weisen und des Herrschers. Ein Vergleich zwischen einem spätmittelalterlichen und einem frühneuzeitlichen populären Erzählwerk" wurde die Erzähltradition von den „Sieben weisen Meistern" von der Referentin einer geschlechtergeschichtlichen Lesart unterzogen. In diesem Erzählwerk geht es um die Erziehung eines „Weisen", der sich am zukünftigen Hof seines Vaters bewähren muss. Das Gender- und Männlichkeitskonzept, welches das (Spät-)Mittelalter bereit hielt, konstruierte Gelehrte als einen Stand, der sich aus dem zölibatären Mönchsstand entwickelte, ein „enthaltsames" Männlichkeitsbild also, welches allerdings in Konflikt mit den weltlichen Forderungen stand, die vom Herrscher die Reproduktion seines „Heilscharakter" in leiblichen Nachfolgern verlangten. Das 16. Jahrhundert konstruierte sich seine Männlichkeit neu: Das Weisheitsmodell wird entmythifiziert und auch die (sexuelle) Körperbeherrschung tritt in den Hintergrund. Obwohl in beiden Varianten der Frau die

Rolle der Verführerin zukam, die als Spiegel des Männlichen fungierte und von Macht und Weisheit ausgeschlossen blieb, wies die Referentin ihr in der frühneuzeitlichen Variante eine neue positive Funktion zu, da die interne Dynamik der Erzählung den weiblichen Forderungen und ihrer Klugheit nun Raum zumaß.

Um männliche Definitionen weiblicher Gelehrsamkeit ging es (auch) in dem Vortrag der Historikerin Karin Schmidt-Kohberg (München): „Zum Diskurs über die intellektuellen Fähigkeiten von Frauen und weiblicher Gelehrsamkeit am Beispiel der so genannten ‚Frauenzimmerlexika'", einer Gattung, die vom 17. bis zum 19. Jahrhundert vorwiegend von Männern verfasst und breit rezipiert wurde. Die „Frauenzimmerlexika" präsentierten Kurzbiographien gelehrter Frauen und entwarfen im Gegensatz zu Erziehungsratgebern beispielhafte und gelebte Exempel weiblicher Gelehrsamkeit, Vorbilder also, die es nachzuahmen galt. Gleichzeitig geben die Frauenlexika einen dynamischen Blick auf einen Bildungsprozess frei, da sich der Kanon mit den Jahrhunderten veränderte und erweiterte. Die Referentin untersuchte ihre Gattung mit Blick auf die männliche Definitionsmacht und fragte nach dem Bild weiblicher Gelehrsamkeit, das in den Quellen evoziert wird – aber auch allgemeiner nach dem Frauenbild, welches etwa durch Kommentare über Leistungen und Verhalten der von ihnen geschilderten Frauen entsteht. Hinter diesen männlichen Diskursen lässt sich – so die Referentin – zusätzlich eine historische Wirklichkeit erkennen, denn nicht zuletzt geben die „Frauenzimmerlexika" als Quellenwerk auch Auskunft über die wissenschaftlichen Gebiete, auf denen Frauen vom 17. bis ins 19. Jahrhundert hinein tätig waren.

Ein *round table* rundete das Programm der Arbeitstagung ab. Das interdisziplinäre Podium (Angelika Epple/Hamburg, Ute Frietsch/Berlin, Anna Merker/Berlin) diskutierte unter der Leitung von Monika Mommertz (Berlin) die Perspektiven einer geschlechtergeschichtlich orientierten Wissensgeschichte vor dem Hintergrund der Projekte der Podiumsteilnehmerinnen und stellte deren methodische Ansätze (wissenschaftsgeschichtlich, wissensphilosophisch, wissenssoziologisch) vor. Des Weiteren wurde nach Möglichkeiten gefragt, welche die Arbeit mit den Kategorien „Wissen" und „Geschlecht" sowohl für eine Geschlechtergeschichte, für die klassische Wissenschaftsgeschichte und damit auch für eine noch zu etablierende, primär an Wissenskonstrukten interessierte Wissensgeschichte zukünftig zu leisten vermag.

"Gender in Modern Jewish History: Rethinking Jewish Women's and Gender History"

Konferenz von 20. bis 22. Oktober 2003 im Warburg-Haus, Hamburg Konferenzbericht

Kirsten Heinsohn

Auf Einladung des Instituts für die Geschichte der deutschen Juden (Hamburg) trafen sich vom 20. bis zum 22. Oktober 2003 rund 30 Wissenschaftlerinnen und Wissenschaftler aus den USA, Kanada und Deutschland, um über den Stand der jüdischen Frauen- und Geschlechtergeschichte zu diskutieren. Das Tagungsthema lautete „Rethinking Jewish Women's and Gender History" und war als Aufforderung gedacht, Geschichte und Erkenntnisse der Geschlechtergeschichte zu reflektieren. In der jüdischen Frauengeschichte vereinen sich zwei historische Perspektiven, die die Marginalisierung spezifischer Lebenslagen und Erfahrungen in Gesellschaften in den Blick nehmen. Frauengeschichte und jüdische Geschichte nehmen also relationale Perspektiven ein: Die Geschichte der Frauen berührt immer auch die Geschichte der Männer und Männlichkeiten; die Geschichte von Jüdinnen und Juden sagt auch immer etwas aus über die Gesellschaft, in der diese stattfindet. Die sich daraus ergebende doppelte Relationalität der jüdischen Frauengeschichte war ein wichtiges Thema der Konferenz. In vier Sektionen sollte dieser Ansatz verfolgt werden: Zunächst war für die erste Sektion eine Diskussion über Frauengeschichte als Geschichte von (widersprüchlichen) Modernisierungsbewegungen vorgesehen, dann folgte im zweiten Teil die Frage nach der Rolle von Frauen im Prozess der Akkulturation und Assimilation unter dem Stichwort „Verbürgerlichung". Das dritte Panel beschäftigte sich mit Frauen und jüdischer Identität als performativen Akt. Vor einer Abschlussdiskussion befasste sich die vierte Sektion schließlich mit der Konstruktion von Differenzen zwischen den Geschlechtern.

Die wissenschaftliche Tagung wurde eingerahmt durch zwei öffentliche Abendvorträge. Die Literaturwissenschaftlerin Barbara Hahn (Princeton) sprach über Margarete Susmanns und Hannah Arendts *Diagnosen der Moderne*. Sie diskutierte die Freiheiten und Grenzen in den Denkbewegungen der jüdischen Wissenschaftlerinnen. Beide Philosophinnen versuchten, sowohl die Kategorie „Frau" als auch die des „Juden" frei von Beschränkungen als „Mensch" in der Moderne zu entwerfen. Der zweite Vortrag nahm dieses Thema aus der Sicht männlicher Protagonisten der Moderne weiter auf. Liliane Weissberg – Literaturwissenschaftlerin aus Pennsylvania – erörterte die freundschaftlichen Beziehungen Sigmund Freuds mit Kollegen, um deren emotionale Wirkungsmacht sowie den männerbündischen Ideenaustausch für die Entwicklung der Psychoanalyse und ihrer Konzeption von Weiblichkeit zu zeigen.

Nach der Begrüßung durch die Direktorin des Institutes, Stefanie Schüler-Springorum, begannen am ersten Konferenztag die Präsentationen einer Reihe namhafter Historikerinnen und Literaturwissenschaftlerinnen. Maria Benjamin Baader (Halifax), Deborah Hertz (New York) und Andreas Gotzmann (Erfurt) als Kommentator referierten in der ersten Sektion mit dem Titel „Gender and Modernity" über die Einbindung der Geschlechtergeschichte in eine Gesamtschau deutsch-jüdischer Geschichte des 19. und 20. Jahrhunderts sowie den Beitrag der neuen *men's studies* zu diesem Projekt. In der anschließenden Diskussion gab es durchaus kontroverse Stellungnahmen, die sich schon im Titel des Vortrages von Deborah Hertz ankündigten: „Be careful what you wish for, or: Where are the women in the new picture of Jewish Masculinity". Während einige für die Konzentration auf weitere Studien aus sozialhistorischer Perspektive plädierten, um neue Erkenntnisse über die Lebenswege und Lebensverhältnisse jüdischer Frauen und Männer zu gewinnen (Hertz), betonten andere stärker die methodische Herausforderung und erweiterte Erkenntnismöglichkeiten durch postmoderne Theorien und die *men's studies* (Gotzmann). Der Entwurf „jüdische Frau" gehe von einer feststehenden Identitätskonstruktion aus, deren Fragilität und historische Gebundenheit aber erst durch die historische Dekonstruktion der Konzepte von „Weiblichkeit" und „Männlichkeit" sichtbar werde. Auch die von Maria Benjamin Baader geforderte Aufeinanderbezogenheit von deutscher und jüdischer, Männer- und Frauengeschichte wurde kritisch diskutiert. Eine harmonische Verknüpfung der deutschen und der jüdischen Perspektive in der deutschen Geschichte sei zumindest problematisch. Zudem zeigten die Studien über Männergeschichte ein auffälliges Desinteresse an den Ergebnissen der Frauenforschung.

Im zweiten Teil der Konferenz mit dem Titel „Gender Relations: Women, Work, and the Family" standen dann die Beziehungen der Geschlechter in den Bereichen Arbeit und Familie im Vordergrund. Monika Richarz (Berlin) entwickelte in ihrem Vortrag die *longue durée* der Arbeits- und Geschlechterverhältnisse in jüdischen Familien von der Frühen Neuzeit bis in das frühe 20. Jahrhundert. Die ideale bürgerliche Vorstellung vom Mann als alleinigem Ernährer der Familie an der Seite einer unbeschäftigten Hausfrau fand sich nur sozial und vor allem zeitlich eng begrenzt in jüdischen Familien wieder. Wirtschaftstätigkeiten von Frauen lassen sich in vielfacher Hinsicht nachweisen, so dass Monika Richarz zu der These gelangte, dass die bürgerliche Konstruktion der Geschlechterrollen nicht nur ein Rückschritt gegenüber der Vormoderne gewesen sei, sondern sozialhistorisch betrachtet auch schon nach gut einer Generationenfolge am Ende des 19. Jahrhunderts in Frage gestellt wurde. Sharon Gillerman (Los Angeles) präsentierte dann innerjüdische Diskurse zu Demographie und „Sozialhygiene" in der Weimarer Republik. Während Monika Richarz durch eine konsequente sozialhistorische Perspektive auf beide Geschlechter zu neuen Erkenntnissen über Frauenarbeit gelangt war, zeigte der Vortrag von Sharon Gillerman den Gewinn diskursanalytischer Fragestellungen. Ihre Ausführungen belegten die je eigenen Identitätskonstruktionen der liberalen, orthodoxen oder auch zionistischen Bevölkerungspolitiker innerhalb der jüdischen Gemeinschaft in Deutschland. Der „Mutter“ kam dabei in allen Diskursen über die Reproduktion der Gesellschaft eine wichtige Funktion zu und hier zeigten sich große Übereinstimmungen zwischen der jüdischen und der nicht-jüdischen Diskussion. Die jüdischen Sozialreformer wollten ihre Erkenntnisse vor allem für den Erhalt beziehungsweise den Aufbau einer jüdischen Gemeinschaft einsetzen. Nicht nur im Zuge dieser Debatten entwickelte sich eine starke Übereinstimmung zwischen den sonst politisch getrennten Gruppen der Liberalen, Orthodoxen sowie den Zionisten, die in der Tendenz – so die These – auf eine gegenaufklärerische Position hinauslief. Jüdisch-Sein wurde in diesem Prozess als eine „unwiderlegbare körperliche Existenz“ (irrefutable corporeality) entworfen, die entscheidend gemeinschaftsstiftend wirken sollte. Die Kommentatorin Atina Grossmann (New York) nahm dieses Thema auf, um sich und die Diskussionsteilnehmerinnen zu fragen, wie „jüdisch“ dies alles sei. Gerade die Ergebnisse und die These Monika Richarz’ seien nicht ausschließlich spezifisch für jüdische Familien – ein Punkt, den Karin Hausen in der Diskussion noch einmal deutlich unterstrich.

Die historische Konstruktion von Identität stand dann in der dritten Sektion im Vordergrund. Unter dem Thema „performing identities“ präsentierte Ruth Abusch Magder (Maplewood) eine historische Analyse von „Rezepten für jüdisches Leben“ am Beispiel von Kochbüchern aus dem 19. Jahrhundert. Sie verwies auf die Handlungsräume von Frauen gegenüber den rabbinischen Autoritäten in der Bestimmung dessen, was als jüdisch und *kosher* zu gelten habe. Die Kochbücher seien sowohl als Leitfaden wie auch als Spiegel der aktiven Rolle von Frauen in der Konstruktion und Alltagstauglichkeit jüdischer Identität zu lesen. Miriam Gebhardt (Konstanz) diskutierte in ihrem Beitrag kritisch die Reichweite der Interpretationsmöglichkeiten von autobiographischen Quellen. Gerade weil sich ein Großteil der Frauengeschichte auf Memoiren stütze, sei es besonders wichtig, deren Aussagegrenzen zu benennen. Die genaue historische Einordnung der Quelle (Provenienz, Zeitpunkt der Abfassung, Angaben zur Autorin, Angaben zum Adressaten etc.) könne helfen, historische Fehlurteile zu vermeiden. Miriam Gebhardt zeigte ihre Kritik beispielhaft an zwei Autobiographien, die – obwohl im 20. Jahrhundert geschrieben – als Beleg für die Verhältnisse im 19. Jahrhundert dienen. Sie kritisierte damit auch die These von den jüdischen Haus-Frauen als Hüterinnen der Religion (priestess and Hausfrau) im bürgerlichen Zeitalter. Als andere Lesart schlug sie vor, die Autobiographien als Medien der Transmission in Familien zu lesen, also als eine Form des Familiengedächtnisses. Die Kommentatorin Marion Kaplan (New York) nahm diese Herausforderung ebenso auf wie das Publikum und diskutierte mit Bezug auf beide Referate das Verhältnis von Frauen und Macht sowie ihren Möglichkeiten und Beschränkungen für Handlungen und Selbstdefinitionen (agency). Sie betonte die Doppeldeutigkeit des Begriffes „priestess“ als einerseits Kennzeichen zeitgenössischer Kritik an der abnehmenden Religiosität von Juden in Deutschland, und andererseits als Emblem für eine Aufwertung der weiblichen Familienrolle. Für beide Deutungen fänden sich Belege, auch in den Memoiren. Marion Kaplan sah die positiven Aspekte einer Dekonstruktion von Autobiographien eher in der kritischen Analyse einzelner Memoiren, wohingegen ein Sample von Memoiren als historische Quelle auch weiterhin für sozial- und politikhistorische Studien nutzbar sei. Nach Marion Kaplan sei es weiterhin das Ziel historischer Forschung, so genau wie möglich historische Realität zu beschreiben.

Die vierte Sektion widmete sich dem Thema „Beyond Kinder, Küche, and Kehille: The New Jewish Woman". Harriet Pass Freidenreich (Philadelphia) und Alison Rose (Massachusetts) erörterten unter diesem Titel Geschlechterbilder und deren historische Relevanz. Harriet Pass Freidenreich entwickelte aus ihrer Studie über jüdische Studentinnen im Europa des frühen 20. Jahrhunderts heraus eine differenzierte Diskussion über die Unterschiede zwischen der „neuen Jüdischen Frau" und der „jüdischen Neuen Frau". Während das letzte Frauenbild durchaus als Beschreibung für viele Studentinnen tauge, sei diese Beschreibung doch sehr viel schwerer für verheiratete Akademikerinnen geeignet. Die „neue Jüdische Frau" sei dagegen erst zum Ende der 20er Jahre hin denkbar gewesen. In diesem wie auch im anschließenden Vortrag tauchte immer wieder die Frage auf, wie und womit das „Jüdisch-Sein" einer Person oder einer Gruppe gefasst werden könne in einer modernen Welt, in der die ausschließlich religiöse Definition allein nicht mehr reiche. Alison Rose konzentrierte sich auf Schriften sowie Prosa- und Theaterstücke aus der zionistischen Bewegung Österreichs, um die darin entworfene „neue Jüdische Familie" zu zeigen. Frauen als Idealtypen blieben in allen diesen Stücken immer auf die Familie bezogen, zwar rechtlich gleichgestellt, aber doch allein für die Belange der Familie verantwortlich. Kinder und Kindererziehung wurden hier als Beitrag zur Nationswerdung verstanden – eine „neue Frau" im Sinne eines emanzipierten Individuums war nicht vorgesehen. Alison Rose verwies auf das Paradoxon, dass im zionistischen Denken alte Frauenbilder für den Aufbau einer neuen Gesellschaft aktiviert würden. In der Diskussion wurde darauf hingewiesen, dass dieses Paradox vielleicht nur ein scheinbares sei, denn es habe sich hier um eine rein männerbündische Idealvorstellung gehandelt.

Die Tagung endete mit einer ausführlichen Abschlussdiskussion unter der Leitung von Stefanie Schüler-Springorum. Karin Hausen (Berlin) und Steven Lowenstein (Los Angeles) präsentierten ihre Eindrücke von der Tagung als Einstieg in die Debatte. Karin Hausen hob vor allem die Ungleichzeitigkeiten in der sozialen und politischen Entwicklung der deutschen Geschichte im 19. Jahrhundert hervor, die nicht als „deutsche Geschichte" entworfen werden könne, um sie dann einer „jüdischen Geschichte" gegenüberzustellen. Die historische Geschlechterforschung habe große Themen entwickelt, die auch eine Bearbeitung mit Bezug auf die jüdische Geschichte brauchen: das normative System der Zweigeschlechtlichkeit zum Beispiel, die Frage nach den Relationen und Hierarchien zwischen den Geschlechtern oder die Untersuchung von Exklusionen und Inklusionen. Allgemein sei der Modernisierungsprozess ein nichteinheitlicher Prozess und das sollte sich auch in der Geschichtsschreibung spiegeln. Brüche und Ungleichzeitigkeiten der gesellschaftlichen Entwicklungen zeigten sich historisch auch als Herausforderungen der Deutungssysteme der Religionsgemeinschaften. Steven Lowenstein hielt noch einmal fest, dass *gender* eine grundlegende Kategorie der wissenschaftlichen Analyse sei, doch dürfe dies nicht zu unhistorischer Forschung über Männer (und Frauen) führen. Vielmehr sollten sozialhistorische *und* diskursanalytische Arbeiten entstehen, die einen Vergleich mit anderen jüdischen Gemeinschaften ermöglichen könnten, zum Beispiel innerhalb Europas. Auch würde er die *longue durée* sozialer und politischer Prozesse stärker betonen wollen. Andere Diskussionsteilnehmer und -teilnehmerinnen nahmen noch einmal die Frage nach der jüdischen Identität oder auch: den Identitäten in der Moderne auf und plädierten für eine konsequente Historisierung dieser Forschungsfrage. Es gehe dabei nicht um die Konstruktion einer „Essenz" des Jüdischen, sondern um die Beschreibung von Erfahrungen, Zuschreibungen und Deutungen, differenziert nach Klasse und Geschlecht, wie auch Stefanie Schüler-Springorum betonte. Mit Hinweis auf die deutsche Geschichte wurde auch auf die zeitliche Parallelität in der Entstehung der Gegensatzpaare Mann/Frau und Deutsche/Juden seit 1800 hingewiesen, das die ältere ständische und allein religiöse Differenzierung (Christ/Jude) ablöste. Dieser Prozess sei ein zentraler Bestandteil deutsch-jüdischer Geschichte, zu deren Erforschung die Frauen- und Geschlechterforschung einen wichtigen Beitrag leisten könne. Schließlich thematisierte Atina Grossmann noch die auffällig geringe Rolle, die der Antisemitismus in allen Beiträgen der Tagung gespielt habe. Deutsche und auch Jüdische Geschichte sei ohne diesen aber nicht vollständig.

Eine Publikation der Tagungsbeiträge ist geplant. Die Tagung „Gender in Modern Jewish History" wird in einem zweiten internationalen Workshop fortgeführt werden, der sich dann explizit der jüdischen Männergeschichte widmen wird.

Rezensionen

Voices of Their Own (Oral History Interviews of Women). Edited by Krassimira Daskalova, Vania Elenkova, Daniela Koleva, Tatyana Kotzeva, Reneta Roshkeva, Rumiana Stoilova, Sofia: Polis Publishers 2003, 437 S., BGL 6,50 (EUR 3,36), ISBN 954-796-005-9.

The project *Voices of Their Own (Oral History Interviews of Women)* has integrated the research efforts of leading Bulgarian women historians, women sociologists, women culture studies specialists focusing upon women's studies, women's history and qualitative methods of investigating those fields.

Their purpose is, as defined by Krassimira Daskalova in the introduction of the collection, "to ascertain the impact of the family institution and family relationship upon the reproduction of power and hierarchy mechanisms in contemporary Bulgarian society; to detect the symbolic domination structures deeply rooted in women's mentality as well as to suggest the respective actors and the ways of their reproduction; to attempt to understand the reasons why amnesia prevails and no data as to the essence of feminism and the impact of feminists are available; to formulate the ways in which society constructs the genders as well as the ways in which genders create the social, political and economic order under which we live" (8f).

The authors of the collection seek to achieve an approximation to these themes of Bulgarian social sciences, which appear to be essential and significant as well as still insufficiently studied, through the method of *Oral History*. Out of the 73 interviews conducted in Sofia, three other Bulgarian towns and the adjoining villages the compilers have selected 34 for publication. The tendency has been to attain a maximum variety in representing the women – in respect to their ethnical affiliation (Bulgarian, Turkish, Jewish, Roma, Armenian women), creed (Christians, Moslems, Armenian-Gregorians, Judaism followers), education (secondary school education, university education), professional status (teachers, doctors, workers, etc.). A particularly apt solution has been found in allotting over 50 per cent of the interviews to mothers-and-daughters interviews. This affords the opportunity to reconstruct the mother's part in transmitting female behaviour patterns along with a comparison of the different generations' interpretations of their common family life.

All the (semi-structured) interviews encompass questions related to the themes defined in advance: the family (family roles and hierarchies, parents – children and brothers –

sisters relationships); personal and professional choice; women's image in the media and educational programmes; feminism as an ideology and practice in Bulgaria.

All this has resulted in an unusual book in which women are not merely objects of research, they are also co-authors of the text, they speak in their authentic "voices of their own". The presence of the women researchers is restricted (acting as interviewers); it is, however, by no means undetectable. They conduct the dialogues skillfully so as to extend their interlocutors' stories, to stimulate them to reflection or aid them in surfing over embarrassing moments of the conversation. The feminist viewpoint enriches the study, finding expression in the interest in women's subjectivity as well as in the effort to encompass various types of women (in terms of age, profession, ethnical and religious affiliations); this viewpoint likewise consists in the endeavour towards authenticity of the women's speech, and, last but not least, in the level of interaction, i.e. in the created community of women reflecting upon women's problems. The feminist viewpoint lifts the conversations off the value-neutral level and triggers off a different speech in the interlocutors which makes for a more plausible unveiling of their identity.

Voices of Their Own is a rich book. In point of content, family patterns and the changes in them stand out as themes concentrated upon (in diachronical level, traced back to the 1930's, the emphasis being upon the state socialism period and the interest in today's situation). The impact of the family institution upon the construction of gender relations is likewise dwelt upon. The various aspects and manifestations of the patriarchal order are outlined in varying social, religious, ethnical and cultural context. Although the focus of research is upon the family and the individual's life course the stories contain much additional information as to the respective social order an the rest of the institutions (the school, the church) instrumental in constructing gender arrangements; the mechanisms of maintaining power relationships within the family in society are highlighted. Already the aspects mentioned so far would fully suffice to convince a gender-indifferent reader that the women's personal stories provide an indispensable source to studies of everyday life at the time of socialism and during the subsequent period of transformation.

In addition, the reader is steeped in dialogues where the women reflect on themselves, their own lives, their experience, their roles, their attitudes, their beliefs and doubts, and, in interaction with the interviewer, they construct themselves, their own identity. In this sense, he witnesses the creation of a feminist anthropological text, a feminist anthropology of the self. In this focus upon the women's subjectivity that, in my opinion, comes to the fore as yet another merit of the book. The women interviewed build up their own image defining themselves as "a good/bad mother/daughter/wife", "a successful/ unsuccessful woman", etc. and expressing their views on the dominant models of femininity within their family, within their own ethnical, cultural and religious community and within the social order in general. The picture is varied indeed – ranging from complete adoption and internalization of patriarchal ideology through acquiescence and discomfort to collision with and rejection of the imposed norms of the patriarchal gender order. Set against the tired, uncertain, dissatisfied, reconciled voices of the mothers (in their forties and fifties), the voices of their militant daughters evincing courage and a marked ability to reflect on themselves and the self – society relationship sound a particularly optimistic note. Needless to say, here as elsewhere generalizations appear irrelevant since one of the implications of the women's experience shared is the profound complexity, ambivalence and discrepancy in the self-attitude to the rest of the world. I would like to mention merely one of the most common examples manifest in women of various social status – a statement of egalitarian gender views coexisting with a simultaneous rejection of feminism (as disrupting the "natural" social order) and a corresponding adherence to traditional roles and relationships in the family. In a word, the autobiographical stories afford a "close up" look into the combination of gender ideologies and gender practices (within the family and outside it). Dwelling upon such socially significant themes as the combination of professional and family roles, women's poverty and labour discrimination, these stories offer the opportunity to cast light upon other themes less looked into as for instance those of (self)sacrifice, speechlessness and submission as elements of womanhood construction. In the analysis of the latter, the interviewees' subjective experience and authentic language are of major importance; as a matter of fact, the book's powerful effect upon the reader is largely due to the language.

In spite of the sadness in *their own voices*, I regard the appearance of this collection as a good sign of the changing situation in Bulgarian society and Bulgarian social sciences. It is yet another serious attempt to draw attention to the women theme which will stimulate future anthropological, historical, sociological and ethnographical studies.

Ana Luleva, Sofia

Gunilla-Friederike Budde, **Frauen der Intelligenz. Akademikerinnen in der DDR 1945 bis 1975** (Kritische Studien zur Geschichtswissenschaft; 162). Göttingen: Vandenhoeck & Ruprecht 2003, 446 S., EUR 49,90, ISBN 3-525-35143-7.

Aus ihrer „gewichtigen" – so die Autorin – Habilitationsschrift (2001, Freie Universität Berlin) destillierte Gunilla-Friederike Budde ein „schlankes Buch." Im Zentrum der Untersuchung rund um Akademikerinnen in der DDR steht das Verhältnis von Emanzipationsrhetorik und Emanzipationsrealität. Kernfragen sind, wo Akademikerinnen ideologisch und real platziert waren beziehungsweise wo sie sich selbst platzierten/platzieren konnten – wie sie Zuweisungen, die vorwiegend von staatlicher Seite kamen, annahmen, veränderten oder verwarfen. Die Historikerin schließt sich dabei an die neuere DDR-Geschichtsforschung an und verknüpft diese mit einer geschlechtergeschichtlichen Perspektive. Sie überprüft und relativiert auf die DDR bezogene Thesen von Wandel und Kontinuitätsbruch, stellt dazu konsequenterweise Rückblicke, insbesondere in die NS-Zeit, und Vergleiche mit der BRD an. Budde plädiert dafür, gängige historische Periodisierung nach geschlechtergeschichtlichen Aspekten zu differenzieren. So bedeutet für Akademikerinnen in der DDR die Phase von 1949 bis 1961 nicht so eindeutig Aufbau, die Zeit von 1961 bis 1968/71 hingegen Konsolidierung usw. Die erfahrungs- und kulturgeschichtliche Analyse soll die Grenzen und Selbstbegrenzungen der Diktatur aufzeigen, also deren poröse Stellen, Konfliktlinien, kulturelle Resistenzbereiche, Nischen, individuelle „Handlungsspielräume" und Formen der Verweigerung.

Zu Buddes großem Quellenfundus gehören daher neben offiziellem Material und neben Verordnungen, Verlautbarungen, Sitzungsprotokollen, Korrespondenz von Partei und Organisationen, Ministeriumsakten, Stellungnahmen usw. auch Eingaben von Bürgerinnen und Bürgern (Bittschreiben, Beschwerden, Reaktionen von Gerügten, Abgewiesenen usw.) und Interviews. Einbezogen werden weiters Meinungsumfragen, Texte aus (staatlich gelenkten) Medien, den Frauenzeitschriften *Frau von heute* und *Für Dich*, sowie Romane und Spielfilme.

Die Interviews kommen für mich persönlich zu kurz: Eher vereinzelt werden knappe Passagen zwischen andere Quellen gereiht, manchmal nur illustrativ eingesetzt. Über Methodisches ist wenig zu erfahren, lebensgeschichtlich angelegt waren die Gespräche jedenfalls. Im Vorwort schreibt Budde, dass die „erzählfreudigen und gastfreundlichen, vergangenheitsstolzen und zukunftsbejahenden" Frauen „Geschichte lebendig" machten und ihrer Historiografie „Gesichter und Stimmen" (11) gaben. Den 446 Seiten dort und da ein wenig Farbe und Leben einzuhauchen, scheint Hauptaufgabe der Interviews.

Die Studie ist also auf zwei Ebenen – Diskurs und Empirie – angelegt, es wird versucht, Diskurse und deren Auswirkungen zu verschränken. Empirie meint folglich, zu erheben, inwieweit „das Gerede" über Akademikerinnen mit der realen Entwicklung quantitativ und qualitativ übereinstimmte. Auf der Diskursebene bezieht Budde das gesamte Spektrum akademischer Berufe und der Frauenerwerbsarbeit allgemeiner ein, empirisch konzentriert sie sich auf vier Professionen: Lehrerinnen, Wissenschaftlerinnen, Ärztinnen und Richterinnen.

Eine sozialistische „Intelligenz" sollte in der DDR das alte Bildungsbürgertum (die Akademiker) ablösen. Das war nicht so einfach, die Intelligenz galt als problematische Gruppe, ähnlich wie Frauen allgemein. Folgerichtig schienen Akademikerinnen als besonders problematisch. Die staatliche/offizielle Einstellung ihnen gegenüber war ambivalent, schwankte zwischen den Extremen Achtung und Ächtung. Aufgrund einer Nähe zur Bürgerlichkeit waren Akademikerinnen (bis weit in die 1970er Jahre wurden darunter auch Hochschulabsolventinnen und Akademiker-Gattinnen subsumiert) suspekt, sie wurden als politisch unzuverlässig eingestuft; andererseits schätzte man ihr kulturelles Kapital und schrieb ihnen die Rolle der Mittlerinnen zwischen den Klassen zu. Akademikerinnen wurden hofiert und kontrolliert und waren stets Gegenstand der Politik.

Zwar hatte sich die DDR-Frauenförderung auf die Fahnen geschrieben, doch Klasse rangierte beim Elitenwechsel klar vor Geschlecht. An den staatlich besonders geförderten Arbeiter- und Bauern-Fakultäten, so zeigt Budde mithilfe von Statistiken, war der Frauenanteil besonders niedrig. Da – wie früher und anderswo – vor allem bürgerliche Töchter ein Studium ergriffen, schloss die zunehmende Bindung des Hochschulzugangs an soziale Kriterien Frauen tendenziell aus. Auch die traditionell eingespielte Fächerwahl war nicht nachhaltig durch staatliche Lenkungsversuche zu verändern. Die hohen Zulassungszahlen für technische und naturwissenschaftliche Fächer bewirkten nicht, dass Frauen sich stärker in diese Richtungen orientierten – sie verzichteten eher auf ein Studium. Diese Verliererinnen kommen in Buddes Analyse leider nicht mehr vor; ihre Interviewpartnerinnen haben alle einen Abschluss, in den untersuchten Diskursen war diese Frauengruppe offenbar kein Thema.

In Anschluss an Studium und Ausbildungswege stellt die Autorin Karrierewege und -möglichkeiten für Wissenschaftlerinnen, Ärztinnen, Richterinnen und Lehrerinnen vor. Im Mittelpunkt stehen hier weniger die Alltage der Akademikerinnen innerhalb und außerhalb ihrer Profession, wenngleich – vor allem aus den Eingaben von Betroffenen – unter anderem deutlich wird, welchen enormen Aufwand Versorgungs- und Familienarbeit in der DDR bedeutete. Zentral ist das Verhältnis zwischen Staat und Hochschulabsolventinnen: Welche Strategien waren erfolgreich, welche Konstellationen günstig, worüber wurde kommuniziert und wie.

Von Seiten des Staates wurde den hier gewählten Berufen unterschiedliches Prestige verliehen, und auch in der Bevölkerung genossen Lehrer-, Richter- und Ärzteschaft sowie Wissenschaftler und Wissenschaftlerinnen je unterschiedlich hohes Ansehen. ÄrztInnen rangierten imagemäßig ganz oben und blieben von staatlichen Vorgaben relativ unbeschadet; ihre Dienste waren immer sehr gefragt und von daher waren sie als soziale Gruppe mächtig. Ihr Lebensstil – vorwiegend bürgerlich – blieb weitgehend der alte. Für Frauen besonders unglücklich wandelte sich der Lehrerberuf. Um schnell zu ideologisch adäquaten „Neulehrern" zu kommen, verkürzte man die Ausbildung und warb insbesondere um Frauen. Dequalifizierung und stetiges Anwachsen staatlichen Einflusses fielen mit der Zunahme von Frauen in diesem Feld zusammen. Während Lehrerinnen offiziell heroisiert wurden, erfuhren sie gesellschaftliche Geringschätzung. Frauen im Richterberuf sollten ganz besonders den Neuanfang der DDR verkörpern. Die obersten Etagen blieben Frauen generell versperrt, vor allem Richter- und Arztberuf diversifizierten sich intern, Frauen blieben die weniger prestigeträchtigen Bereiche – zum Beispiel die Arbeit in Familien- und Jugendgerichten oder in der Medizin die Sparten Gynäkologie und Pädiatrie. Akademische Professionen, in denen Frauen Fuß fassen konnten, wurden „familiarisiert". Zum einen rechtfertigten die „mütterliche Richterin", die „einfühlsame Ärztin" und die „liebevolle Lehrerin" den Berufszugang von Frauen, zugleich verhinderte diese geschlechtsspezifische Ausdifferenzierung die völlige Erosion traditioneller Zuständigkeiten (für Versorgungs- und Beziehungsarbeit, für Moral und Erziehung usw.).

Am sperrigsten erwies sich der Hochschulbetrieb. Unter anderem wurden dort an Frauen höhere Qualifikationsanforderungen gestellt; was belegt, dass Dequalifizierung und Feminisierung nicht zwingend zusammenfallen. Die Feminisierung verlief also in den vier Untersuchungsfeldern unterschiedlich: Bei Lehrerinnen und Ärztinnen setzte sich ein Trend fort, bei der Richterschaft war die stärkere Frauenpräsenz neu, aber nicht umfassend, in der Wissenschaft schafften es Akademikerinnen nur in die unteren Etagen. Unterschiedlich sind auch die Grade von Strukturverschiebung und Traditionsbrüchen. Alles in allem rangierte auch in der DDR familiärer Erfolg von Frauen vor beruflichem. Dennoch war die Nur-Hausfrau verpönt, zugleich waren Kinderbetreuungsplätze knapp usw., was das Leben für Frauen ebenso wenig vereinfachte wie die Tatsache, dass Privilegien oft kontraproduktiv wirkten. Möglichkeiten wie der „Hausarbeitstag" oder das „Babyjahr" wurden vielfach nicht in Anspruch genommen, weil in der Öffentlichkeit den Frauen negativ ausgelegt und konkret gegen Frauen verwendet. Zahlreich setzten sich Akademikerinnen Vorwürfen wie Protektion, Egoismus, Vermännlichung (die „ostdeutschen Mannweiber" waren beliebtes Sujet westdeutscher Kalter-Kriegs-Propaganda) nicht aus und verweigerten die ihnen zugedachten Karrieren.

Budde macht mit ihrer Studie über Akademikerinnen in der DDR die Grenzen staatlich gesteuerter Gleichberechtigungspolitik deutlich und zeigt, wie dauerhaft Traditionen – Geschlechterbilder und -rollen etwa – in der Gesellschaft verankert sein können. Eine Politik, die Frauen als Manövriermasse sieht und sie je nach Bedarf nah oder fern der männlichen Norm ansiedelt, bietet ebendiesen Frauen einen nicht zu unterschätzenden individuellen Handlungsraum. Gegen staatliche Intentionen, doch mithilfe staatlich vorgegebener Normen und Argumentationen versuchen sie ihre Interessen durchzusetzen, ihre Möglichkeiten zu erweitern. Das lenkt die Aufmerksamkeit auf den interaktiven Charakter von Herrschaft im Allgemeinen. Viele Quellenpassagen vermitteln intensive Eindrücke, die Quellenvielfalt ergibt insgesamt ein interessantes Bild. Anhand von Romanauszügen macht Gunilla-Friederike Budde beispielsweise nachvollziehbar, wie sich in den siebziger Jahren eine autonome Gegenöffentlichkeit im „Leseland DDR" bildete, nicht zuletzt unter dem Einfluss von so genannter Frauenliteratur. Diese lieferte nicht nur Weiblichkeitsbilder nach ökonomischem und ideologischem Bedarf. An anderen Stellen fällt die Analyse im Vergleich zur Quellendarstellung knapp aus, zugleich werden Erkenntnisse wiederholt mitgeteilt. Am interessantesten fand ich Passagen konzentrierter Interpretation durch die Autorin. Selbst wenn hier einmal von „weibliche[m] Eigensinn" (121) die Rede ist und wenn die Beobachtung, dass sämtliche Interviewpartnerinnen selbstgebackene Kuchen anboten, Budde als Indiz für die verinnerlichte Haltung von Akademikerinnen dient, auch hausfrauliche Leistungen präsentieren zu müssen (367, Fn. 233). Interessiert hätte mich noch die Position der Autorin zu ihrem Thema, etwa ihre Motivation zu dessen Bearbeitung und eine Reflexion der Bedeutung ihrer Forschungsarbeit für das eigene Akademikerin-Sein.

Nikola Langreiter, Wien

Johanna Gehmacher, Elizabeth Harvey, Sophia Kemlein Hg., **Zwischen Kriegen. Nationen, Nationalismen und Geschlechterverhältnisse in Mittel- und Osteuropa 1918–1938** (Einzelveröffentlichungen des Deutschen Historischen Instituts Warschau 7). Osnabrück: fibre Verlag 2004, 259 S., 9 Abb., EUR 29,80, ISBN 3-92975-948-9.

Der vorliegende Sammelband präsentiert die Beiträge zu der im Mai 2000 in Obory bei Warschau abgehaltenen Tagung „Between Wars: Nations, Nationalisms, and Gender Relations in Central and Eastern Europe 1918–1939", die vom *Deutschen Historischen Institut* (DHI) *Warschau* und dem *Institut für Zeitgeschichte der Universität Wien* veranstaltet wurde. Überwiegend HistorikerInnen sind es, und bis auf eine Ausnahme Frauen, die das Zusammenwirken von Geschlecht und Nation(alismus) ins Auge fassen. Mittel- und Osteuropa ist laut Buchtitel der regionale Rahmen, der aber keineswegs als fixiert verstanden wird: Acht der insgesamt sechzehn Artikel betreffen Polen, darüber hinaus geht es um Tschechien, Weißrussland, Finnland, Schweden, Deutschland, Jugoslawien und wenn man so will Großbritannien – wiewohl hier Virginia Woolf den Anknüpfungspunkt bildet, die sich als Frau nicht einer Nation zugerechnet wissen will, sondern die ganze Welt als ihr Land beansprucht.

Die Tagung verstand sich als die Fortsetzung zur Tagung „Geschlecht und Nationalismus in Mittel- und Osteuropa 1848–1918". Die Beiträge zu dieser Tagung, die 1998, ebenfalls am DHI Warschau stattfand, wurden bereits 2000 veröffentlicht.[1] Es wäre müßig, zum wiederholten Male zu erwähnen, dass die Verflechtungen von Geschlecht und Nation mindestens seit Mitte der 1990er Jahre zunehmend an Bedeutung für die Frauen- und Geschlechterforschung gewonnen haben. Nira Yuval-Davis' Arbeit scheint nach wie vor die wichtigste konzeptuelle Grundlage für Forschungen über „Gender and Nation" darzustellen,[2] jedenfalls legt der vorliegende Band diese Annahme nahe.

Seit einigen Jahren wird darüber hinaus angestrebt, Geschlecht und Nation im Hinblick auf oder am Beispiel von Osteuropa in das Zentrum des Forschungsinteresses zu stellen, dies insbesondere in der Geschichtswissenschaft und in der Slawistik. Hier kann für den deutschsprachigen Raum etwa auf die „Basler Initiative für Gender Studies in der Osteuropaforschung" (BIG-O)[3] hingewiesen werden, die seit 2001 aktiv ist. Die Frage nach dem Stellenwert von *Gender Studies* in der Osteuropaforschung wurde im Juli 2001 in einem von BIG-O veranstalteten Graduiertenkurs erörtert[4]. Auch an der Universität Freiburg i. Br. wird diese Perspektive verfolgt. Im Sommer 2002 wurde etwa von Elisabeth Cheauré und Carolyn Heyder eine internationale Konferenz mit dem Titel „Vater Rhein und Mutter Wolga. Region, Nation und Gender – Identitätsdiskurse in Deutschland und Russland" organisiert. Auch in Österreich scheint diese thematische Verknüpfung von Frauen- und Geschlechterforschung und Osteuropaforschung in den letzten Jahren aufgegriffen zu werden. Als Indizien dafür seien hier beispielsweise ein Sonderheft der *Österreichischen Osthefte* zum Thema Geschlechterforschung und Osteuropa,[5] die Ringvorlesung des *Gender-Kollegs der Universität Wien* im Sommersemester 2004[6] und nicht zuletzt die vorige und die vorliegende Ausgabe von *L'Homme. Z.F.G.* genannt.

Der hier zu besprechende Sammelband enthält eine Reihe von Gebrauchsanweisungen: zum einen den Einleitungsartikel der Herausgeberinnen, zum anderen verstehen sich die Beiträge von Kerstin S. Jobst und Elizabeth Harvey als resümierende Kommentare zu je einer Hälfte der im Band versammelten Artikel, entsprechend der Strukturierung der Tagung des *Deutschen Historischen Institutes Warschau.*

Der erste Teil der Texte thematisiert die Konstruktion von Geschlechterverhältnissen in neu konstituierten Nationalstaaten. Andrea Feldmann schildert das Engagement kroatischer, slowenischer, serbischer, jüdischer und moslemischer Frauen auf dem Gebiet des 1918 gegründeten Jugoslawien. Sie geht dabei zunächst ins 19. Jahrhundert zurück, in die Salons der dem Illyrismus zugeneigten bürgerlichen Frauen, fokussiert dann aber auf

1 Vgl. Sophia Kemlein Hg., Geschlecht und Nationalismus in Mittel- und Osteuropa 1848–1918, Osnabrück 2000.

2 Vgl. Nira Yuval-Davis, Gender and Nation, London 1997.

3 Vgl. http://www.hist.net/projekte/big-o/.

4 Vgl. dazu Eva Hausbacher, Gender Studies in der Osteuropaforschung. Bericht von einer gleichnamigen Tagung in Basel, in: Österreichische Osthefte Jahrgang 43, 4 (2001), 555–559.

5 Österreichische Osthefte, 43, 4 (2001).

6 Ringvorlesung Brüche–Geschlecht–Gesellschaft: Transformationen von Geschlechterverhältnissen, vgl. http://www.univie.ac.at/gender-kolleg/lehre/lv04_trans.htm (12. 4. 2004).

die Strömung des Jugoslawismus. Stets waren Initiativen für die Rechte von Frauen mit national(istisch)en Projekten verbunden. Feldmanns Beitrag ist der einzige, der sich auf Süd-Ost-Europa bezieht.

In Dobrochna Kalwas Beitrag wird gezeigt, wie polnische Frauen durch ihre Involviertheit und Aktivitäten in politischen Kampagnen anlässlich der Wahlen zum Teilgebietssejm (1918) und des Plebiszits in Oberschlesien (1921) ihrer Emanzipation entscheidende Schritte näher kamen. Und das, obwohl das Programm des polnisch-nationalen Lagers, für das sie sich einsetzten beziehungsweise instrumentalisiert wurden, eine politische Emanzipation der Frauen gerade nicht vorsah.

Das Eherecht in der Zweiten Polnischen Republik wird im Beitrag von Claudia Kraft behandelt. Man stand vor der schwierigen Aufgabe, drei unterschiedliche Rechtssysteme und die damit verbundenen religiösen, moralischen, kulturellen Vorstellungen zu vereinbaren. Eine weitere Konfliktlinie bildeten die Richtlinien der einflussreichen katholischen Kirche im Gegensatz zu staatsbürgerlichen Ansprüchen von Männern und Frauen.

Dietlind Hüchtker verweist in ihrem Artikel auf die konstruierten und selektiven Erinnerungen an die polnische Frauenbewegung und die galizische Unabhängigkeitsbewegung im geteilten Polen aus der Perspektive der 1930er Jahre. Das Vergessen und Übersehen von sozialen, kulturellen und politischen Unterschieden zwischen in diese Bewegungen Involvierten ist dabei konstituierender Teil der Schaffung eines gewissermaßen einheitlichen polnischen Gedächtnisses.

Elena Gapova vergleicht den Umgang mit der so genannten Frauenfrage im sowjetischen Weißrussland und in West-Weißrussland, welches in der Zwischenkriegszeit ein Teil Polens war. Im sowjetischen Weißrussland wurden Frauenidentitäten im Kontext der neu zu errichtenden Gesellschaft verhandelt. Es galt die Rückständigkeit und den Analphabetismus von Landbewohnerinnen zu überwinden, und die Frauen sollten in den Produktionsprozess eingebunden werden. Im westlichen Weißrussland war die Frauenfrage in den Kontext nationaler Bewegungen eingebettet.

Im zweiten Teil des Sammelbandes geht es um Geschlechterbilder und wie sie sich im Zuge von Nationalisierungsprozessen gestalten und verändern.

Der Film *Huragan* (Orkan) von Józef Lejtes aus dem Jahr 1928 wird von Elżbieta Ostrowska und Joanna Szwajcowska im Hinblick auf die Repräsentation von Frauen analysiert. In diesem Film, dessen Handlung während des Januaraufstandes von 1883 spielt, werden ausgiebig und eindrucksvoll Frauenfiguren aus der polnischen nationalen Mythologie und Symbolik in Szene gesetzt. Es treten auf: die um ihre getöteten Lieben trauernde Mutter, die Patriotin, die schöne romantische Heldin, die fürsorgliche Pflegerin der erschöpften Aufständischen, das Vergewaltigungsopfer, die Verschwörerin, die androgyne junge Frau als „weiblicher Ritter" und andere mehr – eine Fülle, die das Spektrum an Repräsentationen der im Titel des Artikels genannten mythischen *Matka-Polka* (Mutter-Polin) wohl überschreitet.

Eine Überraschung enthält Alicja Kusjaks Artikel über die polnische Historiographie der Zwischenkriegszeit. Die Historikerin Lucja Charewiczowa veröffentlichte bereits 1933 einen forschungsprogrammatischen Artikel mit dem Titel „Est-il fondé d'écrire une histoire spéciale de la femme?". Die in Kusjaks Beitrag daraus zitierten Stellen lesen sich prophetisch – Frauengeschichte bedeute eine „fundamentale Korrektur" der Geschichte, schaffe eine Grundlage, um „antifeministische Vorurteile" zu entkräften. Zudem sei sie nur sinnvoll, wenn sie eine Beschäftigung mit der Geschichte der Männer und der Kinder zur Folge habe. Dass Charewiczowa außer solchen feministischen Standpunkten auch stark nationalistische vertrat und sich mit der antisemitischen politischen Rechten Polens identifizierte, stellt für die Kommentatorin Elizabeth Harvey einen Widerspruch dar. Sie findet solche Koinzidenz von Einsatz für die Rechte von Frauen einerseits und Feindlichkeit gegenüber Fremden andererseits beunruhigend (unsettling).

Die Überschneidungen von Nation, Geschlecht und Ethnizität werden von Gertrud Pickhan anhand der Partei *Allgemeiner Jüdischer Arbeiterbund*, kurz *Bund* genannt, behandelt. Der von Dina Blond, der Vorsitzenden der bündischen Frauenorganisation, aufgeworfenen Frage danach, wo denn die Frauen in den politischen Parteien seien, bescheinigt Pickhan bis heute weltweite Aktualität, da Parteipolitik nach wie vor eine überwiegend männliche Domäne darstellt.

Angela Koch untersucht anhand von Artikeln in den deutschen Zeitschriften *Die Gartenlaube*, *Die Ostmark* und *Die Alldeutschen Blätter* die metaphorischen und metonymischen Assoziationen von Landschaft und Körper/Organismus, von Nation und Männlichkeit oder Weiblichkeit. So ist im Zusammenhang mit den Verträgen von Versailles die Rede von der Verstümmelung des deutschen Körpers. Die Heimat wird mit der geliebten Mutter gleichgesetzt. Dem Topos der Vergewaltigung – sei es als Metapher oder als konkrete oder unterstellte Tat – wird spezielles Augenmerk geschenkt.

Eine ähnliche Forschungsperspektive hat Marike Werner, wobei ihr Untersuchungsmaterial deutsche Romane, die der so genannten Grenzlandliteratur zugehören, darstellen. Dabei werden die Bilder von SlawInnen, von FranzösInnen und von Deutschen miteinander verglichen. Die deutsche Frau wird in diesen Romanen als Inbegriff von Reinheit und Treue dargestellt. Ihr Bereich ist die Familie. Die Polin und die Französin treten als sinnliche Verführerinnen (der deutschen Männer) auf, ihre Attribute sind kurze Röcke und Schminke. Zudem agieren sie im öffentlichen Raum und sind politisch engagiert. Die stereotypen französischen und polnischen Männer werden als eitel, schwach, intrigant und von Frauen abhängig skizziert. Eine solche schwächliche Darstellung der polnischen Männer kontrastiert mit den Bildern des Vergewaltigers oder „Herren im fremden Lande", wie sie in Kochs Beitrag vorkommen.

Tatiana Osipovichs Beitrag befasst sich mit den Darstellungen von Frauen in literarischen Werken der frühen Sowjetunion, wobei das Spektrum ihrer Beispiele von bebilderten Geschichten in der Tradition volkstümlicher Drucke *(lubki)* bis zu einer Erzählung von Alexej Tolstoj reicht. Die Frauenfiguren sind rückständige Dorfbewohnerinnen oder aber solche, die wie Neverovs *Marja, die Bolschewikin,* die neuen Ideen aufgreifen und schließlich zur Erleichterung der männlichen Bewohner das Dorf verlassen. Andere Figuren sind amazonenartige Kämpferinnen im Bürgerkrieg, die sich, vor die Entscheidung gestellt, für die Pflicht und gegen die Liebe entscheiden. Stets entstehen Konflikte zwischen den neuen Anforderungen an die sowjetische Frau und traditionellen weiblichen Tugenden wie Fürsorglichkeit, Anmut, Gehorsam dem Ehemann gegenüber, Beschränkung auf den privaten Bereich etc., welche die Heldinnen lächerlich, widerständig, brutal oder auch tragisch erscheinen lassen.

Margaret McFadden verlässt in ihrem Beitrag den Bereich von Osteuropa und diskutiert am Beispiel zweier Schriftstellerinnen das Verhältnis von Frauen und Frauenbewegung zu Nationalismen und Internationalismen: zum einen anhand von Virginia Woolf's *Three Guineas*, in dem eine „Society of Outsiders" entworfen wird, eine utopische Gegen-Gesellschaft intellektueller Frauen, die Armut (das heißt nicht mehr zu verdienen als unbedingt nötig ist), Keuschheit (das heißt ihre intellektuelle Kapazität nicht zu verkaufen) und Demut ebenso geloben, wie sie sich von „unreal loyalities" gegenüber Familie, Nation, Religion und anderen scheinbar unausweichlichen Institutionen lossagen. Zum anderen werden vor der Folie dieses Entwurfs von Außenseiterinnentum die widersprüchlichen Identitäten der Schriftstellerin Hella Wuolijoki, in Estland geboren, in Russland aufgewachsen, schreibend auf Finnisch, erörtert und klarer. Sich selbst beschreibt sie als „a capitalist employer with a marxist view of the world and a belief in the bankruptcy of capitalism". Manche ihrer Werke weisen nationalistische Züge auf, andere explizit antinationalistische, wie etwa das Stück *Laki ja Järjestys* (Recht und Ordnung), in dem die weibliche Hauptfigur gewissermaßen Woolf'sche Gedanken äußert.

In Martin Wessel Schulz' Artikel geht es um Diskurse über Männlichkeit(en) anhand der Frage, ob die Priester der Tschechoslowakischen Kirche sich verehelichen sollten oder nicht. Hier werden nationale Anliegen und Vorstellungen von Männlichkeit verquickt, wobei ein wesentliches Kriterium dessen, was Männlichkeit ausmacht, (hetero)sexuelles Begehren und dessen In-die-Tat-Umsetzen ist. Die Priester sollen richtige Männer sein, und solche sind nun einmal verheiratet und pflanzen sich fort.

Anhand von in Lokalzeitungen veröffentlichten Briefen zeigt Ann-Cathrin Östman, wie im schwedischsprachigen Teil Finnlands in den 1920ern und 1930ern Männlichkeit mit Landbesitz und -bearbeitung in Verbindung gebracht wird. Anders als etwa in den von Koch und Werner behandelten deutschen Publikationen wird hier Land und Heimat nicht mit Weiblichkeit oder Mütterlichkeit assoziiert, sondern vielmehr mit agrarischer Männlichkeit. Östman geht sehr aufmerksam mit den von ihr verwendeten Begriffen um, achtet auf Nuancen, die verloren gehen könnten, wenn etwa schwedische Termini ins Englische übertragen werden, wie bei den Freibauern (*lantman*) oder der Heimat (*hembygd*).

Abgesehen von einer inhaltlichen Auseinandersetzung mit den einzelnen Beiträgen könnte man den Tagungsband auch – versuchsweise und oberflächlich – unter einer wissenschaftssoziologischen Meta-Perspektive ins Auge fassen und fragen, wie die Arbeitsteilung in einem solchen Projekt aussieht, das unter Beteiligung von ost- und westeuropäischen sowie amerikanischen HistorikerInnen und Kulturwissenschaftlerinnen realisiert wurde. So fand die dem Band zugrunde liegende Tagung in Polen statt, wurde aber von einem deutschen Institut organisiert. Die Herausgeberinnen stammen aus Deutschland, Österreich und Großbritannien. Die Autorinnen der kommentierenden Artikel stammen aus Deutschland und Großbritannien. Die Sprachen des Sammelbandes sind Deutsch und Englisch. Theoretische Konzepte, so solche expliziert werden, stammen vorwiegend von britischen oder US-amerikanischen Wissenschaftlerinnen. Der Gegenstand der Untersuchungen ist Mittel- und Osteuropa. Damit ergäbe sich eine Verteilung von Subjekt(en) und Objekt(en) der Forschung entlang einer noch näher zu untersuchenden und zu bestimmenden, mutmaßlich hierarchisch strukturierten Ost-West-Dimension, wie sie in ähnlichen Kooperationen relativ oft gefunden werden kann. Um solche Beobachtungen systematisieren und verallgemeinern zu können, wäre allerdings eine umfangreichere Analyse erforderlich.

Abschließend kann bemerkt werden, dass der Sammelband den Eindruck vermittelt, das Resultat einer gelungenen Tagung zu sein. Die Beiträge stehen nicht nebeneinander und haben irgendwie alle mit Geschlecht und Nation und Mittel- und Osteuropa zu tun. Vielmehr werden in den erwähnten Gebrauchsanweisungen – der Einleitung und den Kommentaren zu je einer Hälfte der Artikel – unter verschiedenen Aspekten Verbindungen zwischen den Einzelteilen hergestellt, die den Band kohärent und zugänglich machen.

Therese Garstenauer, Wien

Monika Bernold u. Johanna Gehmacher, **Auto/Biographie und Frauenfrage. Tagebücher, Briefwechsel, Politische Schriften von Mathilde Hanzel-Hübner (1884–1970)** (L'Homme Archiv. Quellen zur Feministischen Geschichtswissenschaft; 1). Wien/Köln/Weimar: Böhlau 2003, 270 S., EUR 45,00, ISBN 3-205-77094-3.

Bereits ein erster Blick ins Inhaltsverzeichnis macht neugierig. Denn daraus geht hervor, dass es sich bei diesem Buch nicht um eine konventionelle Arbeit handelt. So ist es auch nicht die klassische Einteilung einer Biographie, welche die LeserInnen erwartet. Augenscheinlich werden eher Versatzstücke von Reflexionen zum Thema Auto/Biographien im Kontext der Frauenfrage, Versatzstücke, die immer wieder in die konkrete Auseinandersetzung mit einer Frauenbiographie rückgebunden werden. Was bei diesem ersten Blick ins Inhaltsverzeichnis noch ins Auge fällt, ist, dass der Frau, um die es hier geht, und ihrer Biographie viel Raum gelassen wird. Das heißt, dass nicht einem Modell konziser Darstellung von Lebensgeschichte gefolgt wird, sondern vielmehr Elementen von Lebensfeldern, zu denen hier Spuren zusammengetragen und dokumentiert wurden. Damit wird den LeserInnen nicht ein „So war es" vorgesetzt. Und das macht neugierig.

Ein zweiter Blick bestätigt diesen Eindruck. Neben der Porträtierten Mathilde Hanzel-Hübner werden Monika Bernold und Johanna Gehmacher als Editorinnen, Kommentatorinnen und Dokumentatorinnen sichtbar. Sie beschreiben das Archiv, ihren Umgang mit dem Material und geben Einblick in die Gedanken, die sie dabei begleiteten. Diesen Prozess der Auseinandersetzung mitverfolgen zu dürfen, ist für alle, die sich für Auto/Biographien und Frauengeschichte interessieren, höchst aufschlussreich. Denn damit liegt ein Buch vor, das von Frau-Sein um die Wende vom 19. zum 20. Jahrhundert genauso erzählt wie von Gedanken von Frauen an der Wende vom 20. zum 21. Jahrhundert.

Aus einem in 92 Archivschachteln überlieferten Nachlass haben die zwei Historikerinnen eine „kommentierte biographische Edition" (18) von Tagebüchern, Korrespondenzen und Aufsätzen vom und rund um das Leben von Mathilde Hanzel-Hübner erstellt. Die längeren und kürzeren Kommentare, die die Dokumente erweitern und ergänzen, lassen die LeserInnen am Dialog der Editorinnen mit dem Material, der Biographie und der Person teilhaben. Eine Texteigenheiten berücksichtigende Form der Edition speist nicht mit einer fertigen Deutung der Quellenbestände ab, sondern legt Material offen und regt dezidiert zu weiteren Interpretationen an.

Die einzelnen Kapitel, nach denen das Material gruppiert ist, sind einerseits als Annäherungen lesbar – biographisch gehalten, andererseits jedoch auch ein thematisches Umkreisen dessen, was diese Person repräsentierte. Unter dem einer der politischen Schriften von Mathilde Hanzel-Hübner entlehnten Titel „Von der hohen Schule der Frauen" werden in einem ersten Kapitel die „geographischen und symbolischen Landkarten von Kindheit und Ausbildungszeit" (32) rekonstruiert. Es ist der Kontext, der Mathilde Hanzel-Hübner als dreiundzwanzigjährige Lehrerin dazu anregen sollte, das Konzept einer Frauenhochschule zu erstellen. Damit ist der Zusammenhang von Bildung, Geschlecht und Biographie angesprochen, der einen zentralen Fokus ihres Werkes und dieses Buches bildet. Die junge Frau, die 1903 die Lehrerinnenbildungsanstalt abgeschlossen hatte und danach als Substitutin an Wiener Volksschulen, ab 1907 an Bürgerschulen unterrichtete, erscheint in einer anderen Facette ihres Daseins als Pionierin im Kampf der Frauen um den Zugang zur Technischen Universität. 1909 als Gasthörerin zugelassen, eröffnen sich durch ihre Aufzeichnungen abseits der offiziellen Seite der Geschichte Einblicke in persönliche Aspekte des Erlebens.

Mathilde Hanzel-Hübner ist aber weder als Pionierin des Studiums für Frauen schlechthin noch in andere bislang Auto/Biographien rechtfertigende Kategorien wie „Rebellin" oder „berühmte Frau" etc. einzuordnen. Wenngleich in den von ihr in unterschiedlichen Perioden ihres Lebens selbst verfassten autobiographischen Entwürfen, die kontextualisiert wiedergegeben werden, ihr zweites Lebensthema, die Friedenspolitik, zum Ausdruck kommt, ist auch dieses Engagement kein klassischer Anlass, eine Auto/Biographie zu verfassen. Die Frage nach ihrer und der „Geschichtswürdigkeit" von Frauen im allgemeinen wird in einem eigenen Kapitel diskutiert, wobei festzuhalten ist, dass Mathilde Hanzel-Hübners autobiographische Skizzen auch in Hinblick auf feministische Vorstellungen kontingenter Identitäts- und Subjektpositionen und damit nicht zuletzt in Bezug auf die Konzeptionen des Subjekts in der Ersten Frauenbewegung hin zu lesen empfehlenswert sind.

Eine dem Buch beigelegte CD-Rom mit Bildern und Texten, welche die Übergänge und Transformationen dokumentierend „Frau Hübner/Passagen" (1899–1918) betitelt ist, bildet das nächste Kapitel. Dieser zentrale Teil der Edition, bestückt mit Auszügen aus Tagebüchern, Briefen und einem Brieftagebuch, einer Mischung aus Tagebuch und Briefwechsel, welche sie gemeinsam mit ihrem späteren Ehemann, dem Gymnasiallehrer Ottokar Hanzel, führte, bedient sich zwar der Chronologie als Ordnungs- und Sinnprinzip biographischer Darstellung, um diese jedoch gleichzeitig durch eine Vielheit von Stimmen – Behördendokumente, Postkarten, politische Schriften etc. – wieder in Frage zu stellen. In der Anerkennung des Geheimnisses des Lebens, das ihnen in Form eines Nachlasses vorlag, beweisen die Editorinnen Respekt vor der Würde dieser Frau, die selber sehr bewusst Dokumente zu ihrem Leben hinterließ. Die Haltung, sich nicht anzumaßen, über dieses Leben mehr zu wissen als die Person, die es lebte, ist mitunter ebenso beeindruckend wie die Aufbereitung der Dokumente. Das Sichtbarmachen des Geheimnisses heißt, die Widersprüchlichkeiten nicht nur zu verbalisieren, sondern auch in der Form zum Ausdruck zu bringen. Das Herzstück des Buches befindet sich an einem anderen Ort, in einem anderen Medium. Es liegt nicht in Buchform vor!

Die „Passagen" bieten die Gelegenheit, Mathilde Hanzel-Hübner als politische Akteurin, Intellektuelle und in der ihr so wichtigen Selbstdefinition als Frauenrechtlerin an Kontur gewinnen zu lassen. Der Schritt hin zu einer öffentlich agierenden Person spiegelt sich auch in der Entwicklung ihrer Schreibpraxis – vom persönlichen Stil des Tagebuchs hin zum für die Öffentlichkeit bestimmten politischen Text. Während Mathilde Hanzel-Hübners Interesse für die Frauenbewegung in den Funktionen einer Schriftführerin und Vizepräsidentin des *Allgemeinen österreichischen Frauenvereins* ihren Ausdruck fand, wurden die über Themen wie Bildungsreform für Mädchen und Frauen, Prostitution, Sexualität etc. verfassten politischen Schriften, die sie in einem vieldeutig und bezeichnenderweise „Reden, die ich nicht gesprochen habe" betitelten Konzeptheft gesammelt hatte, bislang nicht publiziert.

Die im nächsten Abschnitt edierten Dokumente von Mathilde Hanzel-Hübner stammen aus der Zeit des NS-Regimes sowie des Zweiten Weltkriegs und sprechen mit dem vielsagenden Titel „Suche nach verlorenen Idealen" die Auseinandersetzung einer Frauenrechtlerin und Pazifistin mit dem Nationalsozialismus an. Aufgrund der bereits in den autobiographischen Texten zu bemerkenden Leerstellen und aus den Dokumenten des Nachlasses ist jedoch ihre Einstellung gegenüber dem Nationalsozialismus nicht zu beantworten. Was den Äußerungen sowohl über die als auch von der bis 1938 „vielbeschäftigten Friedensaktivistin" zu entnehmen ist, ist ambivalent. Die Dokumente der Jahre 1940, 1941 und 1945 greifen – vermutlich aktualisiert durch die Geburt eines Enkelkindes – primär die Themen Mutterschaft und Mädchenbildung auf. Weibliche Identität ist denn auch der Angelpunkt, sich auf der einen Seite von der Kriegspolitik des NS-Regimes zu distanzieren, auf der anderen Seite jedoch die Traditionen von Frauenbewegung und nationalsozialistischer Politik zusammenzuführen. Sie stellen damit Dokumente dar, die in ihrer Art und Weise darüber Auskunft geben, wie es möglich ist, als Frauenrechtlerin und Pazifistin rassistische und menschenverachtende Politik wenn nicht explizit zu unterstützen, so doch intellektuell zu rechtfertigen.

Mathilde Hanzel-Hübner hielt ihren Anspruch auf politische Einmischung bis ins hohe Alter aufrecht. Doch wo, so die konsequente weitere Frage, befinden sich dann die Schnittstellen zu den über die Zeit von 1938-1945 hinausgehenden Veränderungsvorschlägen der Gesellschaft und welche Qualitäten kommen darin zum Ausdruck? Diesen Zusammenhängen, betitelt „Über die Notwendigkeit der Veränderung in der bürgerlichen Gesellschaft", widmet sich das letzte Kapitel, in dem Mathilde Hanzel-Hübner als politisch intervenierende und in der Öffentlichkeit wirkende Frau in Erscheinung tritt.

Die Versatzstücke haben sich im Dialog mit den LeserInnen zu einem Bild zusammengefügt: Das alles war Mathilde Hanzel-Hübner. Wenn die Autorinnen dies auch nur als eine Möglichkeit verstanden haben wollen, die Auto/Biographie dieser Frau zu präsentieren, so ist es eine sehr verantwortungsvolle, würdevolle und höchst reflektierte. Nicht zuletzt deshalb hätte ich mir – obgleich über die Unterschiedlichkeit der selbstautorisierten Dokumente mit der fiktiven Bezeichnung „Tilly H." Verfremdung intendiert ist und die Wahl der Benennung nachvollziehbar wird – gewünscht, weniger in den Sog der Vertrautheit eines Kosenamens gezogen zu werden.

Mathilde Hanzel-Hübners Auto/Biographie bildet den ersten Band einer *L'Homme-Publikationsreihe,* in der aus der *Sammlung Frauennachlässe* am Institut für Geschichte der

Universität Wien, die 1989 ins Leben gerufen wurde, ein von Zugangsweise und Inhalt sehr bemerkenswerter Band zustande gekommen ist. Über die Möglichkeit hinaus, sich durch Frauenleben und Frauenfrage zu navigieren, liegt hier zweifellos das Potenzial einer Reihe neuer Forschungsperspektiven und -ansätze. Weitere Projekte werden darauf aufbauen können; weitere Editionen jedoch werden es nicht leicht haben, diese Arbeit zu übertreffen.

Doris Ingrisch, Wien

Margareth Lanzinger, **Das gesicherte Erbe. Heirat in lokalen und familialen Kontexten. Innichen 1700–1900** (L'Homme Schriften. Reihe zur Feministischen Geschichtswissenschaft; 8). Wien: Böhlau 2003, 377 S., EUR 39,00, ISBN 3-205-99371-3.

Margareth Lanzinger vermittelt in ihrer mikroanalytischen Geschlechtergeschichte faszinierende Einblicke in die kulturell, sozial und institutionell strukturierten Handlungsstrategien von Männern und Frauen im Tiroler Bergland. Das ‚Haus' erscheint dabei als ein komplexer Bezugspunkt im Denken und Handeln der Bewohner und Bewohnerinnen Innichens vom Beginn des 18. bis zum Ende des 19. Jahrhunderts. Die Bedeutung des ‚Hausens' erschließt die Autorin mit einer subtilen Interpretation vielfältiger Quellen, denen sie sich mit unterschiedlichen Methoden annähert. Das Resultat dieses reflektierten Methodenpluralismus ist eine erstklassige empirische Studie, die das ‚Erbe' der *Microstoria* nicht nur ‚sichert', sondern um neue Perspektiven erweitert.

Im Titel legt die Autorin zwei Bezugspunkte ihrer Studie fest: Vererbungspraxis und Heiratsstrategien. Leser und Leserin erhalten aber erheblich mehr, als die Verpackung verspricht. Bereits ein erster Blick in das Inhaltsverzeichnis zeigt die Relevanz der im Untertitel genannten „lokalen und familialen Kontexte" für den Aufbau der Arbeit. Etwa die Hälfte des Buches setzt sich mit politischen, sozialen und kulturellen Strukturen und ihrem Wandel auseinander. Im Blick auf die politische und wirtschaftliche Ordnung von Innichen als einem Marktort im Pustertal sowie auf die religiösen Deutungsmuster und die Geschlechterbeziehungen schafft Lanzinger einen erfolgreichen Kompromiss zwischen Kohärenz und Komplexität. Sie gibt den einzelnen Geschichten ihren Raum, ohne sie dadurch in eine argumentative Beliebigkeit zu entlassen. Dadurch werden Leser wie Leserin in die Komplexität der dörflichen Realität hineingeführt, wo sie die Handlungsstrategien der Frauen und Männer als eine eigen-sinnige Auseinandersetzung mit Tradition, Struktur und Umwelt erfahren können. Gleichzeitig bietet Lanzinger eine Orientierung in dieser Komplexität, indem sie immer wieder auf die Implikationen ihrer Geschichte(n) für eine politische Geschichte der Geschlechterbeziehungen hinweist.

Ein gutes Beispiel für die gelungene Integration unterschiedlicher Argumentationslinien ist das zweite Kapitel, das von den ‚Suppenburgern', das heißt von der politischen und sozialen Organisation der Gemeinde handelt. Lanzinger analysiert darin die politische Ordnung der Gemeinde, die Integration von Zugewanderten und die Akzeptanz von Grenzüberschreitungen. Dabei setzt sie sich mit der Bedeutung des Spitznamens ‚Suppenburger' als Bezeichnung für die Bürger Innichens ebenso auseinander wie mit der symbolischen Abgrenzung der Innicher gegenüber den Nachbargemeinden; sie reflektiert über die Logik von unterschiedlichen Tarifen zur Erwerbung des Bürgerrechts, über die Rolle von kirchlichen Normen und kulturellem Selbstverständnis im Umgang mit Illegitimität, sowie über die Strategien der Integration von neuen Bürgern in die Gemeinde. Man erhält zu jedem dieser Themen eine fundierte Argumentation, die sich auf ein breites Quellen- und Literaturstudium stützt und durch gezielte Vergleiche mit anderen Mikrostudien die strukturelle Besonderheit von Innichen herausarbeitet. Gleichzeitig integriert Lanzinger ihre Reflexionen zu diesen Problemen, indem sie diese in Bezug zu den Heiratsstrategien (Exogamie versus Endogamie) und damit zum Hauptthema des Buches setzt.

„Das gesicherte Erbe" ist ein kohärentes, aber kein eindimensionales Buch. Es erfüllt damit die wichtigste Anforderung an eine Mikrostudie, nämlich ‚im Dorf' nicht den Nachweis einer theoretischen Prämisse zu finden, sondern sich auf die Komplexität von Strukturen, Lebensverhältnissen und Aneignungsformen einzulassen. In diesem Buch stößt man immer wieder auf die Zeugnisse dieser Auseinandersetzung und die ‚quer-denkerische' Umgangsweise von Lanzinger mit ihren Evidenzen. Wenn sie über die Bürgeraufnahme in Innichen und vor allem über den Ausschluss der Frauen vom Bürgerrecht nachdenkt, ist sie offen für durchaus positive Implikationen dieser Benachteiligung für die Frauen: „Der Ausschluss der Frauen aus der politischen Dimension des Bürgerrechtes hatte auch eine positive Kehrseite: Zumindest vom rechtlichen Standpunkt aus gesehen ... konnten sie sich leichter irgendwo anders niederlassen. Diese Ausklammerung gab ihnen möglicherweise einen größeren Spielraum in ihrer Mobilität." (82)

Lanzinger begnügt sich nicht mit einem solchen Gedankenexperiment, sondern spürt den geschlechterspezifischen Mobilitätsformen vor allem anhand von Heiratsstrategien nach, wobei der Vergleich mit anderen empirischen Studien die Besonderheit der Innicher Verhältnisse verdeutlicht. Frauen erscheinen aufgrund des praktizierten Anerbenrechts mobiler zu sein: Exogamie war dort höher, wo Frauen Geld oder Mobilien erbten, wie die Autorin überzeugend nachweist. (88)

Anhand dieses Kapitels lassen sich noch zwei weitere Charakteristika des Buches illustrieren. Die Mikroanalyse ist erstens an der Rekonstruktion von Strukturmerkmalen und deren Bedeutung für die Handlungsrepertoires der Tiroler Männer und Frauen orientiert. Lanzinger vernachlässigt dabei jedoch nicht die Relevanz des sozialen, politischen und institutionellen Wandels und dessen Implikationen für die Strukturen des Marktes und die Handlungsorientierungen der Bevölkerung. Das betrifft vor allem die ‚politischen Faktoren': die neuen Gemeindeordnungen des 19. Jahrhunderts, den Übergang von der Stadt- zur Staatsbürgerschaft und die Handhabung des ‚politischen Ehekonsens'. Anhand dieser Beispiele rekonstruiert die Autorin geschickt die Strategien der örtlichen Entscheidungsträger, sich in den neuen Strukturen so zu etablieren, dass die Entscheidungskompetenz der Gemeinde möglichst erhalten blieb.

Zweitens blendet Lanzinger in ihrer Mikroanalyse die Welt außerhalb von Innichen nicht aus. Der ‚Staat im Dorf', um einen Buchtitel von Lutz Raphael zu übernehmen, und die Kirche im Marktort Innichen sind ebenso präsent wie die weitverzweigten Handelsbeziehungen. Trotz des offensichtlichen Fokus des Quellenmaterials auf die Innicher Verhältnisse kann Lanzinger diese vielfältigen Vernetzungen rekonstruieren, indem sie einen neuen Blick auf die Akten der kirchlichen, gemeindlichen und staatlichen Archive wirft. Rom erscheint dabei nicht nur als kirchliche Autorität, die Normen hervorbringt und Dispense erteilt, sondern auch als Zufluchtsort für heiratswillige, aber mittellose Paare: „In Rom bestand für unverheiratet angetroffene Paare gewissermaßen die Verpflichtung zu heiraten. Dies sahen Tirolerinnen und Tiroler nicht als Zwang, sondern als strategisch nutzbare, relativ unbürokratische Möglichkeit der Eheschließung an." (127)

Das gesicherte Erbe besteht aus fünf Kapiteln; ich habe mich bisher vor allem auf das zweite Kapitel konzentriert, weil es aus meiner Sicht die Komplexität der Argumentation am deutlichsten zum Ausdruck bringt. Damit will ich keinesfalls den analytischen und argumentativen Ertrag der anderen Teile schmälern. In der Auseinandersetzung mit der Logik des Wirtschaftens im Alpenraum (Kapitel 3), mit dem ‚Haus' als zentralem Bezugspunkt von Heirats- und Vererbungsstrategien (Kapitel 4) und den rechtlichen, wirtschaftlichen und emotionalen Dimensionen von Heirat und Wiederverheiratung führt Lanzinger gekonnt die am Beginn entwickelten Argumentationslinien fort. Dabei kombiniert sie geschickt Evidenzen aus unterschiedlichen Quellenbeständen, um die Handlungsrepertoires der Innicher Männer und Frauen innerhalb von wirtschaftlichen, rechtlichen und politischen Strukturen zu rekonstruieren.

Für mich stellt *Das gesicherte Erbe* einen spannenden Beitrag zur politischen Geschichte der Geschlechterbeziehungen aus mikroanalytischer Perspektive dar. Die Reichhaltigkeit und Schlüssigkeit der Argumentation wird leider von Lanzinger am Ende des Buches nicht mehr in einer abschließenden Reflexion zusammengefasst. Das Buch endet ganz in postmoderner Manier mit einem ausführlichen und gut gestalteten Sachregister, das einem erneut bewusst macht, dass man durch Bücher zwar geführt werden soll, jedoch immer seine eigene Lektüre und damit auch die Notwendigkeit zu einem ganz persönlichen Schlusswort hat.

Peter Becker, Florenz

Judith Schlehe Hg., **Interkulturelle Geschlechterforschung. Identitäten – Imaginationen – Repräsentationen.** Frankfurt a. M.: Campus 2001, 280 S., EUR 39,90, ISBN 3-593-36879-X.

Susanne Schröter, **FeMale. Über Grenzverläufe zwischen den Geschlechtern.** Frankfurt a. M.: Fischer 2002, 255 S., EUR 13,90, ISBN 3-596-15716-1.

Brigitte Fuchs, **„Rasse", „Volk", Geschlecht. Anthropologische Diskurse in Österreich 1850-1960.** Frankfurt a. M.: Campus 2003, 385 S., EUR 39,90, ISBN 3-593-37249-5.

Die von Judith Schlehe herausgegebene Anthologie mit dem viel versprechenden Titel *Interkulturelle Geschlechterforschung* versammelt Aufsätze zu den Themenfeldern Globalisierung/Migration, Diaspora/Hybridität, transkulturelle Paarbeziehungen sowie Literarisierungen von Geschlecht.

Die BeiträgerInnen stammen mehrheitlich aus dem deutschsprachigen Raum, die thematisierten geopolitischen Orte umfassen unter anderem Griechenland, Ex-Jugoslawien, Zimbabwe, Fiji und die Niederlande. In ihrem theoretischen Zugang verbinden die meisten Aufsätze feministische mit postkolonialen und intersektionellen Überlegungen; ein Beitrag diskutiert expliziter den Stellenwert von *Queer Theory* für eine *Anthropology of Gender.* Historische Reflexionen zum Thema enthält der Band nicht.

Interkulturelle Geschlechterforschung weist nicht so viel eigenes Profil auf, wie der Titel erwarten lässt, enthält weniger Innovatives, als die Rezensentin sich gewünscht hätte, und erscheint somit als ein weiterer „genderbewusster" kulturanthropologischer Sammelband in einer langen Reihe ähnlicher, wie sie – durchaus lesenswert – seit zumindest dem Beginn der 1990er Jahre auf den Buchmarkt gekommen sind.

Zu Fragestellungen der queeren Geschlechteranthropologie kann bei Susanne Schröter weiter gelesen werden. Ihre Studie *FeMale. Über Grenzverläufe zwischen den Geschlechtern* analysiert zum einen das kulturelle Phänomen des *gender crossing* und führt dabei die vielfältigen, seit den Anfängen der Lesben- und Schwulenforschung auch schon viel diskutierten Beispiele seiner gesellschaftlichen Institutionalisierung vor: die *Xanith* in Oman, die weiblichen Ehemänner in Afrika, die *Geschworenen Jungfrauen* auf dem Balkan, *Hijras* in Indien und *two-spirit people* bei native Americans. Zum anderen geht es der Autorin um die Möglichkeiten und Schwierigkeiten der Theoretisierung geschlechtlicher Transgressionen. Vor dem Hintergrund der Frage, „ob die in der Literatur zitierten Beispiele tatsächlich ... als Evidenzen für die Nichtexistenz des Zweigeschlechtermodells herangezogen werden können oder ob den Geschlechtervorstellungen der angeführten Gesellschaften nicht vielmehr ganz andere Weltbilder und Ordnungsmodelle zugrunde liegen" (14), rekapituliert sie insbesondere die feministischen Debatten um Publikationen wie die von Donna Haraway, Judith Butler oder Thomas Laqueur. Zuletzt widmet die Autorin der postmodernen westlichen (Anti-)Identitätspolitik von *Drag* und *Transgender* einen eigenen Abschnitt.

Mit *FeMale* scheint eine flott geschriebene, zugleich reflektierte Übersicht über Forschungsbefunde und -diskussionen zur Dekonstruktion von Zweigeschlechtlichkeit gelungen. Es mag sich hie und da als eine Schwäche des (relativ schmalen) Buches erweisen, dass ExpertInnen des Themas etwas zu viel an Bekanntem, und ganz frisch an (geschlechterethnographischer) Information Interessierte etwas zu viel an analytischen Theoremen vorfinden. HistorikerInnen mit feministischem Vorwissen und queerer Neugier auf komplexe Dimensionen geschlechtlicher Arrangements werden es gewiss mit Gewinn lesen.

Geschichten von Unterdrückung und Vernichtung im Zusammenhang mit Politiken gegenüber dem konstruierten Anderen stehen weit stärker als etwa bei Schröter im Zentrum der Untersuchung von Brigitte Fuchs zur Diskursgeschichte der Anthropologie in Österreich. Fuchs' Buch über *,Rasse', ,Volk', Geschlecht* beginnt mit einer langen Exposition zu Stationen imperialer Ethnographie seit Kolumbus; die Autorin zeichnet hier Alteritätsproduktionen zum „Wilden" und die Einschreibung des Weiblichen in die Geschichte des Rassismus und des antifeministischen Naturrechts nach und hält schließlich bei Charles Darwin und der „europäischen Rassenhierarchie" im 19. Jahrhundert. Die österreichisch-ungarischen Beiträge zur Anthropologie von „Rasse" und „Volk" werden unter die große Klammer eines „Phantasmas der Mischung" gefasst. Zur Genese völkischer Kategorien trugen die Schädel- und Körpervermessungen anlässlich der österreichischen Weltumseglung 1857–1859 wesentlich bei; kurz vor der Wiener Weltausstellung 1873 gründete sich die *Wiener Anthropologische Gesellschaft,* die sich der „Völker" und „Rassen" auch etwa auf dem Balkan annahm; das öffentliche Sichtbarwerden der Ersten österreichischen Frauenbewegung verknüpfte sich mit einem Boom der neuen Wissenschaft „Anthropologie der Frau", und ab 1900 theoretisierten Autoren wie Adolf Josef Lanz-Liebenfels (aber auch, wie Fuchs argumentiert, Sigmund Freud) zur universalhistorisch gefassten Eigenart der „jüdischen Rasse". Bis zum Ersten Weltkrieg schließlich bereiteten Völkerschauen, rassehygienische Ideologien, rassistische Forschungen und Expeditionen und nicht zuletzt der Völkermord in „Deutsch-Südwest"-Afrika den Übergang vom "Phantasma der Mischung" zur „Bio-Politik der ‚Entmischung'" vor. Zum Zeitraum 1918 bis 1945 analysiert Brigitte Fuchs zunächst die Genese des arischen Blut-und-Boden-Mythos, dann Beispiele rassistischer anthropologischer Forschungen wie etwa Untersuchungen an Kriegsgefangenen und Flüchtlingen, diskutiert detaillierter die „rassenhygienische" Bewegung in Österreich und geht schließlich der Frage nach, in welcher Weise sich die Wiener Schule der Anthropologie in den Dienst des Nationalsozialismus stellte. Als Beispiele für die enge Verflechtung von NS-Staat und „angewandter Anthropologie" in Wien werden die Entwicklung von Verfahren zur Erstellung von Rassegutachten und die Durchführung erbbiologischer Abstammungsprüfungen im Auftrag des Reichssippenamtes thematisiert. Zuletzt stehen einige personelle und inhaltliche Kontinuitäten der Wiener Anthropologie nach 1945 beklemmend zur Diskussion, darunter zum Beispiel der berüchtigte „Rassensaal" im Wiener Naturhistorischen Museum, der „Rassetypen" der Erde zeigte und erst 1996 geschlossen wurde.

Wie dieser Versuch eines Überblicks über den Inhalt von Brigitte Fuchs' Buch wohl bereits vermittelt, wird hier mit einer sehr großen Materialfülle umgegangen, die oft als eine Idee zu schnell in runde Sätze gefasst, in rasch wieder abgehakte Befunde zusammengeführt, in eine so nicht immer befriedigende „und dann ... und dann"-Narration gefasst erscheint. Manchmal hätte sich die Rezensentin etwas mehr an Diskussion, an Raum für Widersprüche und Reflexion offener Fragen gewünscht. Auch das Bemühen um durchgängige Berücksichtigung der Bedeutung von Geschlechterdifferenz in der Geschichte der österreichischen Rassialisierungen und Rassismen wirkt ein wenig zu rasch, zu glatt umgesetzt; allein der Frage nachzugehen, warum „Rasse" und „Volk", nicht aber ‚Geschlecht' (im Buchtitel) oder ‚Frau' und ‚Weiblichkeit' (im Text) unter Anführungszeichen gesetzt werden, setzte mehr Ruhe, mehr Raum, vielleicht etwas weniger Themenbreite voraus, um überhaupt gestellt werden zu können.

Hanna Hacker, Wien

Marianne Bechhaus-Gerst u. Reinhard Klein-Arendt Hg., **Die (koloniale) Begegnung. AfrikanerInnen in Deutschland 1880–1945. Deutsche in Afrika 1880–1945.** Frankfurt a. M.: Peter Lang 2003, 332 S., 7 Abb., EUR 49,90, ISBN 3-631-39175-7.

Birthe Kundrus, **Moderne Imperialisten. Das Kaiserreich im Spiegel seiner Kolonien.** Köln/Weimar/Wien: Böhlau 2003, 339 S., EUR 34,90, ISBN 3-412-18702-X.

Birthe Kundrus Hg., **Phantasiereiche. Zur Kulturgeschichte des deutschen Kolonialismus.** Frankfurt a. M./New York: Campus 2003, 327 S., 33 Abb., EUR 34,90, ISBN 3-593-37232-0.

Rosa B. Schneider, **„Um Scholle und Leben". Zur Konstruktion von „Rasse" und Geschlecht in der deutschen kolonialen Afrikaliteratur um 1900** (Perspektiven Südliches Afrika; 1). Frankfurt a. M.: Brandes & Apsel 2003, 295 S., 14 Abb., EUR 19,90, ISBN 3-86099-311-9.

Die (westdeutsche) Geschichtsschreibung zum deutschen Kolonialismus hat lange eine randständige Existenz geführt und ist von der so genannten allgemeinen Historiographie zur deutschen Geschichte nur partiell rezipiert worden. In den letzten Jahren jedoch kam es zu einem reziproken Austausch und zu einer Aufweichung der intradisziplinären Grenze. Die zahlreichen Konferenzen und Publikationen im Bereich der jahrzehntelang vernachlässigten Geschichte des deutschen Kolonialismus bezeugen ein nunmehr überkommenes Forschungsdesiderat. Für diese Veränderung sind zwei Gründe ausschlaggebend. Zum einen hat sich im Zuge der neueren Nationen- und Nationalismusforschung, die meist auf der Grundlage der von Benedict Anderson vorgeschlagenen Formel der „Imagined Communities" die diskursiven und symbolischen Herstellungsprozesse der Nation analysiert,[1] auch das wissenschaftliche Interesse den peripheren „Randgebieten" der Nation zugewandt und damit die Kolonien in ihrer Bedeutung für das nationale Projekt in den Blick genommen. Zum anderen ergänzt das Postulat der *Post Colonial Studies*, die Interdependenzen zwischen „Metropole" und „Peripherie", zwischen kolonisierenden und kolonisierten Ländern stärker in den Vordergrund zu stellen, die neuere Nationenforschung auf theoretischer und methodischer Ebene. Die hier besprochenen Untersuchungen zur deutschen Kolonialgeschichte revidieren explizit die bisherige Einschätzung, dass das koloniale Unterfangen Deutschlands politisch unbedeutend war und aufgrund der relativ kurzen Dauer des Kolonialbesitzes keine mittel- und langfristigen Folgen für die Vorstellung von der deutschen Nation ausgelöst habe. Sie unterstreichen die Bedeutung, welche die Kolonien und die damit verbundenen Imaginationen in der Zeit des Kolonialismus und des Postkolonialismus nach 1918 für die Selbstbeschreibungen insbesondere der bürgerlichen Schichten gehabt haben. Über eine rein politikgeschichtliche Korrektur hinausgehend vermeidet ein kulturhistorischer Zugang, der sich mit der Bedeutung von Phantasien, von Literatur, Kolonialkultur und Mentalitäten befasst und

1 Benedict Anderson, Imagined Communities. Reflections on the Origins and Spread of Nationalism, London 1983 (dt. Die Erfindung der Nation. Zur Karriere eines folgenreichen Konzepts, 1996).

diese „als Ausdruck von Erwartungen, Sehnsüchten, Enttäuschungen und Befindlichkeiten ihrer Protagonisten und Protagonistinnen“ (Kundrus, Imperialisten, 15) versteht, die alleinige Betonung des kolonialen Herrschaftsverhältnisses. Mit dem Verweis auf „Austausch und Hybridisierung“ (Kundrus, Phantasiereiche, 9) werden aus einer kulturhistorischen Perspektive Herrschaftsverhältnisse zwischen Kolonialisierenden und Kolonisierten zwar nicht geleugnet, jedoch betont dieser Ansatz die Notwendigkeit der permanenten Herrschaftsversicherung, von Grenzüberschreitungen und Uneindeutigkeiten, die das dualistische Schema der kolonialen Ideologie in Theorie und Praxis immer wieder in Frage stellten.

Die hier besprochenen Untersuchungen nähern sich dem Thema aus unterschiedlichen disziplinären Richtungen. Rosa Schneiders literaturwissenschaftliche Dissertation *Um Scholle und Leben*, die 2001 an der Universität Greifswald angenommen wurde, untersucht am Beispiel von autobiographischen Schriften und fiktiver Afrikaliteratur von adeligen und bürgerlichen Frauen, wie sich um die Jahrhundertwende der Zusammenhang von Nation und Geschlecht in den kolonialen Entwürfen der Autorinnen widerspiegelte. Die Kolonie „Deutsch-Südwestafrika“ steht im Mittelpunkt ihrer Analyse. Dem „Mantra“ (Joan W. Scott) von Rasse, Klasse und Geschlecht entkommt Schneider, indem sie die von ihr in den Vordergrund gestellten Hauptmotive der analysierten Literatur, namentlich Fetische, Körper und Blicke, als „Schauplätze“ begreift, an denen die Verflechtungen der genannten Kategorien konzentriert abgebildet wurden. Die Dissertation gliedert sich nach den Motiven in drei Kapitel, in welchen jeweils zwei Autorinnen im Vordergrund der Analyse stehen.

Afrikanische Fetische wurden von Lene Haase und Margarethe von Eckenbrecher als magische Objekte der AfrikanerInnen verstanden. Indem die Autorinnen beschreiben, wie ihre Protagonistinnen und Ich-Erzählerinnen zum einen afrikanische Fetische sammeln und zum anderen bestimmte europäische Objekte wie etwa Leinen mit fetischistischer Bedeutung aufladen, offenbart sich jedoch, dass der Fetisch in der Kolonialliteratur nicht nur ein religiöses Zeichen von „Naturvölkern“ ist, sondern auch den Versuch darstellt, die eigene europäische Überlegenheit zu symbolisieren beziehungsweise performativ herzustellen. Im zweiten Kapitel zeigt Schneider am Beispiel der Schriften von Ada Cramer und Hanna Christaller, dass die Beschreibungen des Körpers in den Kolonialtexten vor allem rassistische Ängste repräsentierten. Die in der Afrikaliteratur thematisierten Parasiten, Nomaden und Kannibalen repräsentieren die Gefahr für die Grenzen des als abgeschlossen vorgestellten weißen Körpers; eine Vorstellung, die durch das Eindringen der sich bewegenden „Anderen“ letztlich nicht mehr aufrechterhalten werden kann. Auch die Beschreibungen von unkontrollierbaren, fruchtbaren Afrikanerinnen verkündeten, so Schneider, die Gefahr des Untergangs der „weißen Rasse“. Im Kapitel über den Blick als Kartographierung des „unbekannten Landes“ und der „unbekannten Wesen“ zeigt Schneider, wie von den Autorinnen Elise Bake und Lydia Höpker eine Schaulust beschrieben wurde, die auch die Kolonialausstellungen prägte. Der Blick begründete die räumliche und zeitliche Dimension der rassistischen Hierarchie. In der Analyse der drei Motive analysiert Rosa Schneider auf einem hohen theoretischen Reflexionsniveau, wie die Kolonialautorinnen ihr superiores Selbstbild konstruierten und wie sie gleichzeitig die Unsicherheits- und Bedrohungsgefühle zu stabilisieren suchten, die das koloniale Projekt begleiteten. Die Literaturanalyse gewinnt insbesondere dann an Dichte, wenn Schneider weitere Quellen hinzuzieht, so zum Beispiel bei der Analyse des europäischen Fetischs „Elektrizität". Die hier besprochenen Werbebilder aus *Kolonie und Heimat*, der Zeitschrift des Kolonialen Frauenbundes, die für die „männlichkeitsverstärkende Wirkung" von Elektrostößen warben (Schneider, 93–99), lassen erahnen, wie sich die Vorstellungen der Kolonialautorinnen in der Warenwelt widerspiegelten und auch das soziale Handeln bestimmten. An einigen Stellen, insbesondere dort, wo die Autorin die postkolonialen Positionen und Interpretationsangebote dokumentiert, wäre jedoch eine noch engere Verzahnung mit dem Quellenmaterial hilfreich gewesen. So gerinnt die koloniale Frauenliteratur mitunter zur Belegstelle für wohlklingende Namen wie Michel Foucault, Homi K. Bhabha, Anne McClintock und Michail M. Bachtin. Die Stärke dieser Arbeit liegt in der reflektierten Anwendung der postkolonialen Theorie auf das Thema und in einem kritischen Umgang mit den oft ahistorischen Denksystemen, wie zum Beispiel der freudianischen Vorstellung der geschlechtlichen Differenz und ihrer Verortung im kolonialen Kontext („dark continent"). Schneider betont die Permanenz der Kämpfe um die nur vermeintlich klaren Grenzen zwischen Männern und Frauen sowie zwischen weißen und schwarzen Menschen. Jenseits wohlmeinender antirassistischer Anklagen entwirft die Autorin ein komplexes Bild der Wahrnehmungsweisen sowohl von Siedlerinnen als auch von Frauen, die nie in den Kolonien gewesen sind. Sie kann zeigen, dass die im weißen Selbstbild verwurzelten Bezüge über die eindeutig rassistischen und nationalistischen Töne hinausgehen.

Birthe Kundrus' geschichtswissenschaftliche Habilitationsschrift *Moderne Imperialisten*, die 2002 an der Carl von Ossietzky-Universität in Oldenburg angenommen wurde, stellt ebenfalls „Deutsch-Südwestafrika" in den Mittelpunkt ihrer Untersuchung. Kundrus versteht ihre Arbeit als einen Beitrag zur „Mentalitäts- und Kulturgeschichte des Kaiserreichs". Auf der Grundlage der einschlägigen Quellen aus dem Bundesarchiv Berlin und den *National Archives* in Windhoek, Namibia, sowie den zahlreichen Publikationen von „Kolonialräsonnierenden" – Kolonialbeamten, SchriftstellerInnen, SiedlerInnen und anderen ZeitgenossInnen – zeigt sie, wie die dort präsentierten Vorstellungen über die deutsche Kolonialtätigkeit in Afrika und die unheimlichen wie faszinierenden „Anderen" die Entwürfe der deutschen Nation widerspiegelten. Darüber hinaus erweitert die Autorin diese Perspektive, indem sie die Imaginationen nicht nur als Stereotypen begreift, sondern sie als identitätsstiftenden Diskurs der weithin bildungsbürgerlichen „Kolonialen" – „einer Subformation des gebildeten Mittelstandes" (10) – über sich selbst und ihren Ort im nationalen Projekt versteht.

Die Untersuchung gliedert sich in vier Bereiche, die den Siedlertypus, die Landschaft, die Kulturpolitik und die Diskussionen um „Mischehen" untersuchen. Darin arbeitet Kundrus überzeugend heraus, dass „Afrika" der Selbstvergewisserung der bürgerlichen Schichten diente und Gegenbild zu deren Vorstellung von der „schwachen" deutschen Nation war. Die afrikanische Landschaft wurde zu einem Raum, der persönlichkeitsschaffende Rahmenbedingungen für einen individuellen wie nationalen Entwicklungs- und Reifungsprozess bereithielt, in dessen Verlauf die Verunsicherung, die die Zeitgenossen als Resultat einer rapiden Modernisierung begriffen, abgeworfen werden konnte. „Afrika" und ganz besonders Deutsch-Südwestafrika wurde zur romantischen Vision einer von der Metropole abgelösten Lebenswelt, die zugleich Antimoderne und Moderne repräsentierte. Der ideale Siedler sollte, wie zum Beispiel bei Paul Rohrbach, ein bürgerlicher, vermögender und weißer Mann mit einer weißen Gattin sein. Bei anderen AutorInnen stand wiederum der bäuerliche Kleinsiedler im Zentrum der deutschen Aussiedlung. Gemeinsam teilten aber alle die Ablehnung der Industrialisierung und stellten sich Deutsch-Südwest als einen Raum vor, der sowohl moderne Produktionsbedingungen, den „bürgerlichen Wertehimmel“ sowie einige agrarromantische Aspekte beinhalten sollte: „traditionsbewußt, aber auch modern, naturverbunden, aber auch zivilisiert, bürgerlich-kultiviert“ (Kundrus, 103). Einige räsonnierten jedoch auch darüber, ob die Kolonie nicht als Auffangbehälter für die „Abfallprodukte“ der modernen Gesellschaft fungieren konnte: Sozialistische Unruhestifter und „hoffnungslose Proletarier“ (Kundrus, 105) sollten nicht mehr in die Gefängnisse, sondern in die Kolonie deportiert werden. Auch tuberkulosekranke Arbeiter könnten in die zu errichtenden Sanatorien in Deutsch-Südwest geschickt werden, um dort im „Heilklima“ Afrikas zu genesen und im Idealfall als Siedler dort zu bleiben. Der Phantasie der Kolonialisten waren keine Grenzen gesetzt, die einzelnen Ideen blieben jedoch immer – auch unter den Anhängern der Kolonialisierung – umstritten. Auch nicht-bürgerliche Schichten interessierten sich für die Kolonien. Zahlreiche Migrationsinteressierte aus den Unterschichten wandten sich an die Kolonialinstitutionen, um ihren Ausreisewillen zu bekunden oder um nähere Informationen zu erlangen. Jedoch zeigen sich in den Briefen eher materielle Verelendung und Arbeitslosigkeit als Movens des Migrationswunsches denn nationalistisches Pioniergehabe. Kundrus hält wie Schneider den Krisendiskurs für symptomatisch für die KolonialanhängerInnen. Die Vorstellungen von Deutsch-Südwestafrika thematisierten die permanente Bedrohung durch das Infragestellen der durch die Weißen gezogenen Grenzen, und damit auch der Selbstbezeichnung und Inszenierung der Nation. Unter dem Schlagwort der „kolonialen Frauenfrage“, die bei genauerer Betrachtung eine „Männerfrage“ war, thematisierte die koloniale Öffentlichkeit bis in den Reichstag hinein die Folgen des weißen Frauenmangels in den Kolonien. Den Siedlern und Soldaten müssten genügend weiße Frauen zur Verfügung stehen, um der immer wieder betonten Gefahr des „going native“ zu entgehen, so die einhellige Meinung der „Kolonialen“. Die Frauen des *Kolonialen Frauenbundes,* die vermehrt für einen weiblichen Einfluss auf die Auswahl und Rekrutierung von geeigneten Frauen plädierten, verbanden diese Forderung mit ihrem Kampf für staatsbürgerliche Gleichstellung.

Kundrus' Untersuchung überzeugt in der sorgfältigen Einordnung der polyphonen Stimmen in den Chor der wilhelminischen Gesellschaft. Dadurch gelingt es ihr überzeugend zu zeigen, dass sich liberale und rechte KolonialanhängerInnen um die Bedeutung der Expansion stritten und dass es sich bei den ‚lautesten Trommlern‘ nicht zwangsläufig um die VertreterInnen der hegemonialen Modelle handelte. Das Beispiel der Kolonie Deutsch-Südwestafrika unterstützt die These von der Pluralität der wilhelminischen Diskurse, die sich nicht auf die Einordnung als antiliberal oder protofaschistisch reduzieren lassen. Letztlich ist die sprachliche Umsicht zu betonen, mit der Birthe Kundrus beispielhaft Gebrauch von den Ansätzen der *Post Colonial Studies* macht, ohne aber deren Duktus zu repetieren.

Diese sprachlichen und methodischen Differenzierungen prägen auch den von Birthe Kundrus herausgegebenen Sammelband *Phantasiereiche*. Hiermit liegen die Ergebnisse einer internationalen Tagung von 2001 vor, die die Spannbreite der neueren kulturgeschichtlichen Forschung von der Politikgeschichte (Helmut Bley) bis zur Literaturanalyse (John K. Noyes) abstecken. Unterteilt in einleitende Bemerkungen zu methodischen und theoretischen Zugangsweisen, in Analysen der politischen Konzeptionen kolonialer Vorstellungswelten, Verortungen in der Trias „Kultur, Rasse, Geschlecht", Beiträge zur postkolonialen Zeit und einen Aufsatz über die Schaffung kolonialer „Gedächtnisräume" vermittels Straßennamen geben die hier präsentierten Aufsätze einen kritischen Überblick über den Stand der Forschung. Beiträge wie der über koloniale und rassistische Werbung im Kaiserreich von David M. Ciarlo, von Pascal Grosse über die Kolonialmigration zwischen Privatheit und Öffentlichkeit (der damit etwas zu starr an der dualen Einteilung von Jürgen Habermas orientiert ist) oder der über imperiale Infrastruktur von Dirk van Laak zeigen anschaulich, dass das koloniale Manöver ein modernes Projekt war, das sich aus der industrialisierten und bürgerlichen Gesellschaft selbst entwickelte und keinesfalls als deren Gegenentwurf verstanden werden kann.

In Birthe Kundrus' Überlegungen zur (Dis-)Kontinuität der kolonialen „Mischehenverbote" und der nationalsozialistischen „Nürnberger Gesetze" wird deutlich, dass die deutschen Kolonien zwar durchaus als ein ‚Laboratorium' für rassistisch begründete Eingriffe des Staates in das Heirats- und Liebesverhalten der Bevölkerung verstanden werden können; im Vergleich jedoch mit den Nürnberger Rassegesetzen stechen eher die Unterschiede als die Gemeinsamkeiten heraus, so Kundrus. Nicht ganz überzeugen kann mithin der Beitrag von Christian Rogowski, der den Kolonialrevisionismus nach 1918 und die Inszenierung der Hamburg Kolonialwoche von 1926 behandelt. Seine These, dass die „Kolonialen" mit ihrer im Wilhelminismus verwurzelten Vereins- und Festkultur in der Weimarer Republik relativ erfolglos waren, weil die Mehrheit der deutschen Bevölkerung eher auf die sich weiter entwickelnde Massenkultur reagierte und sich mit dem ‚alten Stil' martialisch-militaristischer Inszenierung nicht mehr rekrutieren ließe, wird von Rogowski mit von ihm diagnostizierten Pathologien der Kolonialanhänger kombiniert. Die Rede vom „kolonialen Entzugsschock" (243), von den „manischen Energien" der Kolonialanhänger (243), von den „pathologischen Züge[n]" (245) und dem „Verlusttrauma" (245) erhellt den historischen Kontext nur ungenügend. War es doch gerade die Mischung aus Martialität und moderner Propaganda, die in der zweiten Hälfte der 1920er Jahre zur sukzessiven Konvergenz der kolonialen mit der nationalsozialistischen Bewegung führte und die dann in den 1930er Jahren so überaus „erfolgreich" wurde.

Auch der von den AfrikanistInnen Marianne Bechhaus-Gerst und Reinhard Klein-Arendt herausgegebene Band über *Die (koloniale) Begegnung* geht auf eine interdisziplinäre Tagung zurück, die 2001 in Bad Godesberg stattgefunden hat. Er fragt nach den Möglichkeiten von Begegnungen zwischen AfrikanerInnen und Deutschen jenseits und diesseits des kolonialen Diskurses. Der Sammelband umfasst zweiundzwanzig Beiträge und wirft damit zahlreiche ‚Spots' auf Ereignisse, Erfahrungen und Begegnungen in Deutschland und in den afrikanischen Ländern, die zu den deutschen Kolonien zählten: Namibia, Tansania, Kongo und Kamerun. Das thematische Spektrum umfasst unter anderem biographische Beiträge zu afrikanischen und deutschen Missionaren sowie Beiträge zur Sprachenentwicklung in den Kolonien, zu kriegerischen Auseinandersetzungen, zur Migration, zum Leben von AfrikanerInnen in Europa und zur Kolonialverwaltung. Positiv sticht vor allem die Integration afrikanischer Perspektiven hervor, die in der deutschen Geschichtswissenschaft zumeist abwesend sind. Die zum Teil sehr detaillierten mikrohistorischen Rekonstruktionen einer bestimmten Situation oder einer Familiengeschichte offenbaren zum einen die notwendige Kontingenz des Begriffs der „Begegnung", zum anderen wird aber dadurch eine theoretische Begriffsbestimmung unentbehrlich. Einzelne Annäherungen, so zum Beispiel von Adjaï Paulin Oloukpona-Yinnon, Michael Pesek und Kai Schmidt-Soltau, hätten auch in den anderen Beiträgen nutzbringend herangezogen werden können. Die thematischen Sprünge von Ghana nach Kamerun, von Hamburg nach Deutsch-Südwest unterstützen zwar die Überwindung der getrennten Betrachtung von Metropole und Kolonie, aber um den Preis einer eher unsystematischen Darstellung. Das disparate Erscheinungsbild des Bandes wird dadurch verstärkt, dass die Anordnung der Beiträge nicht sachlichen Gesichtspunkten folgt, sondern sie in der alphabetischen Abfolge der AutorInnennamen hintereinander gereiht sind. Insgesamt hätten eine erweiterte Einleitung, eine thematische Gliederung und ein AutorInnenverzeichnis bei einer interdisziplinären und internationalen Sammlung von WissenschaftlerInnen die Orientierung erleichtert und den Eindruck einer reinen additiven Darstellung verhindert.

Die Ergebnisse der neueren Kolonialismusforschung sind eindeutig: Im Verlauf des Kaiserreichs kam es in den kolonialen Trägerschichten zur Ethnisierung der Nation und des Selbstbildes. ‚Deutsch sein' bedeutete ‚Weiß sein'. Die Existenz von schwarzen Deutschen und AfrikanerInnen in Deutschland war infolgedessen massiv gefährdet. Die Erfassungs- und Verfolgungsmaßnahmen der Weimarer Republik kulminierten nach 1933 in den Zwangssterilisierungen afro-deutscher Kinder und Deportationen in nationalsozialistische Konzentrationslager. Die weiterführende Forschung zum deutschen Kolonialismus wird sich notwendigerweise international vergleichend entwickeln müssen, um Fragen nach dem national Spezifischen beantworten zu können und eine teleologische Erklärung zu vermeiden.

Sandra Mass, Bielefeld

Karen Hagemann u. Stefanie Schüler-Springorum Hg., **Heimat-Front. Militär und Geschlechterverhältnisse im Zeitalter der Weltkriege**. Frankfurt a. M.: Campus 2002, 399 S., EUR 46,30, ISBN 3-593-36837-4.

Dieser Sammelband ist das Ergebnis der internationalen Tagung „Geschlechter-Kriege: Militär, Krieg und Geschlechterverhältnisse 1914–1949", die am 15./16. Oktober 1999 in Berlin durch die Zusammenarbeit des Freiburger *Arbeitskreises Militärgeschichte e. V.* und des Zentrums für *Interdisziplinäre Frauen- und Geschlechterforschung* der TU Berlin stattfand.

Eingerahmt von einer Einleitung Karen Hagemanns über die wechselnden Beziehungen zwischen „Heimat" und „Front", einem theoretisch ausgerichteten Artikel von Ruth Seifert über die Bedeutung der kulturellen Konstruktionen von Identität, Militär und Geschlecht und einer Auswahlbibliografie zu Militär, Krieg und Geschlechterverhältnissen im

19. und 20. Jahrhundert finden sich 15 Beiträge, die sich schwerpunktmäßig mit Männlichkeits- und Weiblichkeitsentwürfen der Geschlechterverhältnisse in diesem Kontext auseinander setzen. Die Anordnung der thematisch zum Teil etwas beziehungslos nebeneinander stehenden Artikel erfolgte chronologisch, beginnend mit der Zeit vor dem Ersten Weltkrieg bis zur Nachkriegszeit. Die Untersuchungen beschränken sich auf die Situation in Deutschland.

Männerbilder

Neuere Untersuchungen von Männlichkeitsentwürfen in der Armee legten bislang das Augenmerk vor allem auf den „einfachen" Frontsoldaten. Hierzu tragen auch Robert L. Nelson und Thomas Kühne einen weiteren Teil bei. Nelsons Schwerpunkt liegt dabei auf der Identität bildenden Funktion von Geschlechterbildern: In den Vorstellungen von Kameradschaft sieht er eine differenzierte Mischung aus männlichen und weiblichen Geschlechtszuschreibungen. Genau auf diesen Aspekt bezieht sich auch Kühne in seiner Untersuchung von Feldpostbriefen und Tagebüchern aus dem Zweiten Weltkrieg. Psychoanalytisch argumentierend, sieht er die „imaginierte Weiblichkeit" (237) als Gegenpol beziehungsweise Ergänzung zum kriegerischen Soldaten: Aus der männlichen Selbstdefinition ausgeklammerte Ängste, Wünsche, Sehnsüchte und Begierden fänden ihren Platz in „frauenhaft" konnotierten Gesten und Ritualen der Zärtlichkeit, der Empathie und der Hingabe. (242) Somit würde sich männliche Kameradschaft nicht als gegen Frauen gerichtete Solidarität unter Männern verstehen, sondern mit den eingeordneten Konstrukten von Weiblichkeit symbolische und gesellschaftliche Gegensätze mildern. Kühne wendet sich damit gegen die von ihm als „in der Außenperspektive befangen" (238) charakterisierte feministische Militärforschung, die nur die pejorativen und aggressiven Aspekte solcher Männlichkeits- und Weiblichkeitskonstrukte herausgearbeitet hätte – etwa im Sinne von verweichlicht, weibisch und schwach als Zuschreibungen für das Fremde und Feindliche und von stark, männlich und treu für das Eigene.

Einen besonderen Aspekt von Feindbildern stellt Christian Kollers Untersuchung von Zeitungsartikeln und Propagandaschriften auf Rassen- und Geschlechterstereotypen in der konstellationsabhängigen Kolonialtruppendiskussion Deutschlands und Frankreichs 1914 bis 1923 dar. Mit der Stationierung afrikanischer Truppen Frankreichs im Rheinland hätte Deutschland seine Taktik in der Zuschreibung von Rassenstereotypen geändert: Nicht mehr „lüsterne und untreue" Französinnen fühlten sich von der „schwarzen Schande" sexuell angezogen, sondern deutsche Frauen seien nun Opfer ständiger Vergewaltigungsgefahr (157). Um die französische Bevölkerung zu beruhigen, erfuhren die Kolonialsoldaten von Seite der französischen Propaganda bereits während des Krieges eine Umwertung von „blutrünstig wild" zu „infantil wild". Im Gegenzug wurde das Bild der „nymphomanischen" deutschen Frau bemüht (161).

Alternative Männlichkeitsentwürfe zum „einfachen" Frontsoldaten untersuchen Marcus Funck in seiner Darstellung des wilhelminischen Offiziersbildes vor dem Ersten Weltkrieg und Stefanie Schüler-Springorum in ihrer Analyse des Fliegermythos in der deutschen Fliegerliteratur von 1914 bis 1939. Anhand von Zeitungsartikeln und Offizierstagebüchern spürt Funck der Entwicklung und Krise des aristokratischen Offiziersbildes nach, das zu Beginn des 20. Jahrhunderts vom Entwurf des neuen, „harten" Manns und dem „Generalstabskonzept der ‚kühlen Professionalität'" (85) zunehmend an die Peripherie gedrängt wurde – wobei diese drei Entwürfe im militärischen Alltag durchmischt und gebrochen auftraten. Vermittelten die Darstellungen der Fliegerhelden zu Beginn des Ersten Weltkrieges noch Begeisterung, so wandelte sich dieses Bild angesichts ständiger Konfrontation mit dem Tod allmählich zum Negativen. Kaum thematisiert – weil nicht ins gängige Bild passend – wurden die Fliegerinnen des Zweiten Weltkriegs.

Mit der hohen Anzahl Kriegsinvalider nach dem Ersten Weltkrieg geriet zumindest für die Betroffenen das vorherrschende Männlichkeitsbild in die Krise. Die Gesellschaft begegnete der männlichen Kriegsinvalidität, wie Sabine Kienitz herausarbeitet, unter anderem durch die Darstellung dieser Männer in perfekter orthopädisch-technischer Wiederherstellung. Dies sollte suggerieren, dass sie als voll funktionsfähig an männlich konnotierten Arbeitsplätzen eine Tätigkeit ausüben konnten, während Frauen mit Behinderungen nur mit äußerlich angelegten Behelfen dargestellt und verstärkt auf Tätigkeiten in privaten Räumen verwiesen wurden.

In die Problematik des Umgangs mit der nationalsozialistischen Vergangenheit fällt die Frage der Selbstbewertung, Wiedereingliederung und Instrumentalisierung der Heimkehrer aus dem Zweiten Weltkrieg und der russischen Gefangenschaft. Frank Biess zeigt den Prozess der Umwandlung von ehemaligen Soldaten zu Produzenten und Partei-Aktivisten in der Sowjetischen Besatzungszone/DDR beziehungsweise zu zivilen Familienvätern im Westen.

Frauenbilder

Bianca Schönberger stellt dem in Zeitungsberichten positiv bewerteten Bild der Rotkreuz-Schwester des Ersten Weltkriegs den Status der Etappenhelferinnen gegenüber, denen der Ruf nachhing, sich selbst zu bereichern. Während die einen vor allem aus adelig-gutbürgerlichen Schichten kamen und es sich daher finanziell leisten konnten, für wenig Geld zu arbeiten, waren die anderen auf ihr Einkommen angewiesen. Sie erfuhren deshalb von Anfang an eine Abwertung ihrer Tätigkeit und fielen laut der Autorin im Gegensatz zu den Rotkreuz-Schwestern nach dem Krieg schnell dem Vergessen anheim. (122)

Der Situation von deutschen Frauen an der „Heimatfront" gingen Belinda J. Davies für den Ersten Weltkrieg und Margarete Dörr für den Zweiten Weltkrieg nach. Davies stellt dabei in der unübersehbaren und deshalb in Polizeiberichten und Zeitungsartikeln stark thematisierten Präsenz von Frauen auf der Straße – zur Erlangung der nötigen materiellen Versorgung – einen sich anbahnenden Wandel in der Selbst- und Fremdwahrnehmung der Bevölkerung fest: von Untertanen, die etwas für die Monarchie leisten mussten, zu Staatsbürgern, die an die Regierung Forderungen stellten. In diesem Sinn seien die Aktionen der Frauen, die – gemäß dem Bild einer Mutter, die für ihre Kinder sorgt – durchaus positiv bewertet wurden, als politische Aktionen zu betrachten. Dörr hingegen legt in der Darstellung eines ausgewählten Beispiels einer bürgerlichen Durchschnittshausfrau den Schwerpunkt auf die in einem Interview erfolgte Bewertung der eigenen Rolle innerhalb des NS-Regimes. Stärker noch auf die Frage der Mitverantwortung zielt die Untersuchung von Elizabeth Harvey, die drei Interviews mit Frauen, die im besetzten Polen als Lehrerinnen und Beraterinnen für „Volksdeutsche" tätig waren, gegenüberstellt. Eingebettet in die biografischen Verhältnisse vor, während und nach dem Krieg, reichten die Erinnerungen an diese Möglichkeit, „Karriere" zu machen und für die Rassenpolitik des Staates tätig zu sein, von nostalgischer, verdrängender Verklärung über enthusiastische Identifikation bis hin zu kritischer Auseinandersetzung.

Die Frage der Geschlechterordnung nach dem Ersten Weltkrieg steht im Mittelpunkt des Beitrags von Birthe Kundrus, in dem sie für eine pluralistischere Betrachtung der Verhältnisse eintritt: Zwar habe sich in der Forschung die Annahme eines „Emanzipationsschubes" der Frauen und einer damit einhergehenden Männlichkeitskrise schon relativiert, die neueste Forschung würde aber immer noch zu wenig die unterschiedlichen Erlebenswelten, die nach dem Krieg möglich waren, berücksichtigen.

Die Situation nach dem Zweiten Weltkrieg brachte in Deutschland einen neuen Weiblichkeitsentwurf hervor. Susanne zur Nieden ging mittels der Analyse von Karikaturen, Glossen und Kurzgeschichten dem hartnäckigen Mythos von der schnellen Kapitulation der deutschen Frauen im Mai 1945 nach, der bis zu einer Art von Dolchstoßlegende ausgebaut wurde. In der fast formelhaft ständig wiederholten Legende, dass deutsche Soldaten sechs Jahre gekämpft hätten, deutsche Frauen in ihrer Zuschreibung als „Amiliebchen" jedoch nur fünf Minuten – bevor sie dem Charme und den Zigaretten der Amerikaner erlagen –, sieht zur Nieden eine Schuldübertragung seitens der Männer auf die Frauen: Die „Schuld", den Krieg verloren zu haben, konnte in Gedanken auf die Frauen abgewälzt werden.

Soziale Praxis

Den bisher noch wenig bearbeiteten Umgang mit Vergewaltigungsdelikten in der deutschen Wehrmacht stellt Birgit Beck in den Mittelpunkt ihrer Untersuchung. Entgegen üblicher Annahmen, dass das Delikt auch als Kriegsstrategie benützt wurde, kommt sie zum Ergebnis, dass Vergewaltigungen durchaus mit hohen Strafen belegt wurden. Dies geschah allerdings weniger aus Rücksicht auf die Opfer als vielmehr, um dem Ansehen der Wehrmacht nicht zu schaden beziehungsweise die Disziplin innerhalb der Truppe aufrechtzuerhalten.

Die Frage des Umgangs mit den Inhalten und Folgen des Zweiten Weltkriegs stellte sich in der deutschen Nachkriegszeit auch für die Frauenbewegungen. Irene Stoehr zeigt am Beispiel einiger Frauenbewegungen in den verschiedenen Besatzungszonen den Aufschwung der Friedenspolitik und der darin unterschiedlich angelegten Ausrichtung. Während zunächst Frauen als Mütter per se mit Friedenserhaltung assoziiert wurden, setzte sich im Westen nach und nach eine Distanz von dieser biologischen Kategorisierung durch. In der zunehmend in der SED aufgehenden Frauenbewegung im Osten entwickelte sich der Begriff Frieden zu einer leeren Formel.

Das Quellenspektrum des Sammelbandes reicht von Zeitungen, Feldpostbriefen, Tagebüchern, Propagandaschriften bis hin zu Interviews. Besonders spannend gestalten sich Untersuchungen, die – wie zum Beispiel Marcus Funck es vorführt – normative und offizielle Quellen mit erfahrungsgeschichtlichen kombinieren und so der Gefahr von vorschnellen Annahmen linearer Entwicklungen von Geschlechterbildern entgehen.

Ellinor Forster, Innsbruck

Christine Künzel Hg., **Unzucht – Notzucht – Vergewaltigung. Definitionen und Deutungen sexueller Gewalt von der Aufklärung bis heute.** Frankfurt a. M.: Campus 2003, 283 S., EUR 35,90, ISBN 3-593-37291-6.

Der vorliegende Sammelband geht auf die Tagung „Vergewaltigung – Brüche und Kontinuitäten in der kulturellen Codierung sexueller Gewalt in drei Jahrhunderten (18.–20. Jahrhundert)" zurück, die im Juli 2002 in Bielefeld stattfand. Auch wenn einige der Beiträge bereits andernorts in ähnlicher Form publiziert wurden (Maren Lorenz, Christine Künzel), so ist es doch bei dieser Tagung und diesem Sammelband durch die Zusammenführung der Disziplinen der Geschichte, Rechtsgeschichte, Soziologie und Literaturwissenschaft gelungen, ein Bewusstsein zu schaffen für die Abhängigkeit der Notzucht/Vergewaltigung von jeweiligen Definitionen und Deutungen. Zudem war auch eine intensivere Zusammenschau der Quellen im Hinblick auf eine gemeinsame Edition geplant, die demnächst erscheinen wird, was besonders bei diesem Thema sehr sinnvoll scheint, da die Aktenlage zur Notzucht meist sehr dünn ist.

Die zwölf Beiträge sind chronologisch angeordnet – beginnend im Wesentlichen mit der Aufklärung bis zu den allerneuesten Reformen und Umsetzungen im deutschen und österreichischen Strafrecht.

Der juristische Hintergrund

Ilse Reiter gibt einen breiten Überblick über die Entwicklung des Tatbestandes der Notzucht, ausgehend von der *Constitutio Criminalis Carolina* von 1532 bis ins 20. Jahrhundert. Durch die detaillierte Darstellung des juristischen Diskurses und unter Einbeziehung der Judikatur (zumindest ab der zweiten Hälfte des 19. Jahrhunderts) werden Widersprüche und hartnäckige Traditionen in der Rechtsauffassung und -sprechung offenkundig. Die ersten Spuren der beidgeschlechtlichen Denkbarkeit von Opfern und der Fassung der Vergewaltigung innerhalb der Ehe unter die entsprechenden Paragrafen werden freigelegt.

Daran knüpfen Elisabeth Holzleithner und Monika Frommel an. Während Holzleithner die neuesten Entwicklungen im österreichischen Strafrecht verfolgt, überprüft Frommel die Reform der Sexualdelikte 1997/1998 im deutschen Strafgesetzbuch auf ihre Anwendung.

Geschlechterrollen

Eindrücklich verweist Maren Lorenz auf das Problem, Notzucht überhaupt als Gewaltdelikt einordnen zu können. Immer wieder zeichnet sich das durch die Richter weitertransportierte Geschlechterrollenbild von der notwendigen männlichen Gewalt und weiblichen Passivität beim Geschlechtsverkehr ab, was zu einer Bagatellisierung der Gewalt führte – schien es für Richter doch schwer zu erkennen, ob die „übliche Gewalt" oder eine „besondere Gewalt" vorgelegen hatte.

Den engen Zusammenhang zwischen Notzucht und (weiblicher) Ehre stellt Gesa Dane in ihrem literaturhistorischen Vergleich von Lessings *Emilia Galotti* und Schillers *Die Verschwörung* her. Ist der Ehrverlust bei Lessing – vor allem im Rahmen theologisch-religiöser Vorgaben – für Emilia so bedrohend, dass sie den einzigen Ausweg im Selbstmord sieht, so findet bei Goethes vergewaltigter Berta bereits eine Umwertung statt: Zwar von ihrem Vater als Mittäterin behandelt, gibt es doch in einem Freier eine Figur, die Bertha als Opfer sehen kann, das von der Notzucht keinen lebenslangen Makel davonträgt.

Sexualisierte Bilder übernahmen in der nationalsozialistischen Ideologie und Propaganda eine zentrale Funktion – in allererster Reihe mit dem Topos der Vergewaltigung. Silke Schneider fragt in ihrem Beitrag mittels Analyse der Wahrnehmung von Täter-Opfer-Konstellationen in stereotypen Bildkonstellationen wie „der unzivilisierte Wilde und die Unschuld", „der Jude und die verführbare Unschuld" oder „der Blutschänder und die Mittäterin bzw. das willenlose Werkzeug" nach Verschiebungen in der gesellschaftlichen Wahrnehmung sexueller Gewalt. Diese vergleicht sie mit der strafrechtlichen Kodifizierung und polizeilich-staatlichen Verfolgung im Nationalsozialismus und kann eine eng mit Rassenstereotypen verknüpfte Instrumentalisierung dieser Bilder auch in der Rechtspraxis feststellen.

Verhandlung vor Gericht – Täter- und Opferstrategien

Die besondere Situation der Notzucht – kaum Zeugen, abgelegene Orte – brachte in der Verhandlung vor Gericht für die Frauen die Notwendigkeit, die Notzucht selbst nachweisen zu müssen. Claudia Töngi und Tanja Hommen untersuchen Möglichkeiten, wie über das Geschehene gesprochen werden konnte. Töngi verweist dabei auf Versatzstücke, die geradezu topisch in diese Erzählung vor Gericht gehörten: eine Frau in treuer Dienstausübung ihrer Pflichten allein auf dem Weg, der Fremde nahe dem Wald, Geschehnis zwischen Tag und Nacht. Ob dieser Vagheit war schwer zu entscheiden, ob es sich um Notzucht oder eine Legitimation vorehelicher Schwangerschaften handelte, die in der Schweiz im 19. Jahrhundert noch strafbar waren. Hommen plädiert für eine Annäherung mittels kultureller Deutungsmuster, um den Rahmen abzustecken, innerhalb dessen sowohl die Opfer als auch die Richter mit der Vergewaltigung umgehen konnten. Dieses Fragen nach den genauen Deutungen mache auch die Schwäche der gesetzlichen Regelungen deutlich, die nur eine „Notzucht mit Wehren bis zum Schluss" oder „keine Notzucht" vorsahen – für Zwischenfälle, Nuancen gab es keine Worte beziehungsweise wurden diese nicht gehört und konnten nicht eingeordnet werden.

Die Untersuchung des rechtsmedizinischen Diskurses des 18. und 19. Jahrhunderts durch Maren Lorenz ergänzt den Sammelband um einige Hintergründe zu vorherrschenden kulturellen Deutungen. Sie geht medizinischen Ansichten nach, die für Urteile ausschlaggebend wurden. Trotz zeitgenössischer Theorien von der weiblichen physiologischen Schwäche, setzte sich im medizinisch-juristischen Diskurs zum Beispiel die Meinung durch, dass eine durchschnittlich gewachsene Frau, die sich „wirklich" wehren wollte, nicht vergewaltigt werden könnte. Unberücksichtigt blieben bei solchen Hypothesen auch meist Faktoren wie die Schwierigkeiten von Frauen in Autoritätsverhältnissen, Widerstand zu leisten. Der „doppelt männliche Blick" wurde offenkundig, wenn der Richter Aussagen der Täter gelten ließ, sie hätten den weiblichen Widerstand nicht als solchen erkannt.

Die wirksame Nachhaltigkeit solcher Strategien zeigt der von Christine Künzel dargestellte Gynäkologenprozess in Berlin in den 1980er Jahren, der in zweiter Instanz mit einem Freispruch der beiden Ärzte endete, die eine Kollegin vergewaltigt hatten. Sie hatten größten Erfolg mit ihrer Strategie, die Vergewaltigung als ein Spiel darzustellen, was eine Freiwilligkeit auf beiden Seiten implizierte. Daneben griffen sie auf das alte – schon in den frühneuzeitlichen Rechten zur Urteilsfindung herangezogene – Argument zurück, ein „moralisch bedenkliches" Vorleben der Frau würde die Tat relativieren. Der Versuch der Frau, zunächst an die Vernunft der Täter zu appellieren, galt vor Gericht nicht als hinreichender Widerstand.

Ausgehend von der Frage, wie weit die zunehmende Kritik an der Strafjustiz – die in Vergewaltigungsprozessen meist eine Entschuldigung der Täter und Beschuldigung der Opfer zuließ – in den 1980er und 1990er Jahren zu Änderungen in den Be- und Entschuldigungsstrategien geführt hatte, untersuchte Birgit Menzel im Rahmen eines Forschungsprojektes 577 Urteile wegen sexueller Gewaltdelikte von 1979 bis 1996. Das Ergebnis zeigt, dass die Kritik weitgehend folgenlos geblieben ist. Zwar gab es in den 1980er Jahren kurzzeitig einen – mit der weniger harten Sanktionierung verknüpften – Rückgang in der Mitbeschuldigung der Opfer, doch kehrte sich diese Tendenz im folgenden Jahrzehnt wieder um.

Männer als Opfer von Notzucht

In der Forschung wird das Augenmerk vor allem auf weibliche Opfer von Notzucht gelegt. Einen Grund sieht Brigitte Kerchner darin, dass Vergewaltigungen von Männern nicht unter dem Tatbestand der Notzucht erfasst wurden – bis ins 19. Jahrhundert bezeichneten die betreffenden Gesetzesstellen nur weibliche Opfer von männlichen Tätern. Innerhalb dieser vernachlässigten Gruppe der Männer bildet die Notzucht an männlichen Kindern einen weiteren blinden Fleck. Kerchner stellt anhand der Analyse eines Einzelfalls – des Leiters eines Landerziehungsheims – aus der Zeit der Weimarer Republik dar, wie schnell vor Gericht die Diskussion von der Notzucht weg und zu einer Verharmlosung der bezeugten Vorfälle hin ging, weshalb auch ein Freispruch möglich wurde. Verbunden mit den politischen Zeitströmungen, den juristischen und sexualwissenschaftlichen Gutachten kam es zu einer Dethematisierung der Knabenschänderei, die einen weiteren Hinweis auf die geringe Aktenlage geben könnte.

Dem Quellenproblem der Mann-von-Mann-Vergewaltigung begegnet Gerlinda Smaus, indem sie einen Raum untersucht, in dem Männer zwangsweise zusammen leben müssen – das Gefängnis. Anhand von Beschreibungen ehemaliger Häftlinge amerikanischer Gefängnisse aus den 1980er Jahren zeigt sie, welche Hierarchiestrukturen in den Gefängnissen aufgebaut werden, innerhalb derer – eng verknüpft mit Machtausübung – die Vergewaltigung als Festigungsmittel dient. Trennlinien werden entlang dem Kontinuum von „dominant" bis „passiv" gezogen und zeigen den Unterschied zwischen stark und schwach, wobei schwach und passiv mit Frau gleichgesetzt wird.

Die Stärke dieses Sammelbandes liegt in den unterschiedlichen Annäherungen an das Thema, die eine breite Palette von Aspekten und Entwicklungen offen legen. Da Notzucht sowie in der Folge Vergewaltigung eng mit dem Strafgesetz verbunden ist, kommt es fast in allen Beiträgen zu einer mehr oder weniger ausführlichen Wiederholung der bereits im speziellen Überblick dargestellten Rechtslage – „verschwendeter" Raum, der vielleicht für zusätzliche Ausführungen und Überlegungen zur Verfügung gestanden wäre.

Ellinor Forster, Innsbruck

Carola Czollek u. Gudrun Perko Hg., **Verständigung in finsteren Zeiten. Interkulturelle Dialoge statt „Clash of Civilizations"**. Köln: PapyRossa Verlag 2003, 232 S., EUR 19,80, ISBN 3-89438-275-9.

Es geht in diesem Buch um den Dialog, um seine Tradition und um seine Aktualität. Vorweg lässt sich sagen: Es ist ein gelungenes Beispiel der in allen Wissenschaften oft, vielleicht zu oft, anzutreffenden Publikationsvariante Sammelband. Die Vielstimmigkeit der Argumentation für das dialogische Prinzip ist in der Zusammenstellung der Beiträge aufgehoben. Die Herausgeberinnen haben sich gegen thematische Klammern entschieden, die die unterschiedlichen Sichtweisen auf das Phänomen der Verständigung in der Zeit sozialer Komplexität zusammenhalten könnten, und diese Entscheidung schadet dem Buch nicht. Dass wir in einer pluralistischen Gesellschaft leben, dass die sozialen Strukturen von hoher Komplexität bestimmt sind und dass es für den friedlichen Umgang miteinander des Dialogs bedarf, wird in der Einleitung der beiden Herausgeberinnen als Prämisse gesetzt.

Gudrun Perko liefert in ihrem Beitrag eine historische Herleitung des Dialogischen. Der Dialog „impliziert kein Versprechen" (15), stellt sie vorweg fest und geht auf das Paradoxe des sokratischen Dialogs ein: Er erzieht zur Selbstbestimmung, indem er manipuliert, voneinander unterschiedene Sichtweisen sind in ihm nicht gleichwertig. Bei Hannah Arendt erhält das Sprechen im Dialog die „Bedeutung des Vermenschlichen" (19) und so wird Pluralität unter dem Aspekt der Menschenliebe möglich. Die Imagination ist es, die dazu verhilft, „anderes Denken, Meinen usf. auch in Abwesenheit Anderer zu vergegenwärtigen, zu repräsentieren" (20). Die Ausbildung der Urteilskraft, das Interesse am Anderen und der Perspektivenwechsel sind bei Arendt zentral. Mit Cornelius Castoriadis führt Perko über die „Dialektik von Gleichheit und Differenz" (31) hin zur interkulturellen

Philosophie und zur politischen Notwendigkeit des „gleichberechtigten Neben- bzw. Miteinander von Lebensweisen, Denk- und Sichtformen". (35)

Leah Carola Czollek betitelt ihren Beitrag über den jüdischen Dialog und seinen politischen Sinn mit dem ersten Satz des Johannesevangeliums – „Am Anfang war das Wort". Die Frage, die sich im dialogischen Prinzip (in der jüdischen Tradition aber auch generell) stellt, lautet: „Wie kann der Mensch den Mensch erkennen?" (45) Die Komplexität der Gesellschaft ist Resultat ihrer Pluralität, die wiederum ein Grundprinzip des jüdischen Dialogs ist. Das langsame Entwickeln des Sinns ohne eindeutigen Wahrheitsanspruch kennzeichnet die jüdische Tradition der Text-Auslegung. Ausgangspunkt dafür ist die Annahme, dass jede Rede einen Sinn hat, und das erfordere „Ambiguitätstoleranz", „ein Aushalten unterschiedlicher Bedeutungen für verschiedene Begriffe". (50) Czollek plädiert für das Eingeständnis der eigenen Erfahrungsgrenzen, die der gesellschaftlichen Komplexität gerecht würden und aus dem Gespräch einen fruchtbaren Dialog machten. Der Gerechtigkeit und der Gleichheitsvorstellung wird im jüdischen Dialog traditionell viel Raum gegeben und diese Aspekte können die Grundlage für die Entwicklung einer „Globalisierung unseres Denkens" sein, eines Denkens „über kulturelle, nationale und geschlechterfixierte Grenzen hinaus" (54). Dem dialogischen Denken und der Anerkennung von Pluralität stellt Czollek das „Gewinner-Verlierer-Denken" (56) gegenüber. Im Epilog des Beitrags findet sich dann auch die Kritik an der Kategorie Differenz, die aus der Affirmation der individuellen Anerkennung erwartbar ist; die Ablehnung der *political correctness*, die „als Instrumentarium weiterer Fortschreibungen für Polarisierungen und Aufrechterhaltungen von Machtstrukturen" (59) dient. Dem mit Hannah Arendt geforderten Perspektivenwechsel stellt Czollek – in jüdischer Tradition, in der eher gefragt als gewusst wird (53) – die Frage zur Seite, wie viele Perspektiven ein einzelner Mensch einnehmen kann. Das Schlusswort in dieser Sache hat Arendt: Der offene Dialog ist ein Wagnis, das Vertrauen in das Menschliche verlangt wie das Handeln.

Strategisch gut platziert ist der sachliche und zugleich äußerst persönliche Dialog zwischen Herta Kuhrig und Christina Thürmer-Rohr: Gleich nach den fundierten und fundierenden Ausführungen von Perko und Czollek, die den Dialog in historische und kulturelle Kontexte einbetten, zeigt die Auseinandersetzung über die gesellschaftliche Stellung der Frauen in der Bundesrepublik Deutschland (BRD) beziehungsweise Deutschen Demokratischen Republik (DDR) deutlich das vielfältige Zusammenspiel von verstehen wollen, verstehen können und Verständlichmachen. Das Gespräch über „Westfrauen" und „Ostfrauen", geführt von zwei politisch aktiven, selbstkritischen Feministinnen, lebt von der Anerkennung der Unterschiede in der Suche nach Gemeinsamkeiten. Auch Birgit Rommelspacher beschäftigt sich in ihrem Beitrag mit dem Dialog der „Ost- und Westfrauen" und konstatiert: „Die deutsch-deutsche Vereinigung war und ist ein zentraler Prüfstein für die politische Kultur in Deutschland in Bezug auf die Frage, wie mit Differenzen, mit unterschiedlichen Erfahrungen und Perspektiven umgegangen wird." (187)

An das Beispiel des gelungenen Dialogs von Kuhrig und Thürmer-Rohr schließt der kenntnisreiche Artikel Jane Schuchs über die Situation der Roma und Sinti in Deutschland an. Der informative historische Überblick über die Hintergründe des „Antiziganismus" (aggressiven Rassismus) und seine Aktualität ist aber nur mit großer Mühe in das Thema der „Verständigung in finsteren Zeiten" einzufügen – allenfalls kann die Geschichte und

Gegenwart der Roma und Sinti als Fallstudie der Dialogverweigerung von Seiten der Mächtigen gelesen werden.

Ursula Rapp geht es in ihrem Beitrag um den Blick auf das christliche Verständnis von Nächstenliebe, das „nicht selbstverständlich als Basis und Voraussetzung für den Respekt der Menschen untereinander" (111) verstanden wird. Sie gibt „Rechenschaft" über die Sinnhaftigkeit des christlichen Liebesbegriffs „angesichts der Erfahrungen, dass kulturelle und religiöse Identitäten im Großen wie im Kleinen mit Gewalt durchgesetzt werden" (112). Durch die sozialhistorische Kontextualisierung der biblischen Liebesgebote zeigt Rapp auf, dass es sich dabei um eine Konfliktlösungsstrategie der Gemeinschaft handelte, die später zu individualisierter Gefühlsäußerung umgedeutet wurde. Nicht die individuelle Selbstliebe, die in eine „indifferente Sympathie" (118) verlängert wird, ist im Satz „Liebe deinen Nächsten wie dich selbst" ausschlaggebend, sondern „eine Art Anhebung des Schwachen auf den eigenen Status, eine Zuerkennung von Macht, die man sich selbst zugesteht und nimmt" (119). Das Liebesgebot der biblischen Texte liest Rapp als die Aufforderung an die Mächtigen ihr „Verhalten *des Anderns*, d. h. des Ausschließens und Marginalisierens bestimmter Gruppen zugunsten der eigenen Macht und Identität, abzulegen" (123). Das würde den Dialog ermöglichen, indem Ideale und Interessen offen gelegt und soziale Differenz benannt würden. Mit diesem Dialog-Verständnis arbeiten auch die weiteren Beiträge dieses Sammelbandes.

Das stereotype Feindbild des (radikalen) Moslems und die Hintergründe dazu analysiert Dunja Ameri. Sie plädiert für den Austausch zwischen den Angehörigen der islamischen und der christlichen Religionen im Sinne des gleichberechtigten Dialogs. Woran dieser in der deutschen Gesellschaft immer wieder scheitert, zeigt Wahied Wahdat-Hagh in seinem Bericht über gewalttätige türkische Jugendliche und ihr soziales und kulturelles Umfeld. Heike Weinbach gelingt es, in ihrer erhellenden Lektüre von Michael Hardts und Antonio Negris Werk *Empire. Die neue Weltordnung* aufzuzeigen, welche Rolle der Gewaltrhetorik bei der Verhinderung von Dialogen zukommt. Schon auf den ersten Blick geht es in dem Beitrag von Gerburg Treusch-Dieter „Dialog und Dialektik. Die Sprache der Furcht – Eine Lektion als Aktion" um das Thema des Gesprächs. Treusch-Dieter lässt Georg W. Friedrich Hegels *Herrn und Knecht im Dialog in 9 Szenen,* komplett mit Regieanweisungen, auftreten. Was sie aus ihrer Umbildung schließt, gehört zum Grundtenor des besprochenen Bandes: Der Dialog ermächtigt seine TeilnehmerInnen durch gegenseitige Anerkennung. Hakan Gürses fragt in seiner Analyse: „Ist das Theorem ‚Krieg zwischen den Kulturen' eine deskriptive Beobachtung oder vielmehr eine self-fulfilling-prophecy, die enorme performative Kraft besitzt?" (197) Anhand der Terroranschläge des 11. September 2001 und den Folgen zeigt Gürses auf, dass, wer allein den interkulturellen Dialog für die Abwendung des Kriegs der Kulturen heranziehen will, erstens kulturelle Differenz als Problem betrachtet und zweitens politische, soziale und ökonomische Gründe von Krieg und Gewalt ausblendet. Es ist den Herausgeberinnen dieses Bandes gelungen, eine Vielfalt an möglichen Antworten auf ihre eingangs gestellte Frage, wie Menschen in gegenwärtigen Gesellschaften friedlich miteinander umgehen können, zu geben.

Karin S. Wozonig, Wien

Barbara J. Harris, **English Aristocratic Women, 1450–1550: Marriage and Family, Property and Careers.** Oxford/New York: Oxford University Press 2002, 346 S., EUR 18,00, ISBN 0-19-505620-5.

Die frauen- und später die geschlechtergeschichtlich orientierte Forschung hat lange Zeit den Frauen in Führungsschichten wenig Aufmerksamkeit gewidmet – ein Defizit, das zwar forschungsgeschichtlich leicht erklärbar, aber nichtsdestotrotz bedauerlich ist. Nach ersten biographischen Ansätzen kann jedoch in den letzten zehn Jahren eine deutliche Intensivierung von Arbeiten gerade zu Frauen des höheren und niederen Adels als der frühneuzeitlichen Herrschaftsschicht schlechthin beobachtet werden. Dabei haben einmal mehr die englischsprachigen Länder eine Vorreiterrolle innegehabt, aber auch im deutschen Sprach- und Wissenschaftsraum liegen mittlerweile einige Studien vor, die – jenseits der relativ schnell beschriebenen rechtlichen Stellung der adligen Frau – deren Lebensumständen und vor allem auch deren Einbeziehung in Herrschaftsmechanismen nachgehen.

Die anzuzeigende Studie von Barbara Harris ist in verschiedener Hinsicht als beispielhaft für dieses noch eher neue Arbeitsfeld der Geschlechtergeschichte anzusehen. Beispielhaft ist sie in ihrer klaren Gliederung und verständlichen Darstellung, beispielhaft auch im Verfolgen der formulierten Zielsetzung: Es geht der Autorin in erster Linie darum, Lebenswege von Frauen der englischen Aristokratie gruppenbiographisch darzustellen und sie eben nicht auf individuelle Schicksale zu reduzieren, sondern die Lebensphasen als Mädchen, Ehefrau und Mutter respektive Witwe auch als eine Form der Karriere aufzufassen (5f). Dies ist ein interessanter und – wie die Lektüre zeigt – auch fruchtbarer Ansatz, um wirtschaftliche und soziale Handlungsfelder adliger Frauen bis hin zu politischen Aktivitäten zu behandeln. Dabei interessiert Harris mit ihrer zentralen Frage, der nach dem sozialen Erfolg von Frauen in den verschiedenen Lebensphasen, vor allem das Spannungsfeld zwischen rechtlicher Beschränkung und realer Lebensführung, zwischen dem idealtypischen Bild der Frau unter patriarchaler Herrschaft und praktischen Handlungsspielräumen (6, 8). Auf diese Weise erfasst sie meiner Ansicht nach genau jenen Aspekt adligen Frauenlebens und -handelns, der adlige Frauen von denen anderer sozialer Gruppen und Klassen unterscheidet, nämlich das Spannungsfeld zwischen einer relativen Rechtlosigkeit der adligen Frau als Frau und ihrer Einbeziehung in Herrschaftsmechanismen als Angehörige der herrschaftstragenden Schicht.

Auch mit dieser inhaltlichen Ausrichtung kann also die Studie als beispielhaft gelten, ebenso wie in einer weiteren Hinsicht: Wenn die Autorin eingangs anspricht, dass es nach 17 Jahren Arbeit an diesem Buch Dank zu sagen gelte (IX), dann steht hinter dieser langen Zeit mit Sicherheit auch das Problem der Quellen. Archive adliger Familien sind selbst in England, das im Vergleich zu Mitteleuropa bereits im Spätmittelalter mit reichem Schrifttum gesegnet war, weit verstreut und in sehr unterschiedlicher Dichte überliefert; Materialien zu Frauen sind in diesen Archiven eher selten und keineswegs in geschlossenen Beständen anzutreffen. Wenn die Verfasserin am Ende auf eine erhebliche Zahl von Eheverträgen, Testamenten, Briefwechseln und Prozessakten zurückgreifen konnte, so haben ihre langwierigen Recherchen schließlich doch alle wesentlichen Quellengruppen erschlossen (15), auf die man im Allgemeinen bei Forschungen zu adeligen Frauen hoffen kann. Dass aus diesem Quellenfundus freilich auch inhaltliche Lücken resultieren, versteht sich fast von selbst. Gleiches gilt hinsichtlich der genealogischen Einordnung von Frauen und Mädchen selbst aus Familien des hohen Adels, für die Angaben im Allgemeinen weniger dicht und zuverlässig sind, als für männliche Familienmitglieder. Dass die Autorin am Ende trotzdem auf Material zu über 1.200 adeligen Paaren zurückgreifen kann, führt Unterschiede in der Verschriftlichung und Überlieferung gegenüber dem deutschen Sprachraum noch einmal geradezu schmerzlich vor Augen.

Ihr Material legt die Autorin in neun Kapiteln dar. Das erste beschreibt dabei in prägnanter Form die rechtlichen Rahmenbedingungen des Lebens und Handelns von adligen Frauen in England. Dann folgen Abschnitte, in denen der Reihe nach die verschiedenen Lebensphasen der Frauen dargestellt werden: die Erziehung der adligen Tochter, die Umstände der Anbahnung von Ehen, das Leben als Ehefrau, die Lebensumstände der kleinen Gruppe alleinstehender Frauen, die Anforderungen an die adlige Frau als Mutter, die Lebensumstände, Handlungsspielräume und Möglichkeiten als Witwe. In den abschließenden beiden Kapiteln wird noch einmal auf zwei Aspekte weiblicher Karrieren gesondert abgehoben: Kapitel 8 behandelt die Relevanz familiärer und nachbarschaftlicher Beziehungen für Frauen und Männer. Kapitel 9 geht dann noch auf eine spezielle, besonders herausragende Form weiblicher Karrieren ein, indem Frauen in höfischen Ämtern sowie die Teilnahme von Frauen aus Familien des Hofadels an höfischer Repräsentation dargestellt werden.

Im Laufe ihrer Ausführungen zeichnet die Autorin systematisch ein umfassendes Bild vom Leben adliger Frauen. Als generellen Eindruck, den sie auch in ihrer knappen Zusammenfassung hervorhebt (243), gewinnt man dabei ein von den scheinbar so strikten rechtlichen Rahmenbedingungen doch stark abweichendes Bild – die realen Lebenswege zeigen sich wesentlich facettenreicher, als man zunächst annehmen konnte. Damit illustriert die Darstellung unter anderem auch ein altbekanntes Problem, das der notwendigen Differenzierung zwischen normativen Vorstellungen und Rahmenbedingungen einerseits und deren konkreter Ausgestaltung andererseits. Barbara Harris' Ausführungen zeigen, dass sich dies nicht nur auf eine individuelle Ebene beziehen lässt – (wie gestaltete sich das Zusammenleben und -arbeiten eines konkreten Paares?) –, sondern dass hier auch auf ganze soziale Gruppen beziehbare Differenzierungen auszumachen sind. Dabei bleibt freilich zu betonen – und die Autorin weist verschiedentlich darauf hin –, dass bei aller Differenziertheit und ungeachtet der teilweise vielleicht überraschenden Befunde hinsichtlich realer Handlungsspielräume adeliger Frauen ihre Einbindung in ein patriarchales Herrschaftssystem erhalten blieb. Dieses beeinflusste und bestimmte die Lebenswege von Frauen insbesondere durch die Eheschließung in erheblichem Maße, aber eben nicht allein und nicht ohne Gestaltungsmöglichkeiten für die betroffenen Frauen.

Eine auch noch so knappe Zusammenfassung der Ergebnisse der Studie verbietet sich hier von selbst, zumal angesichts der Menge des Materials und der Breite des Themas das Buch selbst keineswegs ausufernd angelegt ist, sondern fast immer auch in der Prägnanz seiner Ausführungen überzeugt. Die Ausgewogenheit der Darstellung leidet darunter keineswegs. Als besonders gelungen erschienen mir in dieser Hinsicht die Passagen über Gattenwahl beziehungsweise das Verhältnis zum Ehegatten (59f, 72ff) und Mutterschaft (107f) sowie die genaue Beschreibung des Personenkreises, der jeweils als Familie im eigentlichen Wortsinn betrachtet wurde (bes. 185, 191, 197). In diesem Zusammenhang werden Differenzierungen zwischen Familie, Verwandtschaft und so genannten Freundschaft fassbar, die sonst kaum einmal in dieser Klarheit nachvollziehbar sind.

Vermissen wird man hingegen ausführlichere Erörterungen zu wirtschaftlichen Handlungsspielräumen. Die Aufgaben von Ehefrauen in der Verwaltung der Familiengüter werden zwar angesprochen, aber erst in den Ausführungen über Witwen wird die Vielfalt adliger Wirtschaftsführung etwas deutlicher erkennbar (147–152). Interessant wäre auch eine komprimierte Analyse des Problems Frauen und „Patronage" gewesen. Immer wieder erwähnt Barbara Harris zwar Netzwerke von Frauen und deren Agieren in Netzwerken oder als Vermittlerinnen für Familienangehörige und „Klienten", aber eine Zusammenfassung unter Bezugnahme auf aktuelle Debatten um „Patronage" oder „social networking" fehlt. Dies entspricht jedoch der insgesamt sehr zurückhaltenden Bezugnahme auf Forschungsmeinungen im gesamten Text.

Ungeachtet dieser Einwände hat das Buch gerade wegen seiner Quellennähe, wegen seiner differenzierten Darstellung und seiner inhaltlichen Breite die Qualität eines Grundlagenwerkes. Es kann als eine der besten derzeit vorhandenen Einführungen in das Thema gelten. Zugleich stellt der Text umfangreiches Vergleichsmaterial für ähnliche Untersuchungen zur Verfügung, mit denen nationale respektive regionale Differenzierungen, gerade auch hinsichtlich der Rechtsstellung der Frauen, ebenso herausgearbeitet werden könnten wie soziale Determinanten öffentlicher Handlungsspielräume von Frauen.

Katrin Keller, Wien

Sonia Kruks, **Retrieving Experience. Subjectivity and Recognition in Feminist Politics.** Ithaca/New York: Cornell University Press 2001, 200 S., EUR 16,63, ISBN 0-8014-8417-0.

In *Retrieving Experience* gibt Sonia Kruks ihrer Sorge Ausdruck, dass die Solidarität unter Frauen und damit deren politische Handlungsfähigkeit zunehmend im Schwinden ist. Sie ist überzeugt, dass der Feminismus einer neuen Basis und einer Art Renaissance bedarf, die es ermöglicht, trotz aller Differenzen wieder ein stärkeres Band zwischen den Frauen herzustellen. Mit der Entgegensetzung „Aufklärung – Postmoderne", so Kruks, habe man vergessen, dass es noch andere Möglichkeiten als die völlige Ersetzung der kreativen Rolle des Subjekts durch das diskursive System und die Außerachtlassung der emotionalen und affektiven Aspekte der Subjektivität gibt. (17) Nachdem uns oft genug erzählt worden ist, dass ein Übergang von der Moderne zur Postmoderne, von der Aufklärung zur Nachaufklärung, vom Humanismus zum Antihumanismus stattgefunden habe, hätten wir begonnen an diese Geschichte zu glauben. Gerade für den Feminismus habe das jedoch fatale Folgen, denn ohne bestimmte Werte, wie Gerechtigkeit, Respekt, Anerkennung und Freiheit, könne es keinen Kampf gegen die zunehmende weltweite Ausbeutung von Frauen geben. Die zentrale These des Buches lautet daher: „Indem die postmoderne Erzählung als bare Münze genommen wurde, haben wir uns unklugerweise vom reichen Erbe des existenzialistischen Gedankengutes abgeschnitten. Feministische (und andere soziale) Theorien würden gut daran tun, dies jetzt wieder gutzumachen und diese Theorien zu verwenden." (6)

Die gelebte Erfahrung, betont Kruks, müsse wieder in die Betrachtung mit einbezogen werden, es gehe also um eine Art Wiedergutmachung der Erfahrung. Bereits Kierkegaard habe das System Hegels dahingehend kritisiert, dass es der konkreten menschlichen Existenz, den menschlichen Erfahrungen keinen Wert beimesse. (7) Die postmodernen Theorien, insbesondere der Poststrukturalismus, verfielen nunmehr in denselben Fehler, alles von der Struktur beziehungsweise vom Diskurs her erklären zu wollen, ohne zu beachten, dass das Subjekt als verkörperte Existenz weder auf eine reine und absolute Freiheit reduziert, noch als ein passives Spielzeug sozialer und diskursiver Kräfte angesehen werden darf. (176) Man müsse daher zur existenziellen Phänomenologie zurückkehren, die immer schon ein körperlich und sozial situiertes Selbst angenommen habe.

Im ersten Teil ihres Buches setzt sich Kruks mit dem Existenzialismus auseinander, wobei sie zeigt, dass die Freiheitskonzepte von Simone de Beauvoir, Jean Paul Sartre und Maurice Merleau-Ponty – trotz ihrer Verschiedenheit – eines gemeinsam haben: Sie gehen von einem verkörperten und sozial situierten Selbst aus. Dabei bleibt Kruks nicht bei einer einseitigen simplifizierenden Sartre-Kritik stehen, wie dies so oft in der feministischen Forschung, insbesondere in derjenigen zu de Beauvoir der Fall ist, sondern bezieht die Beiträge des späten Sartre mit ein: Das situierte Subjekt wird hier zu einem Subjekt der Praxis, das verschiedensten Zwängen ausgeliefert ist. (50) Weiters stellt sie einen Bezug her zu Foucaults Konzept des Panoptikums als unsichtbarem allgegenwärtigem Blick der permanenten Selbstüberwachung, Sartres Konzept des Blicks und der Scham und de Beauvoirs Konzept der Herstellung und Disziplinierung des weiblichen Körpers und betont, mit welcher Obsession Foucault versucht hat seine phänomenologische Herkunft zu leugnen. (55) Auch Judith Butler habe im Gegensatz zu ihren früheren Arbeiten, in denen sie die gemeinsamen Wurzeln von de Beauvoir und Foucault in der existenzialistischen Tradition hervorgehoben habe (71), später versucht, de Beauvoir zu einer cartesianischen Dualistin zu reduzieren.

Im zweiten Teil ihres Buches analysiert Kruks die Verschiebung feministischer Fragestellungen vom „Was sollen wir tun?" hin zur Frage nach der Identität der Frau beziehungsweise danach, „wie sie zu dem wurde, was sie ist, und wie wir darüber überhaupt etwas wissen können". (79). Somit treten Anerkennungsprozesse, in denen Identitäten festgelegt werden, ins Zentrum des Interesses. Im Unterschied zu früheren Konzepten, die auf die Anerkennung des universellen Selbst als Überwindung partikularer Verschiedenheiten abzielten, verstehe sich, so Kruks, die Identitätspolitik gerade von diesen Differenzen her. (84) Diese Verschiebung habe nicht so sehr auf intellektueller Ebene stattgefunden, sondern auf der Ebene des Lebens selbst, als einer bestimmten Art die Welt zu erleben und zu erfahren. Dadurch wurde eine „psycho-existenzielle" Verschiebung in der Politik vollzogen: Es geht nun nicht mehr um eine rechtliche Gleichstellung, sondern um öffentliche Restitutionsforderungen, in denen die Unterdrücker ihre Schuld einzugestehen haben. (86) Der Ursprung der Identitätspolitik, so Kruks, liege in der Menschenrechtsbewegung der Schwarzen in den USA. Bahnbrechend sei dabei das Werk von Frantz Fanon, der – beeinflusst von Sartres *Das Sein und das Nichts* und *Überlegungen zur Judenfrage* – den Schwerpunkt auf die Erfahrungen der Schwarzen und die Behauptung einer Schwarzen Identität gelegt habe. (91)

Die Hinwendung zur Identitätspolitik habe sich in der Zweiten Frauenbewegung in zwei großen Etappen vollzogen: Die erste habe zu einer Betonung der Differenz zwischen Männern und Frauen im Gynozentrischen Feminismus geführt, während die zweite eine Art „Multiple-Differenz-Feminismus" hervorbrachte, der Differenzen unter Frauen in den Vordergrund stellt. (108) Zusammengefasst laufe dies alles auf die Aussage hinaus, dass nur ein bestimmter Standpunkt, eine auf einer bestimmten konkreten Praxis basierende Erfahrung (112) dazu authorisiere, sowohl Wissen zu formulieren als auch politische Forderungen zu erheben. Wie aber, so fragt Kruks, können diese Standpunkte, diese partiellen Perspektiven, in größere Handlungszusammenhänge, in gemeinsame politische Strategien zusammengefasst werden? Auch Haraways Vorschlag eines weltweiten Netzwerkes (115), das die Fähigkeit enthält, Wissen zu übersetzen, beantwortet für Kruks nicht die Frage, was denn überhaupt erst eine Vermittlung zwischen radikal verschiedenen Positionen ermögliche. Auf der Suche nach einem Minimum an gemeinsamen Dimensionen (116) stößt Kruks wiederum auf Sartre. In seiner *Kritik der Dialektischen Vernunft* entwickelt Sartre eine kritische Konzeption der dialektischen Vernunft, die sich als situiert erkennt und die Realität von einem ganz bestimmten partikularen Ort her erfasst. (117) Mit Hilfe des Marxismus versucht er eine Theorie aufzubauen, die Differenzen zulässt und dennoch an einem weltweiten Emanzipationsprojekt festhält. Wenn wir also das Selbst nicht nur als situiertes, sondern als ein *praktisch*-situiertes Subjekt im Sinne des späten Sartre ansehen, bei dem sowohl Wissen als auch persönliche Relationen durch die Praxis entstehen, dann könnten wir, so Kruks, die Fragmentierungstendenzen in der Identitätspolitik und anderen Multiple-Differenz-Feminismen vermeiden. (127)

Leider arbeitet Kruks diesen Ansatz nicht weiter aus, sondern kehrt im letzten Teil ihres Buches zur konkreten gelebten Erfahrung von Frauen zurück, die sie an den weiblichen Körper rückbindet. Ihr Ziel ist es, eine neue Form politischen Engagements, eine „emphatische Kooperation" (158) zwischen Frauen zu entwickeln, die nicht auf familiären oder freundschaftlichen Bindungen aufbaut. Dabei geht sie in zwei Schritten vor: erstens setzt sie bestimmte körperliche Invarianten des weiblichen Körpers („certain invariants to feminine embodiment", 164) wie Gebär- und Stillfähigkeit voraus; zweitens behauptet sie, dass Frauen aufgrund der ihnen gemeinsamen Invarianten einen höheren Grad an Mitgefühl und Betroffenheit für das Leid anderer Frauen und dadurch eine größere Bindung untereinander entwickeln. (169) Auch wenn wir niemals genau so fühlen könnten wie andere fühlen, betont Kruks, wäre es dennoch möglich, *genug* zu fühlen, um anderen eine respektvolle und nicht-aneignende Form der Anerkennung und Solidarität entgegenzubringen. (176) Zum Abschluss ihres Buches lässt Kruks noch einmal Simone de Beauvoir und ihre Vision einer wechselseitigen Anerkennung, die Differenz zulässt, zu Wort kommen. „Wenn beide (Mann und Frau, S.M.) einander als Subjekte anerkennen, wird jeder doch für den anderen ein *anderer* bleiben." (176) Auch wenn de Beauvoir diese Vision für das zukünftige Verhältnis zwischen Mann und Frau entworfen habe, gelte dies genauso unter Frauen. Wir sollten uns wieder verstärkt dem visionären Subjektbegriff de Beauvoirs zuwenden: einem verkörperten Subjekt, das mehr als ein Spielball sozialer und diskursiver Kräfte ist, nämlich ein Subjekt, das Werte schafft und bestätigt. (176)

Diesem spannend geschriebenen Buch merkt man das Engagement und die Betroffenheit der Autorin an: ihre Sorge und ihren Wunsch um den Weiterbestand einer Frauenbewegung, die sich der Leiden der Frauen annimmt und sich wirksam gegen die wieder zunehmende Ausbeutung von Frauen wendet. Die Rückbesinnung auf den Existenzialismus und die gelebte Erfahrung wird als Ausweg aus den bestehenden theoretischen wie praktischen Dilemmata angeboten. Umso problematischer erscheint daher die letztendliche Zurückwendung auf den weiblichen Körper und seine Invarianten als Basis für eine neue Form von Anerkennung und Solidarität unter Frauen. Denn gerade im Existenzialismus – und dies trifft auch auf Sartres Spätwerk zu – können wir niemals auf vorgegebene natürliche Entitäten zurückgreifen, sondern immer nur auf solche, die durch unser Tun, durch unsere Praxis bereits überformt und neu konstituiert sind. Die Fähigkeit, Kinder zu gebären, ist nämlich immer schon in eine soziale und politische Praxis eingebettet und führt daher nicht automatisch zur Solidarität unter Frauen. Vielmehr kann sie zu unerbittlicher Feindschaft führen, wenn die eigene Position – früher zum Beispiel als Königin, heute als Ehefrau und Partnerin – durch die Gebärfähigkeit einer anderen Frau oder durch die eigene Unfruchtbarkeit gefährdet ist. An das Mitgefühl von Frauen zu appellieren erscheint mir noch aus einem anderen Grund problematisch. Unterdrückte und marginalisierte Gruppen entwickeln nämlich sehr oft Hass und Ablehnung untereinander und orientieren sich – anstatt einander beizustehen – lieber an Bessergestellten, um ihrer eigenen Ohnmacht zu entgehen. Dies trifft in hohem Maße auch auf Frauen zu, wie bereits de Beauvoir anhand der Komplizenschaft der Frau mit dem mächtigeren Mann im *Anderen Geschlecht* gezeigt hatte. Deshalb ist der Ausweg, den Sonia Kruks uns vorschlägt, nicht unproblematisch und steht in gewissem Widerspruch zu den Grundthesen des Existenzialismus. Sie scheint auf dem richtigen Weg zu sein, wenn sie die Beiträge des Existenzialismus wieder in Erinnerung rufen will. Allerdings lässt sie außer Acht, dass die körperlichen Gemeinsamkeiten unter Frauen nicht automatisch zu einer gemeinsamen Erfahrung führen. Erfahrung ist auch Ursache von Differenzen. Deswegen bedarf es einer komplexeren Untersuchung des Bezugs zwischen Erfahrung und biologische Gegebenheiten, die auch die jeweilige Persönlichkeit mit ihren individuellen Entwürfen in Betracht zieht.

Susanne Moser, Wien

Abstracts

Anke Burkhardt, Uta Schlegel, East German Women in Higher Education System before and after Reunification

For East German women working formed (and still forms) an important part of their lives. Strong orientation towards employment during the DDR period was not only the result of direction by the state or economic constraints but also met individuals' needs. Based on an extensive system of whole-day child care the situation was characterised by high activity rate, a relatively low proportion of part-time employment and a high level of qualification. From the beginning of the 1970s the number of female and male students in higher education was the same. A wide range of measures taken in order to promote women reduced discrimination against them but did not eliminate it. The higher educational system was a classic example of a sex-specific qualificational and occupational pyramid. However the majority felt that women and men in the DDR had enjoyed equality. After the Wall came down female scientists looked forward to the future, whose risks they saw as being outweighed by the opportunities. They attached little importance to gender-equality issues. Equal rights were taken for granted. The renewal of East German higher education system was essentially an adaptation to the West German system. This process led to numerous far-reaching and lasting changes concerning especially number of posts, working conditions, structure of scientific staff, system of postgraduate qualification and pattern of an academic career. Male and female academics have been affected in very different ways, although this was not explicitly reflected in policy or recognised as being an important factor when making decisions. There began an exclusion process that often worked to women's disadvantage. Under the new conditions women find it more difficult to achieve their career objectives in the academic world. They are faced with a revival of gender stereotypes. 10 years after it must be concluded that – from a gender-equality perspective – renewal seems to have done little to alter the traditional male dominance in this field.

Angelika Epple, History of Historiography as Discourse Analysis and Analysis of Power: a Newdefinition of History under Conditions of Gender-History

Bringing women back into historiography is an important but not the only issue motivating a new definition of the genre. The history of historiography should be both: a discourse analysis of men's and women's historical writings and an analysis of power.

This article refutes a classical scientific history and its search for mental development. It follows the ideas of Michel Foucault and his theory of discourse analysis. This leads to the conviction of historicity of all orders of knowledge. The application of Foucault, however, is limited. Foucault analyses a given canon and fails to grasp significant discontinuities: epistemology is deeply gendered. The article reformulates the theory of discourse analysis under the conditions of gender history. It concludes by examining historical narratives of Elisa von der Recke and Friedrich Nicolai.

Kristen Ghodsee, Red Nostalgia? Communism, Women's Emancipation, and Economic Transformation in Bulgaria

This brief article aims to explore why many Bulgarian women in the early years of the 21st century are more inclined to support leftist political parties and have a less critical view of the communist past than their male compatriots. By exploring some of the legal and material gains that Bulgarian women made under the socialist system, the article demonstrates that communist governments between 1944 and 1989 were both ideologically and materially committed to women's equality in ways that fundamentally reshaped gender relations in Bulgaria. Although there was still gender discrimination and occupational segregation under communism – and Bulgarian patriarchal values never disappeared completely – there were real improvements in women's education and in women's full incorporation into the public sphere. These gains resulted in some of the highest labour force participation rates for women in the world, and have not been forgotten by the women who make up over half of the Bulgarian polity today.

Katalin Fábián, Bridges across the Public-Private Divide: The Welfare-Related Activism of Hungarian Women after 1989

Hungarian women's groups grew from one to 40 within one decade. Political change was their common goal. Many groups demanded to participate in public life, often through welfare-related issues. Between 1989 and 2001, retirement and maternity benefits were the main issues that united women's groups. This essay examines their tactics and successes. The Hungarian case demonstrates that in a post-communist setting it is not the welfare state that excludes women's organizations, but a paternalistic political culture. Many women's groups chose welfare as a way to break into politics but changing the political agenda remains a significant challenge.

Anschriften der AutorInnen

Caroline Arni, Institut für Soziologie, Universität Bern, Unitobler, Lerchenweg 36, CH-3000 Bern 9 – caroline.arni@soz.unibe.ch

Gunda Barth-Scalmani, Abteilung für Österreichische Geschichte, Universität Innsbruck, Innrain 52, A-6020 Innsbruck – gunda.barth-scalmani@uibk.ac.at

Ingrid Bauer, Institut für Geschichte, Universität Salzburg, Rudolfskai 42, A-5020 Salzburg – ingrid.bauer@sbg.ac.at

Peter Becker, Department of History and Civilization, European University Institute, Via Boccaccio 121, 50133 Florence – peter.becker@iue.it

Claudia Brunner, Rüdigergasse 21/5, A-1050 Wien – claudia.brunner@univie.ac.at

Anke Burkhardt, Institut für Hochschulforschung an der Martin-Luther Universität Halle-Wittenberg, Collegienstr. 62, D-06886 Lutherstadt Wittenberg – burkhardt@hof.uni-halle.de

Angelika Epple, Historisches Seminar, Universität Hamburg, Von-Melle-Park 6, D-20146 Hamburg – angelika.epple@uni-hamburg.de

Katalin Fábián, Department of Government and Law, Lafayette College, Kirby Hall 103, United States-Easton, PA 18042-1780 – fabiank@mail.lafayette.edu

Ellinor Forster, Abteilung für Österreichische Geschichte, Universität Innsbruck, Innrain 52, A-6020 Innsbruck – ellinor.forster@uibk.ac.at

Elisabeth Frysak, Institut für Geschichte, Universität Wien, Dr. Karl Lueger Ring 1, A-1010 Wien – elisabeth.frysak@univie.ac.at

Therese Garstenauer, Projektzentrum Genderforschung, Universität Wien, Spitalgasse 2, A-1090 Wien – therese.garstenauer@univie.ac.at

Kristen Ghodsee, Women's Studies East European and Eurasian Studies, Bowdoin College, 7100 College Station, United States-Brunswick, ME 04011 – kghodsee@bowdoin.edu

Daniela Hacke, Historisches Seminar, Universität Zürich, Karl Schmid-Str. 4, CH-8006 Zürich – daniela.hacke@t-online.de

Hanna Hacker, c/o Institut für Soziologie, Universität Wien, Rooseveltplatz 2, A-1090 Wien – hanna.hacker@univie.ac.at

Christa Hämmerle, Institut für Geschichte, Universität Wien, Dr. Karl Lueger Ring 1, A-1010 Wien – christa.ehrmann-haemmerle@univie.ac.at

Kirsten Heinsohn, Institut für die Geschichte der deutschen Juden, Rothenbaumchaussee 7, D-20148 Hamburg – kirsten.heinsohn@uni-hamburg.de

Doris Ingrisch, Institut für Geschichte, Universität Wien, Dr. Karl Lueger Ring 1, A-1010 Wien – doris.ingrisch@univie.ac.at

Katrin Keller, Institut für Geschichte, Universität Wien, Dr. Karl Lueger Ring 1, A-1010 Wien – katrin.keller@univie.ac.at

Milena Kirova, Department of Bulgarian Literature, University of Sofia, 15 Tsar Osvoboditel Blvd., Bulgaria, 1000 Sofia – milena_kirova@hotmail.com

Nikola Langreiter, Vorgartenstraße 159/1/19, A-1020 Wien – nikola.langreiter@univie.ac.at

Margareth Lanzinger, Institut für Geschichte, Universität Wien, Dr. Karl Lueger Ring 1, A-1010 Wien – margareth.lanzinger@univie.ac.at

Ana Luleva, Ethnographisches Institut, BAW, Moskovska Str. 6A, Bulgaria, 1000 Sofia – analuleva @yahoo.com

Sandra Mass, Fakultät für Geschichtswissenschaft, Philosophie und Theologie, Abteilung Geschichtswissenschaft, Universität Bielefeld, Universitätsstraße 25, D-33615 Bielefeld – smass@geschichte.uni-bielefeld.de

Susanne Moser, Institut für Axiologische Forschungen, Doktorberg 23 E-2, A-2391 Kaltenleutgeben – susanne.moser@univie.ac.at

Edith Saurer, Institut für Geschichte, Universität Wien, Dr. Karl Lueger Ring 1, A-1010 Wien – edith.saurer@univie.ac.at

Uta Schlegel, Institut für Hochschulforschung an der Martin-Luther Universität Halle-Wittenberg, Collegienstr. 62, D-06886 Lutherstadt Wittenberg – schlegel@hof.uni-halle.de

Regina Schulte, Fakultät für Geschichtswissenschaft, Ruhr-Universität Bochum, Universitätsstraße 150, D-44780 Bochum – regina.schulte@ruhr-uni-bochum.de

Maria Sjöberg, Department of History, Gothenburg University, Box 200, S-405 30 Göteborg – Maria.Sjoberg@history.gu.se

Karin Wozonig, Projektzentrum Genderforschung, Universität Wien, Spitalgasse 2, A-1090 Wien – karin.wozonig@univie.ac.at